# 中国证券基金投资策略研究

曹志鹏　王高社　著
高　莉　李兰云

西北工业大学出版社

西　安

### 图书在版编目(CIP)数据

中国证券基金投资策略研究 / 曹志鹏等著. —— 西安：西北工业大学出版社，2021.12
ISBN 978-7-5612-8093-5

Ⅰ. ①中… Ⅱ. ①曹… Ⅲ. ①证券投资-投资基金-研究-中国 Ⅳ. ①F832.51

中国版本图书馆 CIP 数据核字(2021)第 262762 号

ZHONGGUO ZHENGQUAN JIJIN TOUZI CELUE YANJIU
**中 国 证 券 基 金 投 资 策 略 研 究**
曹志鹏　王高社　高莉　李兰云　著

| 责任编辑：李文乾 | 策划编辑：杨　军 |
|---|---|
| 责任校对：万灵芝 | 装帧设计：董晓伟 |

出版发行：西北工业大学出版社
通信地址：西安市友谊西路 127 号　　邮编：710072
电　　话：(029)88491757，88493844
网　　址：www.nwpup.com
印 刷 者：西安五星印刷有限公司
开　　本：710 mm×1 020 mm　　1/16
印　　张：15.75
字　　数：299 千字
版　　次：2021 年 12 月第 1 版　　2021 年 12 月第 1 次印刷
书　　号：ISBN 978-7-5612-8093-5
定　　价：69.00 元

如有印装问题请与出版社联系调换

# 前　言

　　近年来中国经济高速发展,居民收入日趋增长,居民的投资意识也越来越强。证券投资基金成为投资的重要渠道,并不断发展壮大。截至 2020 年,中国公募基金数量约有 150 家,基金规模达 18 万亿元;私募基金数量更是高达 2.5 万家,基金规模约 3.7 万亿元。证券投资基金在我国证券市场占据重要地位,因此基金业的发展不仅影响着金融证券市场的发展,而且与社会稳定关系密切。但是,我国以散户居多的证券市场投资者结构给中国股市的有效运行带来了诸多弊端。证券市场的波动一直受到各界的关注,它不仅影响着证券市场的稳定,而且也让证券市场的融资、定价以及配置功能无法充分发挥作用,从而让投资者面临更大的风险。本书主要探讨我国证券投资基金的投资策略,这不仅给广大散户提供投资参考,也为投资基金经理提供借鉴,还对我国证券市场防范基金投资行业市场风险、控制系统性风险和完善基金管理具有现实意义。

　　本书在分析中国证券投资基金发展的基础上,对中国公募证券投资基金、股票型基金、混合型基金、股票指数基金、股票型分级基金、债券型基金、QDII 基金、货币型基金、ETF 和私募证券投资基金的发展概况、风险与收益,以及投资策略进行了深入分析。这样既便于读者了解基金总体情况,也便于对感兴趣的基金的投资策略进行详细阅读。本书具有数据新、结构全和指导性强的特点,内容几乎涵盖我国全部证券投资基金类型。本书采用大量数据、图表和数据分析工具,深入浅出地分析了我国证券投资基金的投资价值和投资策略,有助于基金管理层把握基金动态,提高运作效率。个人投资者通过了解基金的投资策略并结合基金的业绩,可以全面认识基金,选择符合自身风格的基金,并做出适当投资。

　　本书受到陕西省创新人才推进计划——科技创新团队"乡村绿色发展技术与决策支持创新团队"(项目编号:2021TD—35)的支持。本书的撰写分工如下:曹志鹏撰写第 6~12 章,王高社撰写第 1 章和第 3 章,高莉撰写第 2 章,李兰云撰写第 4 章和第 5 章。曹志鹏负责全书统稿工作。

感谢 2020 级金融专业部分研究生的积极参与。

撰写本书参阅了相关文献资料,在此谨向其作者深致谢忱。

由于学识有限,书中不免存在不足之处,希望专家、学者和广大读者指正!

**著　者**

2021 年 9 月

# 目 录

**第1章 中国证券投资基金发展状况分析** ············································ 1
    1.1 中国证券投资基金发展历程 ·················································· 1
    1.2 中国证券投资基金分类 ························································ 3
    1.3 中国证券投资基金现状 ························································ 6
    1.4 证券投资基金的特点 ···························································· 9
    1.5 证券投资基金的风险收益评价指标 ······································ 10
    1.6 我国基金业绩评价体系 ······················································ 14
    1.7 证券投资基金的资产配置能力 ············································ 16

**第2章 中国公募证券投资基金的资产配置和投资策略分析** ··············· 18
    2.1 公募证券投资基金概况 ······················································ 18
    2.2 公募证券投资基金的业绩分析 ············································ 25
    2.3 公募证券投资基金的收益与风险分析 ································· 27
    2.4 公募证券投资基金的激励机制 ············································ 33
    2.5 公募证券投资基金的投资策略分析 ····································· 34

**第3章 股票型基金的资产配置和投资策略分析** ································ 35
    3.1 股票型基金的分类 ····························································· 35
    3.2 股票型基金经理分析 ·························································· 35
    3.3 股票型基金的资产配置分析 ··············································· 37
    3.4 股票型基金的收益与风险分析 ············································ 47
    3.5 股票型基金的投资策略分析 ··············································· 58

**第4章 混合型基金的资产配置和投资策略分析** ································ 60
    4.1 混合型基金概况及其分类 ··················································· 60
    4.2 混合型基金的优缺点 ·························································· 61
    4.3 混合型基金经理分析 ·························································· 62

|     |     |                                  |     |
| --- | --- | -------------------------------- | --- |
|     | 4.4 | 混合型基金的资产配置分析         | 66  |
|     | 4.5 | 混合型基金经理的激励机制分析     | 69  |
|     | 4.6 | 混合型基金的收益影响因素与风险分析 | 70  |
|     | 4.7 | 混合型基金的投资策略分析         | 72  |

## 第5章 股票指数基金的资产配置和投资策略分析 78

  5.1 股票指数基金概况及其分类 78
  5.2 股票指数基金经理分析 81
  5.3 股票指数基金的资产配置分析 86
  5.4 股票指数基金的收益分析 92
  5.5 股票指数基金的风险分析 99
  5.6 股票指数基金的投资策略分析 115

## 第6章 股票型分级基金的资产配置和投资策略分析 117

  6.1 股票型分级基金概况 117
  6.2 股票型分级基金的运行机制 120
  6.3 股票型分级基金的收益与风险分析 124
  6.4 股票型分级基金的投资策略分析 132

## 第7章 债券型基金的资产配置和投资策略分析 133

  7.1 债券型基金概况 133
  7.2 债券型基金经理分析 134
  7.3 债券型基金的收益和风险分析 142
  7.4 债券型基金的投资策略分析 147

## 第8章 QDII基金的资产配置和投资策略分析 148

  8.1 QDII基金概况 148
  8.2 QDII基金经理分析 155
  8.3 QDII基金的资产配置分析 165
  8.4 QDII基金的收益与风险分析 168
  8.5 QDII基金的绩效分析 172
  8.6 QDII基金的投资策略分析 175

## 第 9 章　货币型基金的资产配置和投资策略分析 …………… 177

- 9.1　货币型基金概况 ……………………………………… 177
- 9.2　货币型基金经理分析 ………………………………… 180
- 9.3　货币型基金的资产配置分析 ………………………… 184
- 9.4　货币型基金的收益与风险分析 ……………………… 186
- 9.5　货币型基金的投资策略分析 ………………………… 191

## 第 10 章　ETF 的资产配置和投资策略分析 ………………… 193

- 10.1　ETF 概况 ……………………………………………… 193
- 10.2　我国 ETF 的发展 ……………………………………… 196
- 10.3　ETF 的业绩评价 ……………………………………… 200
- 10.4　ETF 的资产配置分析 ………………………………… 208
- 10.5　ETF 的投资策略分析 ………………………………… 214

## 第 11 章　私募证券投资基金的资产配置和投资策略分析 … 216

- 11.1　私募证券投资基金概况 ……………………………… 216
- 11.2　中国私募证券投资基金的发展及存在的问题 ……… 218
- 11.3　私募证券投资基金的收益分析 ……………………… 221
- 11.4　私募证券投资基金的资产配置分析 ………………… 227
- 11.5　私募证券投资基金的投资策略分析 ………………… 232

**参考文献** ……………………………………………………… 238

# 第1章 中国证券投资基金发展状况分析

近年来,我国的经济迈入高速增长的新阶段,国民收入呈现出持续增长的趋势,资本市场的规模也迅速扩大。在此背景下,投资者的投资需求发生了很大的变化,传统的股票市场以及国债市场的吸引力逐渐降低,而证券投资基金成为市场的宠儿。经过长期的发展,基金产品的类型、投资范围也逐渐呈现出多元化发展的特征,基金管理者的专业水平也不断提升,基金业呈现出良好的发展态势。

## 1.1 中国证券投资基金发展历程

证券投资基金是一种新型的投资方式,具备四个特征,分别是组合投资、专业管理、利益共享以及风险共担。利用基金份额的销售来募集资金,然后将其交予基金管理机构,由基金管理机构进行专业投资,为投资者创造收益。近年来,我国经济发展可谓是日新月异,科学技术也取得了长足的进步,人们的生活质量得到了大幅度的提高。在此背景下,人们对于投资理财的重视程度越来越高,各种新型的理财投资产品随之产生。由于个人投资者缺少相关的投资专业知识和经验,证券投资基金在众多的投资产品中备受投资者青睐。针对不同投资者的投资需求,产生了不同种类的证券投资基金。尽管证券投资基金的发展势头迅猛,但是其中的一些问题也日益显现,这些问题严重阻碍了我国基金业的健康发展。只有采取有效的应对措施,才能为我国证券投资行业的可持续发展保驾护航。

资本市场作为货币资金与实体经济的纽带,在我国实体经济中发挥着提供资本、引导资金流向的功能。证券投资基金在为个人投资者带来资本保值增值的同时,对于稳定资本市场、优化资源配置也起到了重要的作用。为了使证券投资基金更好地服务于投资者、资本市场和实体经济,需要了解我国证券投资基金的发展历史、现状、特点与存在问题等,并且针对已经存在的问题进行深入研究,提出有针对性的建议。

我国证券投资基金的发展大致始于资本市场刚刚起步的时候,其发展历史可以概括为三个阶段：

第一阶段：1987—1997年，该阶段属于探索期。20世纪70年代末期，面对日益严峻的经济形势，我国开始针对现行经济体制的不足进行深化改革，国民经济的发展水平得到了一定程度的提升，同时资金匮乏问题逐渐显现出来，面对资金需求无法满足的不利局面，我国驻外金融机构开始尝试通过基金来解决募集资金的问题。1987年，中国科技创业投资公司联合汇丰集团、渣打集团正式成立了中国置业基金，通过该基金对珠三角地区的相关企业开展直接投资业务，这也是中资金融机构进行投资基金业务的起点。1991年，在改革开放的推动下，深圳市南山区政府与中国人民银行武汉分行发挥创新精神，分别成立了"深圳南山风险投资基金"和"武汉证券投资基金"，标志着我国进入了证券投资基金探索阶段。1992年11月，淄博乡镇企业投资基金正式成立，募集资金1亿元人民币，这也是我国首个规范性水平较高的投资基金，其性质属于封闭式，于次年在上海证券交易所挂牌。该基金的成立在一定程度上推动了投资基金业的发展，得到了社会的广泛认可，在短时间内一度引发了中国投资基金业发展的热情。数据显示，截至1992年，相关部门批准发行的证券投资基金数量达到57个，这当中的大部分基金于1993年成功上市。但是由于规范性水平较低，出现了各式各样的问题，绝大部分基金的资产状况都呈现出了不断恶化的趋势。自1993年第三季度始，中国基金业的发展逐渐陷入困境。在此阶段，我国证券市场和基金业刚刚起步，这一时期所诞生的证券投资基金都是封闭式基金，其缺点也比较明显，如规模较小、组织结构不完善以及投资质量较低等，再加上我国初期基金的投资范围大多集中在房地产行业和还没有上市的公司股权，因此从严格意义上来讲，这些基金都不是现在所提及的证券投资基金。

第二阶段：1997—2001年，该阶段是封闭式基金高速发展时期。1997年11月，国务院证券管理委员会正式出台了《证券投资基金管理暂行办法》。该办法的实施为证券投资的方向提供了指引，对于我国证券投资基金的规范化运营具有重要的推动作用。1998年3月，在中国证券监督管理委员会（以下简称"证监会"）的大力推动下，我国开始进行证券投资基金试点工作。南方基金管理公司与国泰基金管理公司分别推出"基金开元"和"基金金泰"产品，二者均属于封闭式基金，募资金额为20亿元人民币。到1999年1月，我国的基金管理公司数量已经达到10个。在2001年之前，我国没有开放式基金，所有基金均属于封闭式基金，基金规模为689亿份。至此，我国封闭式基金开始逐步规范化，我国投资基金业由此走上正规的发展道路。此时，我国在基金监管方面的法律体系已经初具规模，一大批专业的证券公司产生，随着基金业规范化进程的不断深入，老基金业成功进行了规范化转型。

第三阶段:2001年9月至今,该阶段为开放式基金高速发展时期。2000年10月8日,证监会正式出台了《开放式证券投资基金试点办法》,明确了开放式基金发展的原则、途径、方法等内容,为开放式基金的发展指明了前进的方向。2001年9月,我国诞生了第一只开放式基金,即"华安创新",这也是我国开放式证券投资基金发展的起点。

## 1.2 中国证券投资基金分类

### 1.2.1 按基金的组织方式分类

基于组织方式的差异,证券投资基金可以分为两种类型:契约型基金和公司型基金。

(1)契约型基金又被称作信托型基金,基金管理人与基金托管人之间通过签订信托合同的方式来进行收益单位的发行,管理人根据信托合同中约定的内容对信托资产进行相应的管理,托管人则承担基金资产的保管工作,是受益人的权益代表,而受益人则是投资者,基金经营过程中取得的收益将按照投资者购买的份额来进行分配。信托合同是契约型基金成立的法律依据,基金管理人、基金托管人以及投资者根据信托合同中约定的要求承担相应的责任。基金管理人指的是通过专业性的知识以及长期积累的实践经验,在法律法规、契约以及制度的框架内,本着组合投资的原则,对管理的基金资产进行投资,实现基金资产保值增值,让投资者实现收益最大化的组织机构。基金托管人也被称作基金保管人,指的是基于法律法规的相关内容,在证券投资基金开展投资活动的过程中,承担资产保管、监督、信息披露以及会计核算等工作的机构,代表了投资者的权益。一般而言,规模较大的信托投资公司以及规模较大的商业银行会扮演这一角色,托管人以托管协议的形式将信托资产交予管理人,根据托管协议的相关要求来承担自己的责任,并从中收取相应的费用。

(2)公司型基金指的是存在一致投资目标的投资者共同出资建立的以获取利益为目标的股份制投资公司,并将公司资产用于有价证券投资的证券投资基金。公司型基金采用发行股票的方式来实现资金募集的目标,具有法人属性。基金公司章程是公司型基金成立的基础,从法律角度来看,其属于"法人"地位的股份投资公司,和普通股份有限公司有着较高的相似性,均是利用股票的发行来达成资金募集的目标,其最终目标是通过证券市场的投资来获取经济收益。投资者通过购买基金份额的方式转变成了股东,享有股东权益,风险以及收益的高低取决于购买基金份额的多少,凭股票领取股息或红利。这种类型的基金需要成立董事会,只有在董事会同意的情况下,基金资产才能委托给基金管理公司。在具体运作时,董事会还需要承担监督基金运作的责任,因此,与契约型基金相比,公司型基金在保障投资者利益方面具有一定的优势。

## 1.2.2 按基金的运作方式分类

基于基金运作方式的差异,证券投资基金可以划分为两种形式:封闭式基金和开放式基金。

(1)封闭式基金指的是发行总额、发行日期在基金设立阶段就已经确定,在完成发行过程后的规定时限范围内发行总额不会发生变化的证券投资基金。在基金存续期内,投资者无法进行赎回操作,只能利用证券交易所来实现基金的变现与流通,在到期后,基金会停止运作,管理人安排清算小组对基金资产进行核算,并本着公平、公正的原则基于投资者出资份额的多少来分配基金资产。封闭式基金的单位数目在其设立之时就已经确定并且在一定的存续期间内不会发生变化,但其资产规模会随着单位资产净值的变化而发生变化。由于封闭式基金是在证券交易所上市的,因此市场的变化对于基金价格具有决定性作用。如果市场供应处于相对不足的状态,那么基金的市场价格就很可能超出资产净值。此时,投资者所持有的基金资产就会提高,反之,如果市场供应超出市场需求,那么基金的市场价格则会小于资产净值,投资者持有的基金资产就会缩水。

(2)开放式基金也被称作共同基金,指的是基金发起者在基金设立阶段,不对基金单位或股份的规模进行固定,可以根据投资者的实际需求随时扩大基金单位的规模,投资者也可以对自身所持有的基金进行赎回操作的基金。开放式基金的资产规模主要取决于投资者的投资决策,如果投资者认为该基金未来的发展空间较大,那么便会购买该基金,基金资产规模也会随之扩大。反之,如果投资者认为该基金已经不具投资价值,那么便会对持有的基金份额进行赎回操作,基金资产规模也会随之缩小。开放式基金不在交易所上市,其销售和赎回往往是通过基金公司或代理机构来进行的。投资者在购买或赎回开放式基金的过程中,基金份额的资产净值是计算市场价格的依据。

## 1.2.3 按基金的投资标的分类

基于投资标的差异,证券投资基金可以分为四种类型,分别是债券型基金、货币型基金、股票型基金以及混合型基金。

(1)债券型基金,指的是从事债券投资的基金,利用从投资者手中募集到的资金对各种债券进行投资,这类基金的收益相对比较稳定。基于证监会制定的有关文件,如果债券投资额在基金资产中的占比超过80%,那么该基金就属于债券型资金。债券型基金并不意味着所有的资产都用于债券投资,也可以安排一定数量的资金来投资股票。同时,债券型基金也可以通过可转债、打新股等方式来获得经济收益。从我国现阶段的情况来看,国债、金融债以及企业债是债券型基金的投资重点。一般而言,投资者通过债券投资能够获得相对稳定的回报,并且不会损失本金,风险相对较小。与股票型基金相比,债券型基金在收益稳定性以及风险方面具有一定的优势。货币市场利率对于债券型基金的收益水平具有重要影响,如果市场利率进入下行趋势,那么债券型基金的收益水平就会提高。反之,则会减少。另外,汇率对于基金收益水平也具有一定的影响,之所以会出现这一现象,主要是因为管理人在购买其他国家债券的过程中,往往会在外汇市场进行套期保值操作,以实现风险对冲。

(2)股票型基金,指的是从事股票投资的基金。2015年8月8日,股票型基金仓位新规正式开始实施,明确要求用于股票投资资金在基金资产中的占比要超过80%。一般而言,股票型基金主要对流动性水平较高的股票进行投资,基金资产质量较高,变现难度较低。与债券型基金、货币型基金相比,股票型基金在收益方面具有明显的优势,但是风险也远远超出二者。与投资者直接在股票市场投资不同,其通过组合性的投资来实现风险的分散,费用也比较低,而普通投资者的资金规模较小,无法利用组合投资的方式来降低风险水平。但是如果投资者投资股票型基金,既能够获取到股票的收益,还能够实现风险的分散,使自己面临的风险处于比较低的水平。除此以外,基金公司拥有比较充裕的资金,投资者通过购买股票型基金也能够共享这一优势,获取更大的收益。

(3)货币型基金,指的是从事货币投资的基金。一般而言,这类基金的风险水平非常低,甚至可以看作是零风险,投资时限通常为1年,投资对象也比较丰富,如银行短期贷款、国库券、商业票据等各种短期有价证券。与股票型基金不同,货币型基金的单位净值是固定的,一般为1元/份,投资者在购买基金以后,可以将获得的收益用来进行二次投资从而获得收益,持有的基金份额也会随之增多。由于货币市场具有流动性强、风险较小、期限短的特点,因此,货币型基金的市场价格、收益水平往往取决于利率的变化,二者为正相关的关系,呈现出与债券型基金完全相反的走向。

(4)混合型基金,指的是投资对象不固定的基金,可以同时投资债券、货币以及股票,没有特别的限制。风险与收益水平处于股票型基金与债券型基金之间,对于投资风格比较保守的投资者而言,购买混合型基金比较合适。

## 1.3 中国证券投资基金现状

**1. 公募证券投资基金发展迅速**

随着中国经济迅速增长,居民财富也日益增长,公募证券投资基金为我国居民提供了财富保值增值的投资渠道。从图1-1可以看出,2011年以来,我国投资者对公募证券投资基金的投资依赖性总体不断增强,连续9年资金平均净流入超万亿元。我国公募证券投资基金规模在经历了2010年、2011年连续两年下降之后,以超过年均30%的速度连续9年快速增长,截至2020年10月已经突破18万亿元。同时,良好的流动性使公募证券投资基金也成为企业资产配置中的重要选择。随着基金投资者对资金流动性需求的不断增强,封闭式基金的吸引力逐渐降低,投资者对于开放式基金的投资热情愈发高涨。相关数据显示,截至2015年底,我国基金市场中开放式公募基金与封闭式公募基金的市场份额分别为97.7%和2.3%。但是封闭式公募基金占整体证券投资基金的比例在经历了下降之后,近几年又开始稳步上升,截止到2020年10月,我国封闭式公募投资基金的市场占比已经达到了12.9%。

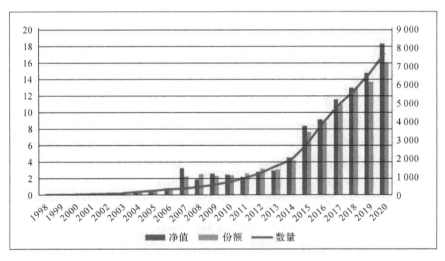

图1-1 1998—2020年公募证券投资基金数量、净值与份额
(注:左轴单位为万亿元,右轴单位为只)

**2. 开放式公募证券投资基金内部结构不断调整**

从图 1-2 可知,近 20 年来,在公募证券投资基金总规模和数量不断增长的同时,开放式公募基金的内部结构也在进行不断的调整。权益型基金(股票型基金和混合型基金)与货币型基金的资产净值占比此消彼长,权益型基金占比从 2008 年的 64% 降至 2020 年的 35%,而货币型基金占比从 2008 年的 20% 增至 2020 年的 47%;债券型基金占比波动上升,从 2008 年的 10% 增至 2020 年的 17%;QDII 基金占比明显下降,2008 年占总资产净值的 2.69%,到 2018 年仅占 0.71%。

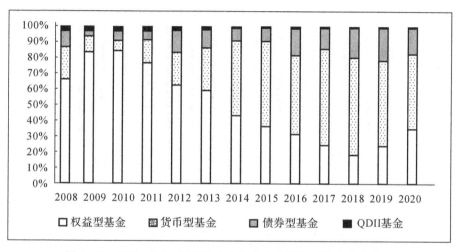

图 1-2 2008—2020 年开放式公募基金投资类型资产净值占比

**3. 私募证券投资基金数量持续增长**

从图 1-3 可以看出,我国私募证券投资基金的规模、数量呈现出持续扩大与增长的趋势,但是总体规模波动范围很小。在 2018 年到 2019 年 6 月期间,我国私募证券投资基金的规模缩小,2019 年下半年至今,私募证券投资基金的规模呈现出逐步扩大的趋势。2020 年 1—10 月,我国私募基金的规模与上一年度同期相比增加了 1.23 万亿元,历史上首次超过 3 万亿元,其中 10 月单月规模增长超过 5 000 亿元。截至 2020 年 10 月末,我国尚处于存续期的私募证券投资基金数量达到了 5.12 万只,较 9 月增长了 933 只,存续规模为 3.68 万亿元,较 9 月增长了 15.74%。

**4. 新设开放式公募证券投资基金数量总体增加**

通过分析图 1-4 可以发现,自 2008 年以来,新设开放式公募证券投资基金的数量总体上呈增加态势。在新基金分类审批制度制定和落实的背景下,自2010年开始,新基金的数量呈现出逐年增加的趋势。2013年,在实施常规产品报备制以后,基金发行的速度继续提升。而到了2014年,由于市场行情出现波动,基金发行的速度出现了一定幅度的降低。在市场行情重新转好以及销售渠道越来越多元化的背景下,2015年新发基金数量呈爆发式增长,2016年继续保持增长并达到峰值,2017—2018年新发基金数量持续下降,2019年随着市场行情的转暖,基金发行成立节奏开始反弹加快。

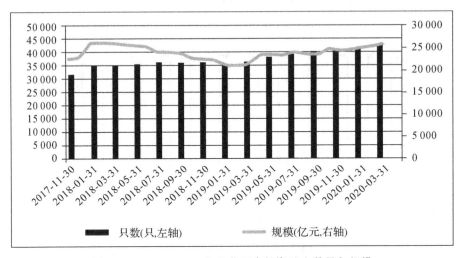

图1-3 2017—2020年私募证券投资基金数量与规模

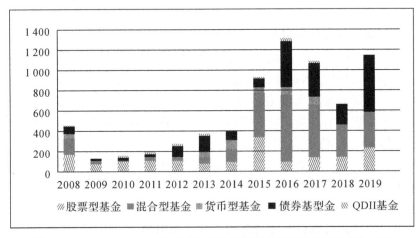

图1-4 2008—2019年新设开放式公募证券投资基金数量(单位:只)

除了基金数量和规模上的增长，基金种类在这一阶段也得到了蓬勃的发展。除了最早出现的股票型基金，为了呼应日渐高涨的市场需求，货币型基金、股票指数基金、保本型基金等投资产品如雨后春笋般纷纷出现，极大丰富了我国基金品种，使我国基金业得到了多样化发展。2012年6月，中国证券投资基金业协会成立，我国基金行业从此有了自律性的组织；同年12月，修订版的《中华人民共和国证券投资基金法》审议通过，将私募基金纳入法律条款内，让私募基金也实现了有法可依。

## 1.4 证券投资基金的特点

由《中华人民共和国证券投资基金法》给出的定义可知证券投资基金的特点，了解这些特点有利于投资者进一步认识基金的运作模式、投资收益和投资风险。

**1. 集合理财、专业管理**

基金管理人及其团队能利用专业知识对市场进行精准分析和科学判断，能更好地把握市场的动态，使中小投资者享受到由专业投资管理服务带来的投资回报。

**2. 组合投资、分散风险**

基金管理人凭借其掌控的巨额资金，投资于多种证券，实现了投资的多元化组合。投资者购买基金后，就等于用有限的资金购买了一个投资组合，因此可以利用组合中不同投资对象的投资收益相互对冲，从而达到组合投资、分散风险的目的。

**3. 利益共享、风险共担**

证券投资者对基金拥有所有权，投资者按各自持有的份额享有基金的收益权，同时承担持有份额的相应风险，基金管理人作为资产的运作者，托管人作为资产的保管者，二者仅仅为基金提供服务，不享有基金收益权。

**4. 严格监管、信息透明**

为了保护投资者的利益不受侵害，监管当局强制要求基金管理人履行信息披露的职责，同时还要求基金管理人在网站或证券报刊上公布每日净值的信息，从而减少了信息不对称导致投资者遭受损失的投资风险。

**5. 独立托管、保障安全**

基金资产运作管理实施的是管理人与托管人相互分离的原则，管理人只对资产投资进行操作,二者相互监督、相互制衡,从而最大限度地保障了投资者的利益。

# 1.5 证券投资基金的风险收益评价指标

风险与收益是每个投资者在进行投资决策时必然考虑的因素,收益越高意味着所承担的投资风险也就越大,但是在选择基金时不能只看重收益率这一个评价指标,如果一味地追求高收益,可能导致投资组合超出投资者的风险承受能力。

## 1.5.1 风险调整前风险收益衡量指标

**1. 收益衡量指标**

(1) 基金单位净值(NAV)表示每单位基金的市场价值,用公式可表示为

$$NAV = \frac{基金净资产}{发行在外的基金单位}$$

反映基金设立以来的累计净值,在没有分红的情况下,NAV 上升表示基金收益上升,价值增加。

(2) 平均收益率表示基金某时段平均收益率,可用于衡量基金收益能力。平均收益率越高,表示基金业绩越好;平均收益率越低,表示基金业绩越差。计算公式为

$$\bar{R}_p = \frac{1}{n}\sum_{i=1}^{n} R_t$$

式中,$\bar{R}_p$ 表示 $n$ 期内平均收益率,$R_t$ 表示 $t$ 时的收益率。

**2. 风险衡量指标**

(1) 收益标准差($\sigma$)是衡量证券投资基金风险的重要指标之一,基金的标准差值越大,则风险越大,反之亦然。计算公式为

$$\sigma = \sqrt{\frac{\sum_{i=1}^{n}(R_t - \bar{R})^2}{n-1}}$$

式中,$R_t$ 表示基金 $t$ 时的收益率,$\bar{R}$ 表示 $t$ 时收益率的平均值,$n$ 表示计算标准差的期数。

(2) $\beta$ 系数是用来衡量投资组合系统性风险的重要指标,表示投资组合收益受市场波动影响的大小。$\beta > 0$ 表示投资组合与市场波动呈正相关关系,即市场

上涨时,投资组合亦上涨;反之,呈负相关关系。通常 $\beta$ 值与 1 和 $-1$ 做比较,若 $-1<\beta<1$,表示投资组合波动弱于市场,受市场波动影响较小,而若 $-1>\beta$ 或者 $1<\beta$ 表示投资组合波动强于市场,受市场波动影响较大。计算公式为

$$\beta_a = \frac{\mathrm{Cov}(r_a, r_m)}{\sigma_m^2}$$

式中,$\sigma_m^2$ 为市场组合的方差,$\mathrm{Cov}(r_a, r_m)$ 为投资组合 a 与市场组合的协方差。

(3) 最大回撤率表现的是某项资产在某一时间点之后可能出现的最糟糕的情况,具体来说是指某项资产在一定的时间跨度内,任何一个时间点之后的资产净值收益率达到最低点时的回撤幅度的最大值。$T$ 日组合最大回撤率公式为

$$\mathrm{Max}_{\mathrm{drawdown}} = \frac{\underset{T>x>y}{\mathrm{Max}}[R(x)-R(y)]}{R(x)}$$

式中,$R(x)$、$R(y)$ 为区间内某时点 $x$、$y$ 收益率。

(4) 可决系数 $R^2$,该指标可由基金投资组合的超额收益率与市场组合的超额收益率回归得到,数值在 $0\sim 1$ 之间,用于衡量系统性风险在总的投资组合风险中所占比重。该数值越接近 1,则分散化的效果越好,非系统风险越低,反之亦然。

## 1.5.2　风险调整后评价指标

**1. 夏普比率**

通常也称为夏普指数,是衡量投资组合收益风险的标准化指标。夏普比率由风险收益率除以代表风险的标准差得到,是综合考虑了风险和收益的综合性指标。通常与资本市场线斜率进行比较,若值位于资本市场线上方,表明基金业绩优于市场基准业绩,指标数值越大基金绩效越好。夏普比率的计算公式为

$$S_p = \frac{E(R_p) - R_f}{\sigma(R_p)}$$

式中,$S_p$ 为夏普比率,$E(R_p)$ 表示投资组合实际期望的收益率,$R_f$ 为无风险收益率,这里可用一年期银行定期存款利率衡量,$\sigma(R_p)$ 表示基金的收益标准差,衡量投资组合的总风险。

**2. 詹森指数**

詹森指数指投资或基金的超额回报和按照 $\beta$ 系数计算的预期风险回报之间的差额。超额回报是投资组合的实际预期收益率减去无风险收益率(1 年期银行定期存款利率)。预期风险回报是 $\beta$ 系数和市场风险溢价的乘积,反映的是市场的整体波动带来的回报。公式为

$$R_p - R_f = \alpha_p + \beta(R_m - R_f) + \varepsilon$$

式中，$R_p$ 表示投资组合的实际收益率，$R_f$ 表示无风险收益率，$R_m$ 表示市场组合收益率，$\beta$ 衡量系统性风险。

**3. 索提诺比率**

索提诺比率是指将收益与风险进行综合考虑的指标。与夏普比率类似，但是它对风险的考量是基于下行标准差，其认为高于平均值的收益率波动不应视为风险，而应作为收益，计算公式为

$$\text{Sortino Ratio} = \frac{E(R_p) - R_f}{\text{DR}}$$

式中，$E(R_p)$ 为投资组合的预期回报率，$R_f$ 为无风险利率，DR 为下行标准差。

**4. 特雷诺比率**

特雷诺比率是基金的收益率超越无风险利率的值与系统性风险的比值。该比率衡量的是基金承担单位系统性风险所获得的超额收益。特雷诺比率越大，说明风险调整收益越高。用公式表示为

$$\text{TR} = \frac{E(R_p) - R_f}{\beta}$$

式中，$E(R_p)$ 为投资组合预期收益率，$R_f$ 为无风险收益率，$\beta$ 为投资组合的系统性风险。

特雷诺比率建立在非系统性风险已经完全分散的基础上，即认为基金持有的资产组合已充分分散个股或行业的风险。因此，特雷诺比率适用于评价非系统风险完全分散的基金，并不能考察基金经理分散和降低非系统性风险的能力，如果仅以这一指标作为基金业绩评价指标则会导致基金经理为了追求高收益进行风险过大的投资。

### 1.5.3 助长抗跌分析

助长抗跌能力是指证券投资者在市场下跌时能够通过调整资产组合减轻下跌程度，减少损失，在市场上涨时能够通过调整实现更大幅度上涨，获得更多收益的能力。

**1. Fama 业绩归因理论**

根据资本资产定价理论，投资组合获得的收益等于无风险收益与超额收益的总和，而风险收益可进一步分为由投资者的选择标的带来的超额收益和承受市场风险选择带来的超额收益，而投资时机选择带来的收益则可以进一步分为

潜在风险带来的收益、投资时机的选择带来的收益和自身风险带来的收益。基金经理是考虑了潜在风险及自身投资水平所带来的超额收益,因而基金收益主要来源于投资的股票所带来的收益及投资时机选择能力,也就是选股能力和择时能力。

**2. 基金择时能力和选股能力**

Fama业绩归因理论认为基金业绩主要来源于微观预测能力和宏观预测能力,也就是选股能力和择时能力。

微观预测能力是指基金经理根据基金的投资风格、投资风险偏好、自身专业知识和投资经验,甚至所掌握的内幕信息进行股票的选择,这种能力就是选股能力。

宏观预测能力是指基金经理能够依据自身的专业知识、经验对未来市场走势做出判断,并根据判断做出投资组合中证券资产所占的比重的能力,也就是基金经理的择时能力。具有择时能力的基金经理能够对市场做出判断,合理适时选择退出或者进入市场并调整风险资产和无风险资产的投资比重。比如若基金经理判断市场行情向好,则会增加投资组合中风险资产的比重,降低无风险资产比重,提高风险系数,获得更高收益,股票选择上会提前布局上涨行业或者板块的股票;若预测市场会下跌,则会增加无风险资产的比重,降低风险资产比重,降低风险系数,规避风险。总之,基金经理的择时能力就是能够根据市场的涨跌情况,调整仓位和品种以谋取更高的收益率。本书认为基金的助长抗跌能力则可以通过对基金经理的选股和择时能力来进行衡量。

**3. T-M模型**

Treynor和Mazuy在1966年最早提出T-M模型,他们在传统资本资产定价模型的基础上加入二次项,因此这一方法也被称为二项式法,模型的作者认为一个优秀的基金经理拥有良好的择时能力,能够根据市场的走势进行准确的判断,实时调整自己的基金投资组合。当基金经理判断市场行情向好时,提高基金组合中风险资产占比,降低无风险资产占比,获得更大的超额收益;如果市场行情即将反转下跌,则应该降低风险资产的占比,减少因市场下跌而产生的损失。

T-M模型的公式为

$$R_p - R_f = \alpha + \beta_1(R_m - R_f) + \beta_2(R_m - R_f)^2$$

式中,$\alpha$衡量基金选股能力,$\beta_1$为基金投资组合面临的系统风险,$\beta_2$代表基金的择时能力,若$\beta_2 > 0$,表示基金具有择时能力。进行整理,可得

$$R_p - R_f = \alpha + [\beta_1 + \beta_2(R_m - R_f)](R_m - R_f)$$

通过公式变形,基金的整体系统风险可表示为

$$\beta = \beta_1 + \beta_2 \times (R_m - R_f)$$

当市场上涨($R_m > R_f$)时,若$\beta_2 > 0$,则$\beta > \beta_1$,基金组合的整体风险系数提高了,且大于市场的系统风险系数;当市场下跌($R_m < R_f$)时,若$\beta_2 < 0$时,则$\beta < \beta_1$,基金组合的整体风险系数减低了,且小于市场的系统风险系数。因此,$\beta_2 > 0$说明基金经理具备市场择时能力。本书用T-M模型衡量助长抗跌能力。

## 1.6 我国基金业绩评价体系

中国证券投资基金业协会的信息显示,我国现有的基金评级公司主要有晨星中国、中国银河证券基金研究中心、海通证券、上海证券、招商证券、天相投资顾问有限公司,其中除晨星中国以外,其他都是在2010年经过批准的第一批可以对基金业绩进行评价的机构,他们的评价体系在不同层面上代表了我国基金业绩评价体系的发展现状。

### 1.6.1 基金业绩评价体系

**1. 晨星中国业绩评价体系**

晨星中国于2004年推出了我国基金的分类、评级和排名。随着我国基金业的发展,对基金的分类也在不断完善。该体系从投资人的角度出发,以基金的投资组合进行分类,而不是按照基金招募说明书的规定和描述进行分类,它对于股票型基金的分类,依然要求股票类的投资比例大于70%,且该投资比例的下限不得低于60%。该评价体系的基础是效用理论,假设投资人都是理性投资者,利用单一风险调整后的收益指数对基金进行定量分析,然后进行业绩评价。晨星基金排名是建立在同类基金对比的基础上,该体系的基金排名将收益、风险和风险调整收益作为评价指标,其中将总回报率作为收益指标,将波动风险和下行风险作为风险指标,风险收益指标则是运用三大风险调整收益指标中的夏普指数。而由于晨星的星级评价是在交易型开放式指数基金广泛普及之前设计的,所以对于指数基金的业绩评价只是限于单一指数排名,且单一指数排名的依据是基金的回报率,通过回报率的大小对基金进行业绩排名。

**2. 中国银河证券业绩评价体系**

中国银河证券基金研究中心按照"事前法"的原则对基金进行分类,也就是说,不需要考虑基金正式运作之后的投资组合特征,而是在基金正式运作之前就已经确定好了基金类别。中国银河证券基金研究中心在基金绩效评价、基金投资组合风格特征、基金资金流量、基金股票配置特征、基金投资价值分析、基金管理人投资管理能力综合评价、基金行业发展战略、基金管理人发展战略等领域较为全面地构建了丰富的基金研究评价工作体系。该体系将风险收益指标作为基金的评价依据,将标准差作为基金的风险评价指标,而对于单一指标的排名则是基于基金的净值增长率。

**3. 济安金信业绩评价体系**

济安金信业绩评价体系基于基金的风险收益特征对其进行分类,并且通过引入詹森指数和选股择时的评价指标对基金的盈利能力、抗风险能力以及基金经理的管理能力进行综合评价,这也是济安金信对基金评级的主要依据。虽然该体系相对于晨星中国和中国银河证券评价指标的选择更有逻辑,且都是运用相应指标的权重进行综合评价,但该体系的评价结果相比于前两者并不是那么精确。该体系对于基金的评价也只有一个星级评级,而对于以上两个体系的评价来说,济安金信的评级不能够给投资者一个直观的参考。

**4. 天相投顾业绩评价体系**

天相投顾业绩评价体系只针对开放式股票型、混合型基金进行绩效评级,而对指数基金只是针对基金净值增长率进行排名。具体评价指标包括风险调整后的收益能力以及投资管理能力。该体系采用 Stutzer 指数对风险调整收益进行衡量,并采用 M.C.V. 指标和 C.L. 指标分别衡量基金经理的选股和择时能力。因为短期市场环境的单一化,无法合理地衡量基金经理的选股与择时能力,故此二项指标只在过去完整的三年内计算。选股能力利用 M.C.V. 指标来衡量,重点考虑了基金分散非系统风险的能力,该指标值越大,表明基金风险分散能力和选股能力越强。择时能力利用 C.L. 指标进行衡量,表明基金经理预测市场走势并相机调整投资组合值的能力,C.L. 指标越大,表明基金择时能力越强。

## 1.6.2 不同评价体系的差异

通过对我国现有的基金业绩评价体系的分析可以发现,不同评价体系对基金的分类方法不同。晨星中国是从投资人的角度出发,以基金的投资组合进行分类;银河证券则是采用"事前法";而济安金信则是基于基金的风险收益特征;天相投顾在证监会对基金类型规定的基础上,参考基金合同规定的资产配置比例,并综合考虑基金的业绩比较基准和风险收益定位进一步细分。上海证券和海通证券则是遵循证监会对基金类型的规定对基金进行分类。不同评价体系对于基金评价指标的选择也具有一定的差异。晨星中国基于回报率对基金进行业绩排名,而银河证券、天相投顾和海通证券则是基于基金的净值增长率,上海证券的单一指标包括选股能力、择时能力以及夏普比率。基金分类是基金评价的基石,基金评价包括综合评价以及单一指标排名。基金分类的不一致以及评价指标选择的不同导致不同机构基金业绩排名的差异性。

## 1.7 证券投资基金的资产配置能力

资产配置指资产组合的管理者在自身所能承受的风险下选择并确定所投资产的种类和比率,其目的在于提高某一既定风险水平下的收益率。资产配置具体可分为战略型资产配置与战术型资产配置。

**1. 基金的资产配置能力分类**

基金的资产配置能力分为战略型资产配置能力和战术型资产配置能力。战略型资产配置能力即衡量基金管理者是否能高效完成战略型资产配置过程的能力,是一种长期的、宏观的研究判断能力;战术型资产配置能力即衡量基金管理者是否能高效完成战术型资产配置过程的能力,细分为选股能力和择时能力,是一种短期的、微观的研究判断能力。资产配置分类见表1-1。

表1-1 资产配置分类情况

| 资产配置类别 | 投资期限 | 配置选择 |
| --- | --- | --- |
| 战略型资产配置 | 长期 | 大类资产:现金、股票、债券、房地产、黄金等 |
| 战术型资产配置 | 短期 | 投资的时机选择(择时)<br>投资的个股选择(选股) |

**2. 战略型资产配置能力和战术型资产配置能力的区别和联系**

(1)战略型资产配置能力是在长期实现较高收益,长期一般指一年以上。战术型资产配置能力是在短期实现较高收益,短期一般是一年以内,更短可到一周。

(2)战略型资产配置面临的风险一般为市场风险,是系统性风险,难以通过分散化的投资进行化解。战术型资产配置面临的风险除了市场风险及系统性风险外,还有更多特定的风险,如财务数据、行业需求变动等引发的风险。

**3. 资产配置能力研究模型**

（1）战略型资产配置能力研究模型。战略型资产配置能力研究实证模型采用的是BHB归因模型，这套方法由Brinson Hood和Beebower在1986年提出。模型思路：如果我们要进行投资，首先应当进行基准的设定，然后对比基准中的各个板块权重超配或者低配，最后在这些板块中进行个股的选择，这一系列选择造成的投资组合与基准组合的差异，就是我们最终收益的来源。

这部分研究包括两个方面：一方面是战略型资产配置能力的时间序列分析，另一方面是战略型资产配置能力的横截面分析。时间序列分析可以分析我国开放式基金管理者的战略型资产配置能力的强弱，横截面分析可以分析我国开放式基金管理者的战略型资产配置能力对基金业绩的影响。

（2）战术型资产配置能力研究模型。战术型资产配置能力研究实证模型采用T-M模型，T-M模型是Treyonr和Mazuy在1966年提出的。Treyonr和Mazuy认为：如果基金经理具备择时能力，那么市场处于牛市时，基金经理将提高投资组合的风险水平以获得较高的收益；市场处于熊市时，基金经理将降低投资组合的风险水平以避免资产组合暴露在过高的风险中。因此，投资组合的特征线不再是一条固定斜率的直线，而是一条斜率会随市场状况改变的曲线。

# 第 2 章　中国公募证券投资基金的资产配置和投资策略分析

## 2.1　公募证券投资基金概况

公募证券投资基金(Public Offering of Fund)(以下简称"公募基金")是指以公开方式向社会公众投资者募集资金并以证券为主要投资对象的证券投资基金。公募基金可以向社会公众公开发售基金份额和宣传推广,基金募集对象不固定。基金份额的投资金额要求较低,适合中小投资者参与,基金必须遵守有关的法律法规,接受监督机构的监督并定期公开相关信息。公募基金按照组织形式可以分为契约型和公司型,按运作方式可以分为封闭式和开放式基金,按照投资风格可以分为成长型、收入型、平衡型、大盘蓝筹和中小盘基金,按照投资对象可以分为股票型基金、债券基金、货币市场基金和混合型基金。

1997年,我国《证券投资基金管理暂行办法》发布,1998年3月,国内两只封闭式基金率先成立,开启了中国公募基金的元年。当年年底,国内公募基金仅有5只,20多年过去,中国基金市场一片繁荣景象,基金数量近5 000只,中国基民人数高达6亿人,几乎每两个人中就有一个购买基金。经过20多年的发展,中国公募基金行业不断完善各项法律法规和自律制度,已形成以《中华人民共和国证券投资基金法》为核心,涵盖不同环节的规则体系,从法规层面落实了基金管理人的忠诚义务与专业义务。基金托管制度被理财行业广泛效仿,基金行业内控制度为财富管理行业树立标杆,完善的信息披露规范体系及可扩展商业报告语言(XBRL)的运用令基金信息披露更加透明、便于计算机处理,易于市场监督。严格的估值标准保证基金资产的公允性,投资比例限制有效防范风险,保障投资者权益。在上述一系列制度体系的保障下,公募基金行业没有出现重大系统性风险,投资者权益得到有力保护。

## 2.1.1 我国公募基金现状

**1. 公募基金规模与数量**

截止到 2019 年底,中国公募基金总规模为 14.3 万亿元,较 2018 年 13 万亿元增长了约 10%,公募基金产品数为 6 040 只(不同份额仅保留 A 类),较 2018 年 5 144 只增长了 17.4%。回顾我国公募基金近十年的发展,总规模增长幅度最大的年份为 2015 年的 85.1% 和 2014 年的 51.4%,增长幅度最小的为 2013 年的 4.5% 和 2016 年的 9.0%。近两年公募基金总规模稳步增长,由于基数逐年增加,规模增长幅度保持在每年 10% 左右。如图 2-1 所示,根据中国证券投资基金业协会数据,截止到 2020 年第三季度末,我国正在运行的公募基金规模为 17.80 万亿元,公募基金数量为 7 644 只,其中开放式基金有 6 538 只、封闭式基金有 1 106 只。在开放式基金中,又包括股票型基金 1 325 只、混合型基金 3 040 只、货币型基金 333 只、债券型基金 1 678 只、QDII 基金 162 只。全部基金的资产净值达到 17.8 万亿元,份额规模为 15.65 万亿份。

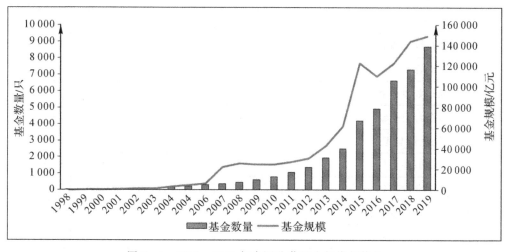

图 2-1 1998—2019 年中国公募基金规模与数量

**2. 2019 年基金成立数量**

由表 2-1 可知,2019 年我国新发行的公募基金共 1 080 只,增幅为 19.71%。其中中长期纯债型基金新成立了 361 只,房地产投资信托基金、股票多空、增强指数型债券基金没有发行新的基金,短期纯债型基金、被动指数型债券基金增幅分别为 146.15% 和 156.14%，占据前两位。

表 2-1 2019 年基金成立数量对比表

| 基金类型 | 2019 年成立基金数量 | 2019 年前成立的基金数量 | 增幅 |
| --- | --- | --- | --- |
| 房地产投资信托基金 | 0 | 1 | 0.00% |
| 股票多空型基金 | 0 | 18 | 0.00% |
| 增强指数型债券基金 | 0 | 4 | 0.00% |
| 货币型基金 | 14 | 625 | 2.24% |
| 混合债券型一级基金 | 4 | 107 | 3.74% |
| 灵活配置型基金 | 59 | 1351 | 4.37% |
| 国际（QDII）混合型基金 | 2 | 41 | 4.88% |
| 混合债券型二级基金 | 29 | 319 | 9.09% |
| 国际（QDII）另类投资基金 | 4 | 29 | 13.79% |
| 国际（QDII）股票型基金 | 12 | 84 | 14.29% |
| 普通股票型基金 | 43 | 297 | 14.48% |
| 国际（QDII）债券型基金 | 7 | 41 | 17.07% |
| 被动指数型基金 | 114 | 582 | 19.59% |
| 偏债混合型基金 | 43 | 204 | 21.08% |
| 增强指数型基金 | 22 | 81 | 27.16% |
| 偏股混合型基金 | 189 | 644 | 29.35% |
| 中长期纯债型基金 | 361 | 916 | 39.41% |
| 商品型基金 | 3 | 5 | 60.00% |
| 平衡混合型基金 | 28 | 35 | 80.00% |
| 被动指数型债券基金 | 57 | 39 | 146.15% |
| 短期纯债型基金 | 89 | 57 | 156.14% |
| 总计 | 1 080 | 5 480 | 19.71% |

数据来源：Wind，长城证券研究所

**3. 2019 年各类型基金规模变化**

由表 2-2 可知，2019 年增幅最大的为股票多空型基金，相对于 2018 年的增幅为 260.71%，其次为被动指数型债券基金，增幅为 188.47%，说明股票多空型基金和被动指数型债券基金发展速度很快。截至2019年底,货币市场型基金资产净值在各类型基金中位居第一,占据了一半以上的市场份额,其资产净值达到了73 709.19亿元;灵活配置型基金的资产净值与其他各类基金相比,其中占据市场份额较少,资产净值只有8 622.82亿元。而2019年增幅最大的股票多空型基金和被动指数型债券基金规模较小,仅有166.21亿元和2 992.20亿元。

表2-2　2019年各类型基金规模变化　　　　　　　　单位:亿元

| 基金类型 | 2019资产净值 | 2018资产净值 | 增加规模 | 较2018年增幅 |
| --- | --- | --- | --- | --- |
| 中长期纯债型基金 | 25 975.90 | 19 900.46 | 6 075.45 | 30.53% |
| 偏股混合型基金 | 9 714.17 | 6 176.34 | 3 537.83 | 57.28% |
| 被动指数型基金 | 7 016.53 | 4 707.32 | 2 309.21 | 49.06% |
| 被动指数型债券基金 | 2 992.20 | 1 037.27 | 1 954.94 | 188.47% |
| 灵活配置型基金 | 8 622.82 | 7 253.44 | 1 369.39 | 18.88% |
| 混合债券型二级基金 | 2 643.38 | 1 504.78 | 1 138.61 | 75.67% |
| 普通股票型基金 | 2 639.34 | 1 939.43 | 699.90 | 36.09% |
| 偏债混合型基金 | 1 179.42 | 725.10 | 454.32 | 62.66% |
| 增强指数型基金 | 909.18 | 529.53 | 379.65 | 71.70% |
| 混合债券型一级基金 | 1 140.28 | 843.58 | 296.70 | 35.17% |
| 短期纯债型基金 | 2 664.72 | 2 431.21 | 233.52 | 9.60% |
| 平衡混合型基金 | 587.01 | 455.61 | 131.40 | 28.84% |
| 股票多空型基金 | 166.21 | 46.08 | 120.13 | 260.71% |
| 国际(QDII)股票型基金 | 507.77 | 403.86 | 103.91 | 25.73% |
| 国际(QDII)债券型基金 | 152.26 | 88.50 | 63.76 | 72.04% |
| 商品型基金 | 167.10 | 131.55 | 35.55 | 27.02% |
| 国际(QDII)混合型基金 | 150.01 | 149.46 | 0.55 | 0.37% |
| 国际(QDII)另类投资基金 | 36.36 | 35.95 | 0.41 | 1.14% |
| 房地产投资信托基金 | 33.10 | 32.94 | 0.16 | 0.48% |
| 增强指数型债券基金 | 1.39 | 1.32 | 0.08 | 5.79% |
| 货币型基金 | 73 709.19 | 80 343.69 | -6 634.50 | -8.26% |
| 总计 | 141 008.36 | 128 737.42 | 12 270.94 | 9.53% |

数据来源:Wind,长城证券研究所

**4. 基金公司规模**

由表 2-3 可知,2019 年基金公司规模排名前三的分别是天弘基金管理有限公司、易方达基金管理有限公司和博时基金管理有限公司,其中天弘基金管理有限公司的全部基金资产净值高达 12 718.05 亿元,超过万亿。除前三名以外,其余公司基本在 5 000 亿元以上,规模差别不是很大。

表 2-3  2019 年公司规模排名前 10 名的基金公司    单位:亿元

| 公司名称 | 全部基金资产净值合计 |
| --- | --- |
| 天弘基金管理有限公司 | 12 718.055 4 |
| 易方达基金管理有限公司 | 7 114.208 2 |
| 博时基金管理有限公司 | 6 216.911 7 |
| 南方基金管理股份有限公司 | 6 050.741 1 |
| 工银瑞信基金管理有限公司 | 5 378.345 8 |
| 建信基金管理有限责任公司 | 5 282.377 9 |
| 汇添富基金管理股份有限公司 | 5 149.660 4 |
| 华夏基金管理有限公司 | 5 137.014 4 |
| 嘉实基金管理有限公司 | 5 124.393 3 |
| 广发基金管理有限公司 | 4 891.668 8 |

数据来源:Wind

**5. 公募基金经理数量**

由图 2-2 可知,从 2013 年的 192 名基金经理发展到 2019 年的 1 992 名基金经理,公募基金经理数量增长了 9 倍左右。可见,随着我国公募基金数量和整体规模的不断扩大,公募基金管理人员队伍也在不断发展壮大。

**6. 各类公募基金规模占比**

目前,我国市场上的公募基金可以分为八类,分别是主动债券型基金、被动债券型基金、主动股票型基金、被动股票型基金、货币型基金、商品型基金、QDII 基金和房地产投资信托基金(REITs)。由表 2-4 可知,2015—2019 年,商品型基金、主动债券型基金和被动债券型基金的规模整体上呈上升趋势,REITs 型基金和主动股票型基金的规模整体上呈下降趋势,而 2019 年被动股票型基金的规模逐渐恢复到了 2015 年的水平。但总体上来看,截至 2019 年底,货币型基金占比仍然高达 51.59%,高居第一。第二位为主动债券型基金,占比为 23.68%。

第三位为主动股票型基金,占比为15.24%。三类合计占比高达90.51%。

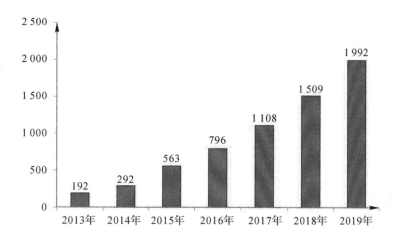

图2-2　2013—2019年公募基金经理数量(单位:人)

表2-4　2015—2019年各类公募基金规模占比

| 基金分类 | 2015年 | 2016年 | 2017年 | 2018年 | 2019年 |
| --- | --- | --- | --- | --- | --- |
| 被动股票型 | 6.45% | 5.70% | 4.30% | 4.72% | 6.54% |
| 被动债券型 | 0.16% | 0.22% | 0.19% | 0.80% | 2.10% |
| 主动债券型 | 9.76% | 20.23% | 15.28% | 19.75% | 23.68% |
| 主动股票型 | 26.29% | 21.34% | 16.63% | 12.24% | 15.24% |
| QDII型 | 0.74% | 1.08% | 0.75% | 0.54% | 0.63% |
| 货币型 | 56.53% | 51.18% | 62.66% | 61.78% | 51.59% |
| 商品型 | 0.03% | 0.20% | 0.17% | 0.14% | 0.19% |
| REITs | 0.04% | 0.04% | 0.03% | 0.03% | 0.02% |

数据来源:Wind,长城证券研究所

**7. 持有人结构**

由表2-5可知,无论是使用平均持有比例还是持有比例中位数,我们都能发现,2015—2019年我国公募基金持有人的结构中机构持有人的比例逐年上升,而个人投资者的比例呈下降趋势。这表明我国公募基金的投资者结构更加专业化,投资者的专业化水平在不断提高。

表 2-5　2015—2019 年公募基金持有人结构

| 年份 | 机构平均持有比例 | 机构持有比例中位数 | 个人平均持有比例 | 个人持有比例中位数 |
| --- | --- | --- | --- | --- |
| 2015 | 30.59% | 12.68% | 60.22% | 75.31% |
| 2016 | 34.60% | 14.43% | 54.08% | 66.81% |
| 2017 | 38.89% | 19.26% | 56.16% | 71.78% |
| 2018 | 38.05% | 17.60% | 57.57% | 74.81% |
| 2019 | 45.20% | 35.42% | 54.36% | 63.69% |

数据来源:Wind

## 2.1.2　我国开放式基金存在问题

**1. 金融市场不够成熟、资产配置效率低**

国内金融市场近年来发展迅速,但仍不够成熟。成熟的金融市场是开放式基金高质量发展的前提。我国金融市场中的股票市场容量相对较小,2018 年中国 GDP 约为 13 万亿美元,美国 GDP 约为 19 万亿美元,同期国内 A 股总市值约为 6 万亿美元,约占国内 GDP 的 46%;而美国股市总市值约为 30 万亿美元,约占 GDP 的 157%。两国股市发展的差距远超 GDP 的差距,表明国内金融市场尚存在巨大发展空间。总的来说,国内金融市场存在制度设计不完善、监管执行力度较弱、市场透明度不够、市场流动性不足、资产种类不够完善等问题。对于金融市场上可投资的资产而言,国内可投资的资产类别本身就较少,再加上相关法规的严格限制,开放式基金的资产配置范围受限严重,开放度和自由度远不如美国等成熟市场。

**2. 对资产配置不够重视且相关研发不足**

国内开放式基金多忙于追求产品的短期收益,依靠短期排名的优势而扩大自身产品的规模,开放式基金的收费模式一般按规模的比率收费,从而规模越大基金管理公司便可获得更多的收益,但真正均衡持久的投资收益需要良好的资产配置策略的制定和执行。国内基金管理者对资产配置能力的重视程度不足,主要体现在对于资产配置的相关研发投入不足,尤其是战略型资产配置的相关研究较为缺乏。国内开放式基金因为资产范围受限和相关研究的缺乏,存在较多的交叉持股现象,这也是市场流动性不足以及易大幅波动的原因之一。综合来讲,由于客观环境的缺陷和主观能力的不足,我国开放式基金的资产配置能力尤待加强。

## 2.2 公募证券投资基金的业绩分析

### 2.2.1 各类公募基金收益率情况

按照 Wind 二级分类，可以把公募基金分为 21 类。从收益率平均值这个指标来看，2019 年收益率最大的为普通股票型基金，其收益率为 48.23%，2019 年收益率最小的为货币市场型基金，其收益率为 2.56%；从收益率最大值这个指标来看，2019 年被动指数型基金创造了收益率最大值，其收益率达到了235.52%。从表 2-6 可知，整体来看我国各类公募基金的业绩相差较大，普通股票型和 QDII 类基金的收益率普遍较高，债券型基金和货币型基金与其他类型基金相比收益率较低，但 QDII 类的债券型基金收益较高，股票多空型基金虽然获得了正向收益，但是其盈利能力与股票型基金相比较弱。

表 2-6  2019 年各类公募基金收益率

| 基金类型 | 收益率平均值 | 收益率最大值 | 收益率最小值 |
| --- | --- | --- | --- |
| REITs | 7.73% | 7.73% | 7.73% |
| 被动指数型基金 | 38.01% | 235.52% | -10.40% |
| 被动指数型债券基金 | 5.86% | 75.71% | 0.56% |
| 短期纯债型基金 | 3.96% | 20.50% | 0.01% |
| 股票多空型基金 | 8.00% | 15.37% | 2.95% |
| 国际(QDII)股票型基金 | 23.30% | 48.01% | -11.04% |
| 国际(QDII)混合型基金 | 26.12% | 46.97% | -1.06% |
| 国际(QDII)另类投资基金 | 19.19% | 31.12% | 4.12% |
| 国际(QDII)债券型基金 | 9.55% | 14.12% | 5.08% |
| 混合债券型二级基金 | 10.41% | 38.95% | -6.64% |
| 混合债券型一级基金 | 6.78% | 34.81% | -3.19% |
| 货币型基金 | 2.56% | 3.36% | 0.85% |
| 灵活配置型基金 | 32.57% | 110.37% | -18.74% |
| 偏股混合型基金 | 45.41% | 121.69% | 0.11% |

续表

| 基金类型 | 收益率平均值 | 收益率最大值 | 收益率最小值 |
| --- | --- | --- | --- |
| 偏债混合型基金 | 11.81% | 46.33% | −1.63% |
| 平衡混合型基金 | 31.22% | 59.50% | 4.50% |
| 普通股票型基金 | 48.23% | 216.98% | 4.70% |
| 商品型基金 | 18.15% | 19.15% | 14.56% |
| 增强指数型基金 | 37.81% | 60.10% | 9.59% |
| 增强指数型债券基金 | 30.52% | 83.59% | 4.50% |
| 中长期纯债型基金 | 4.44% | 17.78% | −16.78% |

数据来源：Wind，长城证券研究所

### 2.2.2　各类公募基金战胜基准比例情况

从表 2-7 可以看出，2019 年大部分公募基金都能够战胜基准，其中股票多空型基金和 REITs 的战胜基准比例高达 100%，被动指数型债券基金的战胜基准比例只达到了 41.03%，表现较差，而商品型基金则因费用原因而业绩一般，略低于比较基准。

表 2-7　2019 年各类公募基金的战胜基准比例

| 基金类型 | 战胜基准比例 |
| --- | --- |
| REITs | 100.00% |
| 被动指数型基金 | 68.04% |
| 被动指数型债券基金 | 41.03% |
| 短期纯债型基金 | 71.93% |
| 股票多空型基金 | 100.00% |
| 国际（QDII）股票型基金 | 50.00% |
| 国际（QDII）混合型基金 | 78.05% |
| 国际（QDII）另类投资基金 | 58.62% |
| 国际（QDII）债券型基金 | 90.24% |

续表

| 基金类型 | 战胜基准比例 |
| --- | --- |
| 混合债券型二级基金 | 79.31% |
| 混合债券型一级基金 | 73.83% |
| 货币型基金 | 99.68% |
| 灵活配置型基金 | 73.28% |
| 偏股混合型基金 | 89.91% |
| 偏债混合型基金 | 56.86% |
| 平衡混合型基金 | 74.29% |
| 普通股票型基金 | 88.89% |
| 增强指数型基金 | 86.42% |
| 增强指数型债券基金 | 50.00% |
| 中长期纯债型基金 | 72.60% |

数据来源：Wind，长城证券研究所

## 2.3 公募证券投资基金的收益与风险分析

### 2.3.1 被动管理股票型基金

被动管理股票型基金不需要基金经理主动进行投资管理，投资方向主要为指数。我们可以将被动管理股票型基金分为四种类型：主题、风格、策略、规模。由于这四种类型基金的业绩分化较大，我们将这些基金按照2019年收益率由高到低划分为前25%分位，25%~50%分位，50%~75%分位和75%~100%分位，并统计一些量化指标来分析基金的风险收益。

根据表2-8相关统计数据可知，规模型和主题型基金占据较大比例。2019年，每个分位点内各类型基金的平均收益率差异不大，且对应的平均贝塔系数、平均最大回撤、平均年波动率、平均夏普比率也较为接近。在前25%这个分位点，规模型的指数基金收益低于其他类型的指数基金，这表明2019年部分主题型、策略型和风格型的被动基金收益表现要大幅优于规模型的指数基金；在25%～50%这个分位点，规模型基金占比最高，主题型平均收益率最高；在50%～75%这个分位点，规模型基金无论是占比还是平均收益率都高于其他三种类型的基金；在75%～100%这个分位点，主题型的指数基金占据较大的比例，风格型基金的平均收益率要优于其他三类基金。整体而言，部分主题型的被动基金表现是相对落后的，2019年主题型基金的业绩分化相对较大，低贝塔系数型的主题基金总体表现落后。规模型的被动指数产品集中于业绩较好的中上部分，可见选择规模型的产品投资可以较大概率地获取市场收益，而且总体的回撤优于其他的一些产品。

表2-8  2019年被动管理股票型基金相关量化指标统计

| 分位点 | 类型 | 平均收益率 | 平均贝塔系数 | 平均最大回撤 | 平均年波动率 | 平均夏普比率 | 基金个数 | 占比 |
| --- | --- | --- | --- | --- | --- | --- | --- | --- |
| 前25% | 策略 | 53.56% | 1 | −15.30% | 20.42% | 0.29 | 6 | 5.26% |
| | 风格 | 57.67% | 1.15 | −18.87% | 23.16% | 0.28 | 2 | 1.75% |
| | 规模 | 47.06% | 0.96 | −14.89% | 19.10% | 0.28 | 48 | 42.11% |
| | 主题 | 54.05% | 1.03 | −17.30% | 24.56% | 0.25 | 58 | 50.88% |
| 25%～50% | 策略 | 37.94% | 0.93 | −13.67% | 17.63% | 0.25 | 3 | 2.63% |
| | 风格 | 36.81% | 1 | −17.67% | 22.09% | 0.2 | 1 | 0.88% |
| | 规模 | 38.82% | 0.95 | −13.54% | 18.13% | 0.25 | 81 | 71.05% |
| | 主题 | 39.01% | 1.01 | −16.16% | 21.21% | 0.21 | 29 | 25.44% |
| 50%～75% | 策略 | 30.36% | 0.87 | −12.40% | 16.62% | 0.22 | 6 | 5.26% |
| | 风格 | 29.64% | 0.92 | −14.77% | 18.63% | 0.19 | 3 | 2.63% |
| | 规模 | 30.24% | 0.95 | −16.54% | 19.33% | 0.19 | 59 | 51.75% |
| | 主题 | 30.38% | 0.93 | −16.99% | 20.27% | 0.18 | 46 | 40.35% |
| 75%～100% | 策略 | 16.74% | 0.77 | −16.81% | 16.82% | 0.12 | 17 | 15.04% |
| | 风格 | 18.27% | 0.85 | −14.59% | 16.88% | 0.13 | 3 | 2.65% |
| | 规模 | 15.84% | 0.66 | −13.84% | 15.56% | 0.13 | 16 | 14.16% |
| | 主题 | 17.37% | 0.94 | −19.07% | 20.21% | 0.1 | 77 | 68.14% |

数据来源：Wind，长城证券研究所

## 2.3.2 主动管理股票型基金

主动管理股票型基金是我国早期公募基金的主要产品类型,需要基金经理主动进行投资管理,通过基金经理的管理能力来达到资产升值的目的。按照管理策略的不同,以及资产配置比例限制的不同,主动管理股票型基金可分为六大类:股票多空、灵活配置、偏股混合、偏债混合、平衡混合和普通股票型。这些基金间的产品差异和管理方式的不同使得业绩表现差异较大,仍然使用相同的分位方法将这些基金分为四段来计算分析基金的风险收益。

从表2-9统计结果发现,主动管理股票型基金中,灵活配置型基金和偏股混合型基金的基金数量占比高达80%,占据了主动管理股票型基金的较大比例。在高收益这一组中平衡混合型基金的收益低于其他类型的基金,这表明2019年部分灵活配置型、偏股混合型、普通股票型的主动基金收益表现要优于平衡混合型基金。

分组统计数据显示,平均收益率高的主动管理股票型基金平均年化波动率、平均詹森指数、平均贝塔系数、平均夏普比率都相对较高,即风险相对较大。各基金基本符合高收益对应高风险的情况,同组内的各类型基金收益和风险的偏差基本不大,各组基金的最大回撤整体偏差较大。

表2-9 2019年主动管理股票型基金相关量化指标统计

| 分位点 | 类型 | 平均收益率 | 平均年化波动率 | 平均詹森指数 | 平均贝塔系数 | 平均夏普比率 | 平均最大回撤 | 基金数量 | 占比 |
|---|---|---|---|---|---|---|---|---|---|
| 前25% | 灵活配置型基金 | 62.04% | 19.19% | 0.49% | 0.8 | 0.36 | -13.33% | 266 | 42.16% |
| | 偏股混合型基金 | 62.97% | 19.23% | 0.50% | 0.81 | 0.36 | -13.15% | 230 | 36.45% |
| | 平衡混合型基金 | 55.39% | 15.94% | 0.50% | 0.64 | 0.39 | -9.28% | 4 | 0.63% |
| | 普通股票型基金 | 63.06% | 19.73% | 0.51% | 0.81 | 0.36 | -13.40% | 131 | 20.76% |
| 25%~50% | 灵活配置型基金 | 43.04% | 16.82% | 0.27% | 0.75 | 0.3 | -12.69% | 299 | 47.39% |
| | 偏股混合型基金 | 42.68% | 17.29% | 0.24% | 0.79 | 0.29 | -13.06% | 224 | 35.50% |
| | 偏债混合型基金 | 42.95% | 14.10% | 0.33% | 0.62 | 0.35 | -10.69% | 6 | 0.95% |
| | 平衡混合型基金 | 42.78% | 14.73% | 0.31% | 0.66 | 0.33 | -11.31% | 12 | 1.90% |
| | 普通股票型基金 | 42.43% | 17.86% | 0.21% | 0.84 | 0.28 | -13.83% | 90 | 14.26% |

续表

| 分位点 | 类型 | 平均收益率 | 平均年化波动率 | 平均詹森指数 | 平均贝塔系数 | 平均夏普比率 | 平均最大回撤 | 基金数量 | 占比 |
|---|---|---|---|---|---|---|---|---|---|
| 50%~75% | 灵活配置型基金 | 26.80% | 13.52% | 0.12% | 0.58 | 0.26 | 54.94 | 373 | 59.11% |
| | 偏股混合型基金 | 29.43% | 16.13% | 0.07% | 0.75 | 0.22 | 63.03 | 163 | 25.83% |
| | 偏债混合型基金 | 23.01% | 8.95% | 0.18% | 0.37 | 0.31 | 48 | 21 | 3.33% |
| | 平衡混合型基金 | 26.91% | 10.97% | 0.16% | 0.51 | 0.3 | 40 | 10 | 1.58% |
| | 普通股票型基金 | 29.00% | 17.47% | 0.02% | 0.81 | 0.2 | 68.66 | 64 | 10.14% |
| 75%~100% | 灵活配置型基金 | 10.79% | 6.23% | 0.06% | 0.23 | 0.25 | 53.19 | — | — |
| | 偏股混合型基金 | 11.11% | 13.95% | −0.10% | 0.54 | 0.12 | 85.38 | — | — |
| | 偏债混合型基金 | 9.51% | 3.79% | 0.08% | 0.14 | 0.28 | 43.88 | — | — |
| | 平衡混合型基金 | 9.87% | 5.37% | 0.05% | 0.21 | 0.23 | 45.11 | — | — |
| | 普通股票型基金 | 13.83% | 14.34% | −0.07% | 0.6 | 0.13 | 82.63 | — | — |

数据来源：长城证券研究所

### 2.3.3 主动管理债券型基金

主动管理债券型基金占据了基金市场较大的比例，可以将主动管理债券型基金分为四种类型：短期纯债型基金、中长期纯债型基金、混合债券型一级基金和混合债券型二级基金。仍然使用相同的分位方法将这些基金划分为四段来分析基金的风险收益。

由表2-10统计结果来看，在高收益这一组中短期纯债型基金占比较低，只占据了0.6%，但是其平均收益率却高于同组的混合债券型二级基金、混合债券型一级基金和中长期纯债型基金。

短期纯债型基金平均收益率处于前25%的数量较少，债券类基金整体的回撤和波动率一般都不大，但是处于前25%的短期纯债型基金回撤和波动率相对较大，一般平均收益率较高的基金对应的风险调整收益也相对较高。

表 2-10　2019 年主动管理债券型基金相关量化指标统计

| 分位点 | 基金类型 | 平均收益率 | 平均年化波动率 | 平均最大回撤 | 平均最大回撤区间 | 平均夏普比率 | 基金个数 |
|---|---|---|---|---|---|---|---|
| 前 25% | 短期纯债型基金 | 14.71% | 7.52% | −4.65% | 13 | 0.23 | 2 |
| | 混合债券型二级基金 | 13.36% | 5.84% | −4.85% | 51.82 | 0.28 | 206 |
| | 混合债券型一级基金 | 10.46% | 4.11% | −3.38% | 54.63 | 0.35 | 41 |
| | 中长期纯债型基金 | 7.83% | 1.97% | −1.09% | 28.69 | 0.52 | 86 |
| 25%~50% | 短期纯债型基金 | 4.86% | 0.61% | −0.13% | 9.33 | 0.77 | 3 |
| | 混合债券型二级基金 | 5.42% | 2.81% | −2.50% | 49.29 | 0.26 | 35 |
| | 混合债券型一级基金 | 5.19% | 1.70% | −1.33% | 40.3 | 0.34 | 23 |
| | 中长期纯债型基金 | 5.12% | 1.12% | −0.57% | 28.05 | 0.44 | 274 |
| 50%~75% | 短期纯债型基金 | 4.11% | 0.57% | −0.23% | 27.58 | 0.71 | 19 |
| | 混合债券型二级基金 | 4.23% | 1.91% | −1.71% | 45.45 | 0.28 | 20 |
| | 混合债券型一级基金 | 4.14% | 1.76% | −1.47% | 41.31 | 0.26 | 13 |
| | 中长期纯债型基金 | 4.14% | 0.92% | −0.49% | 28.54 | 0.38 | 283 |
| 75%~100% | 短期纯债型基金 | 3.15% | 0.45% | −0.15% | 11 | 0.64 | 29 |
| | 混合债券型二级基金 | 1.64% | 3.14% | −3.67% | 81.75 | 0.05 | 32 |
| | 混合债券型一级基金 | 2.59% | 1.84% | −1.83% | 78.56 | 0.15 | 16 |
| | 中长期纯债型基金 | 2.89% | 1.11% | −0.95% | 39.84 | 0.25 | 257 |

数据来源：长城证券研究所

## 2.3.4　货币型基金

由于受到监管政策的影响，货币型基金的规模逐渐降低，2019 年每只货币型基金平均规模下降 18 亿元，统计的货币型基金仅保留主份额并且满足 2019 年以前成立的产品共计 356 只。从统计结果可知，大部分基金收益率集中在 2%~3% 之间，与之前相比，收益率已经大幅度下滑，而且这些基金平均机构投资者持有的比例为 24.49%，平均个人投资者持有比例为 75.23%，大部分为个人投资者持有，对机构投资者的吸引力不高。

## 2.3.5 QDII 基金

参与统计的 QDII 基金共有 149 只,我们使用进一步细化的分类将 QDII 基金分为 REITs、被动指数型、股票多空、宏观策略、灵活配置型、偏股混合型、偏债混合型、平衡混合型、普通股票型、普通债券型、其他另类投资和增强指数型。相关统计见表 2-11。

表 2-11  2019 年 QDII 基金相关量化指标统计

| 基金类型 | 总利润/万元 | 平均收益率 | 平均最大回撤 | 平均年化波动率 | 平均夏普比率 | 基金数量 |
| --- | --- | --- | --- | --- | --- | --- |
| 国际(QDII)REITs | 9 542.54 | 23.18% | −7.10% | 11.78% | 0.25 | 5 |
| 国际(QDII)被动指数型股票基金 | 548 789.56 | 19.89% | −9.98% | 13.13% | 0.25 | 46 |
| 国际(QDII)股票多空 | 70.21 | 5.76% | −1.52% | 3.82% | 0.17 | 1 |
| 国际(QDII)宏观策略 | 45 219.03 | 22.49% | −11.45% | 15.40% | 0.18 | 11 |
| 国际(QDII)灵活配置型基金 | 39 819.18 | 30.47% | −12.46% | 14.87% | 0.26 | 7 |
| 国际(QDII)偏股混合型基金 | 271 247.74 | 25.33% | −10.27% | 13.08% | 0.26 | 21 |
| 国际(QDII)偏债混合型基金 | 920.36 | 19.01% | −10.43% | 14.62% | 0.2 | 1 |
| 国际(QDII)平衡混合型基金 | 326.92 | 4.57% | −5.67% | 6.49% | 0.1 | 3 |
| 国际(QDII)普通股票型基金 | 319 294.14 | 19.33% | −9.69% | 12.40% | 0.26 | 26 |
| 国际(QDII)普通债券型基金 | 94 173.77 | 8.76% | −1.42% | 3.31% | 0.33 | 23 |
| 国际(QDII)其他另类投资基金 | 13 458.27 | 9.14% | −4.42% | 6.16% | 0.31 | 3 |
| 国际(QDII)增强指数型股票型基金 | 1 910.85 | 24.50% | −6.13% | 10.24% | 0.3 | 2 |

数据来源:长城证券研究所

由表 2-11 统计结果来看,2019 年大部分 QDII 基金的平均收益率都较为理想,最高的国际(QDII)灵活配置型基金平均收益率达到了 30.47%,但部分 QDII 基金的平均收益率低于一些国内的同类产品,回撤平均水平略好于国内的同类产品,QDII 基金在 2019 年的吸引力总体弱于国内的股票与债券型产品。

平均收益率较高的 QDII 基金其平均年化波动率、平均最大回撤、平均夏普比率都相对较高,即基本符合高收益对应高风险的情况。

## 2.4 公募证券投资基金的激励机制

我国基金市场形成于1997年,虽然经过了20多年的发展,但与西方发达国家仍有差距。我国基金经理目前任职的平均年限是3~4年,仍然处于一个不是很成熟的阶段,而基金经理作为一只基金的重要组成部分,其投资策略和资产配置策略对基金未来的走向有着深远的影响。而基金经理的频繁跳槽,基金经理与股东之间的代理问题归根到底还是因为公司激励制度的不完善,所以应采用全面有效的激励机制以减少基金经理流失的乱象,并以此促进基金市场的可持续发展。

**1. 管理费**

管理费是基金公司通过运作投资人资金获得收益而收取的一定比例的管理费用。管理费用的收取一般是在每月的月末收取,计费的方式是每日做一次计算。目前我国管理费的收取比例一般是基金资产净值的0.5%左右,但一般情况下管理费的收取还要扣除持有现金超过20%的部分。管理费用属于基金公司的主要收入来源,不会因基金业绩的好坏而变化,主要起到一个旱涝保收的作用,特别是封闭式基金。因为不存在封闭期内的资金取回,所以每年基金的管理费收入都非常可观。但由于管理费的收取是一个硬性规定,所以其对于基金经理的激励作用十分有限,往往会出现质量较差的基金经理搭便车的行为。

**2. 挂钩绩效的业绩机制**

将基金经理的工资与绩效相挂钩,以此来激励基金经理。目前较为普遍的试行方法为:把行业、期限和结构相似,风险相同的基金的平均收益率作为业绩考核的标准,若此基金低于该标准则其绩效工资会大打折扣,如果连续多次低于该标准,则基金经理还会面临资金限制、解聘等风险;如果高于该标准则会被给予较高的工资绩效。行业内一般按照阶梯式绩效激励办法。

**3. 做好股权激励方案规划**

股权激励方案是公司为了激励公司管理层,提高公司的管理效率,降低代理风险实施的一种奖励方案,目的是吸收和接纳关键技术和人才,增强公司的综合实力,防止无形资产外流,促进公司持续性发展。具体来说,就是将公司股票作为期权标的物,当管理者通过专业化经营使得公司股价上升时,管理者即可以现在股价购得上涨后的股票,这是一种长期激励制度。公司管理者在以现有价格获得股票后可以选择持有成为公司股东,从而参与公司的经营决策,实现共担风险,共享红利与资本利得。股权激励方案多种多样,除了上述的股票期权外还包括员工持股计划、管理层收购。

## 2.5 公募证券投资基金的投资策略分析

**1. 固定比例投资策略**

我们可以把资金按照固定比例投资于不同的基金。如果投资比例随着基金净值发生变化而变化,我们可以购买或出售这些基金以保持投资比例不变。这种投资策略可以降低投资风险,并且避免失去现有的收益。

**2. 适时进出投资策略**

这种投资策略完全是根据市场行情的变化来买卖基金的。一般来说,在市场变动的基础上买卖基金的都是有一定投资经验的投资者,他们对市场变动的把握更有信心,风险接受度更高。

**3. 顺势操作投资策略**

这种投资策略是基于这样的假设,即每种基金的价格都在上升和下降,随着市场的变化,投资者必须在市场上追逐强势基金,并舍弃表现不佳的弱势基金。这种策略在多头市场上更有效。

**4. 定期定额购入策略**

这种投资策略经常将固定资金投资于固定基金,无论市场如何变化。当市场上涨时,基金的净值会上升,相同的资金数量买到的单位数较少;当市场下跌时,基金的净值会下降,相同的资金数量买到的单位数较多。按照这种方式,随着时间的积累,与平均市价相比,基金单位的平均成本下降。该种投资方式能够发挥作用,主要是因为当基金下跌时,投资人会购买较多的单位数,只要投资者相信基金长期的表现是上升趋势,那么在基金市场低档时买进的低成本基金,一定会带来丰厚的获利。

# 第3章 股票型基金的资产配置和投资策略分析

## 3.1 股票型基金的分类

股票型基金是指投资于股票市场且在投资组合中占比达80%的基金。股票型基金包括普通股票型基金、被动指数型基金、增强指数型基金。普通股票型基金是指投资于股票占比达80%的投资基金。被动指数型基金,又称被动型基金,是指选取特定指数的成分股,如沪深300、上证50所包含的股票进行投资,目的不是为了获得超过市场的收益,而是通过复制指数的构成获得相当的收益。增强指数型基金,由于基金管理人对于其管理基金的目的不尽相同,因此无固定统一的管理模式,但他们都想提供高于标的指数的投资业绩。为了实现这一目标通常需要保持基金的各种特征。

同其他类型的基金相比,股票型基金的风险高,收益也相对较高,受系统风险和非系统风险影响较大。按照不同的标准,股票型基金可以划分为不同的种类。依照投资目标的不同,可以分为成长型股票型基金、收入型股票型基金、平衡型股票型基金。依照投资理念的不同,可以分为主动型股票型基金和被动型股票型基金。依照募集方式的不同,可以分为公募基金和私募基金。依照所投资的股票种类,股票型基金可以分为优先股基金和普通股基金。依照运作方式的不同,股票型基金可分为股票型封闭式基金和股票型开放式基金。

## 3.2 股票型基金经理分析

根据同花顺手机软件统计,截至2020年12月15日,我国共有股票型基金经理755人,其中从业年限在0~3年之间的共192人,占比25.43%,在4~6年之间的共347人,占比45.96%,在7~9年之间的有117人,占比15.50%,10年以上的共94人。从业4~6年的基金经理最多,占比近一半(见图3-1)。

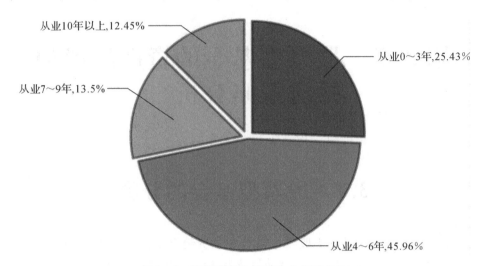

图 3-1 股票型基金经理从业年限占比

从基金经理控制的基金数量来看,其中控制 1~3 只基金的经理有 310 人,占比最大,控制 4~7 只的有 291 人,仅次于控制 1~3 只基金的基金经理,控制 8 只基金以上的经理占比较小(见图 3-2)。

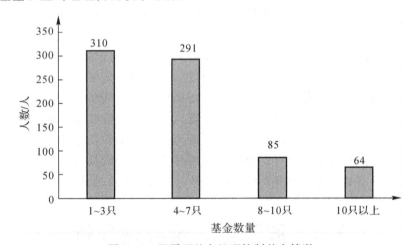

图 3-2 股票型基金经理控制基金情况

表 3-1 为截至 2020 年 12 月 15 日,我国股票型开放式基金最近一年年收益率排名前 10 位的情况,它们的收益率都超过了 100%,实现了收益的较快增长。

表 3-1　股票型开放式基金收益率排行前 10 位

| 排名 | 基金名称 | 年收益率 |
|---|---|---|
| 1 | 广发高端制造股票 A | 137.28% |
| 2 | 汇丰晋信智造先锋 A | 126.99% |
| 3 | 汇丰晋信低碳先锋股票 | 126.35% |
| 4 | 汇丰晋信智造先锋 C | 125.89% |
| 5 | 创金合信工业周期股票 A | 119.24% |
| 6 | 创金合信工业周期股票 C | 117.73% |
| 7 | 工银战略转型股票 | 111.14% |
| 8 | 工银高端制造股票 | 110.76% |
| 9 | 国泰智能汽车股票 | 108.40% |
| 10 | 中欧先进制造股票 A | 106.09% |

## 3.3　股票型基金的资产配置分析

投资基金做好资产配置是取得优异收益率的基础和关键。资产配置按照配置的细分程度自上而下可分为大类资产配置、二类资产配置和三类资产配置。大类资产配置是指在股票、债券、衍生工具和货币资金等类别资产之间确定投资比例。在确定好各大类资产的投资比例后,再选取股票组合中某些行业或债券组合中政府债券、企业债券和金融债券的比例,称为二类资产配置。在确定好二类资产配置后,再选择各类资产中的具体标的进行投资,如在股票组合中挑选具体的股票,在债券组合中挑选具体期限、具体公司的债券,这为三类资产配置。本章研究的是股票型基金的资产配置,而我国法律规定,股票型基金所持有的股票市值不得低于基金资产的 80%,股票型基金的大类资产配置主要集中于股票,在债券和货币市场工具上的投资比例较低,所以本书不研究股票型基金的大类资产配置,主要研究二类和三类资产配置。

### 3.3.1　股票型基金的行业配置分析

股票型基金二类资产配置主要研究的是股票类资产的行业配置,也就是行业分析。行业分析的主要内容包括:行业的生命周期,以及在特定的宏观经济下行业的投资价值。在我国,行业划分的标准主要有国家统计局国民经济行业分类标准,中国证监会的《上市公司行业分类指引》和上交所上市公司行业分类等。本书选用中国证监会的公司分类标准,将我国上市公司分为 A 农林牧渔业,B 采矿业,C 制造业,D 电力、热力、燃气及水生产和供应业,E 建筑业,F 批发和零售业,G 交通运输、仓储和邮政业,H 住宿和餐饮业,I 信息传输、软件和信息技术服务业,J 金融业,K 房地产业,L 租赁和商务服务业,M 科学研究和技术服务业,N 水利、环境和公共设施管理业,O 居民服务、修理和其他服务业,P 教育,Q 卫生和社会工作,R 文化、体育和娱乐业,S 综合共 19 个门类。选取截至 2020 年 12 月 11 日的近三年来收益率最高的前 30 只股票型基金,统计每只基金持仓比例最高的前五个行业,结果见表 3-2。

表 3-2 30 只股票型基金行业配置

| 序号 | 名称 | 近三年收益率 | 前五个行业 | 比例 | 合计 |
| --- | --- | --- | --- | --- | --- |
| 1 | 金鹰信息产业 | 187.65% | 制造业 | 82.31% | 88.90% |
| | | | 信息传输、软件和信息技术服务业 | 3.76% | |
| | | | 综合 | 2.13% | |
| | | | 租赁和商务服务业 | 0.68% | |
| | | | 批发和零售业 | 0.02% | |
| 2 | 鹏华酒分级 | 184.57% | 制造业 | 93.66% | 94.48% |
| | | | 批发和零售业 | 0.69% | |
| | | | 信息传输、软件和信息技术服务业 | 0.11% | |
| | | | 水利、环境和公共设施管理业 | 0.02% | |
| | | | 文化、体育和娱乐业 | 0.00% | |
| 3 | 交银医药创新 | 179.85% | 制造业 | 59.06% | 88.59% |
| | | | 卫生和社会工作 | 15.44% | |
| | | | 科学研究和技术服务业 | 9.38% | |
| | | | 批发和零售业 | 4.70% | |
| | | | 信息传输、软件和信息技术服务业 | 0.01% | |

续表

| 序号 | 名称 | 近三年收益率 | 前五个行业 | 比例 | 合计 |
|---|---|---|---|---|---|
| 4 | 广发医疗保健 | 174.95% | 制造业 | 67.70% | 93.67% |
| | | | 卫生和社会工作 | 16.30% | |
| | | | 科学研究和技术服务业 | 6.21% | |
| | | | 批发和零售业 | 3.46% | |
| | | | 信息传输、软件和信息技术服务业 | 0.00% | |
| 5 | 招商中证白酒 | 173.71% | 制造业 | 94.74% | 94.76% |
| | | | 金融业 | 0.02% | |
| | | | 信息传输、软件和信息技术服务业 | 0.00% | |
| | | | 水利、环境和公共设施管理业 | 0.00% | |
| | | | 文化、体育和娱乐业 | 0.00% | |
| 6 | 上投摩根医疗 | 170.09% | 制造业 | 54.72% | 82.64% |
| | | | 卫生和社会工作 | 16.88% | |
| | | | 教育 | 6.30% | |
| | | | 科学研究和技术服务业 | 4.69% | |
| | | | 信息传输、软件和信息技术服务业 | 0.05% | |
| 7 | 招商医药健康 | 164.99% | 制造业 | 57.99% | 93.46% |
| | | | 科学研究和技术服务业 | 13.66% | |
| | | | 卫生和社会工作 | 11.59% | |
| | | | 批发和零售业 | 10.14% | |
| | | | 信息传输、软件和信息技术服务业 | 0.08% | |
| 8 | 汇丰晋信智造 | 151.47% | 制造业 | 82.32% | 91.00% |
| | | | 批发和零售业 | 6.29% | |
| | | | 综合 | 2.39% | |
| | | | 信息传输、软件和信息技术服务业 | 0.00% | |
| | | | 水利、环境和公共设施管理业 | 0.00% | |

续表

| 序号 | 名称 | 近三年收益率 | 前五个行业 | 比例 | 合计 |
|---|---|---|---|---|---|
| 9 | 农银医疗保健 | 150.28% | 制造业 | 68.39% | 94.60% |
|  |  |  | 卫生和社会工作 | 13.17% |  |
|  |  |  | 科学研究和技术服务业 | 11.70% |  |
|  |  |  | 信息传输、软件和信息技术服务业 | 1.34% |  |
|  |  |  | 文化、体育和娱乐业 | 0.00% |  |
| 10 | 工银前沿医疗 | 148.52% | 制造业 | 68.03% | 89.30% |
|  |  |  | 科学研究和技术服务业 | 13.88% |  |
|  |  |  | 卫生和社会工作 | 7.37% |  |
|  |  |  | 信息传输、软件和信息技术服务业 | 0.02% |  |
|  |  |  | 文化、体育和娱乐业 | 0.00% |  |
| 11 | 汇丰晋信智造C | 147.92% | 制造业 | 86.95% | 94.44% |
|  |  |  | 批发和零售业 | 6.07% |  |
|  |  |  | 水利、环境和公共设施管理业 | 1.32% |  |
|  |  |  | 信息传输、软件和信息技术服务业 | 0.10% |  |
|  |  |  | 科学研究和技术服务业 | 0.00% |  |
| 12 | 创金合信医疗 | 145.12% | 制造业 | 71.42% | 94.72% |
|  |  |  | 批发和零售业 | 11.58% |  |
|  |  |  | 科学研究和技术服务业 | 7.06% |  |
|  |  |  | 卫生和社会工作 | 4.65% |  |
|  |  |  | 信息传输、软件和信息技术服务业 | 0.01% |  |
| 13 | 国泰国证食品 | 144.79% | 制造业 | 94.71% | 94.82% |
|  |  |  | 批发和零售业 | 0.11% |  |
|  |  |  | 水利、环境和公共设施管理业 | 0.00% |  |
|  |  |  | 信息传输、软件和信息技术服务业 | 0.00% |  |
|  |  |  | 交通运输、仓储和邮政业 | 0.00% |  |

续表

| 序号 | 名称 | 近三年收益率 | 前五个行业 | 比例 | 合计 |
|---|---|---|---|---|---|
| 14 | 工银战略转型 | 143.25% | 制造业 | 58.13% | 82.18% |
|  |  |  | 信息传输、软件和信息技术服务业 | 9.43% |  |
|  |  |  | 文化、体育和娱乐业 | 7.06% |  |
|  |  |  | 交通运输、仓储和邮政业 | 4.06% |  |
|  |  |  | 租赁和商务服务业 | 3.50% |  |
| 15 | 创金合信医疗 | 142.11% | 制造业 | 71.42% | 94.72% |
|  |  |  | 批发和零售业 | 11.58% |  |
|  |  |  | 科学研究和技术服务业 | 7.06% |  |
|  |  |  | 卫生和社会工作 | 4.65% |  |
|  |  |  | 信息传输、软件和信息技术服务业 | 0.01% |  |
| 16 | 天弘中证食品A | 139.52% | 制造业 | 95.32% | 95.37% |
|  |  |  | 农、林、牧、渔业 | 0.09% |  |
|  |  |  | 信息传输、软件和信息技术服务业 | 0.04% |  |
|  |  |  | 水利、环境和公共设施管理业 | 0.01% |  |
|  |  |  | 文化、体育和娱乐业 | 0.00% |  |
| 17 | 华安新丝路主题 | 139.37% | 制造业 | 63.72% | 84.67% |
|  |  |  | 租赁和商务服务业 | 8.69% |  |
|  |  |  | 卫生和社会工作 | 7.80% |  |
|  |  |  | 交通运输、仓储和邮政业 | 2.34% |  |
|  |  |  | 批发和零售业 | 2.12% |  |
| 18 | 银华食品饮料A | 138.92% | 制造业 | 92.68% | 92.85% |
|  |  |  | 批发和零售业 | 0.16% |  |
|  |  |  | 信息传输、软件和信息技术服务业 | 0.01% |  |

续表

| 序号 | 名称 | 近三年收益率 | 前五个行业 | 比例 | 合计 |
|---|---|---|---|---|---|
| 19 | 天弘中证食品C | 138.03% | 制造业 | 95.32% | 95.46% |
| | | | 农、林、牧、渔业 | 0.09% | |
| | | | 信息传输、软件和信息技术服务业 | 0.04% | |
| | | | 水利、环境和公共设施管理业 | 0.01% | |
| | | | 文化、体育和娱乐业 | 0.00% | |
| 20 | 银华食品饮料C | 137.43% | 制造业 | 92.68% | 92.85% |
| | | | 批发和零售业 | 0.16% | |
| | | | 信息传输、软件和信息技术服务业 | 0.01% | |
| 21 | 工银文体产业 | 137.23% | 制造业 | 68.96% | 83.61% |
| | | | 信息传输、软件和信息技术服务业 | 5.49% | |
| | | | 文化、体育和娱乐业 | 3.30% | |
| | | | 租赁和商务服务业 | 3.03% | |
| | | | 金融业 | 2.83% | |
| 22 | 信达澳银新能 | 136.99% | 制造业 | 83.24% | 92.93% |
| | | | 信息传输、软件和信息技术服务业 | 5.51% | |
| | | | 批发和零售业 | 2.92% | |
| | | | 交通运输、仓储和邮政业 | 0.87% | |
| | | | 金融业 | 0.39% | |
| 23 | 广发高端制造 | 136.04% | 制造业 | 84.35% | 87.12% |
| | | | 电力、热力、燃气及水生产和供应业 | 2.75% | |
| | | | 信息传输、软件和信息技术服务业 | 0.02% | |
| | | | 交通运输、仓储和邮政业 | 0.00% | |
| | | | 水利、环境和公共设施管理业 | 0.00% | |

续表

| 序号 | 名称 | 近三年收益率 | 前五个行业 | 比例 | 合计 |
|---|---|---|---|---|---|
| 24 | 创金合信消费A | 132.72% | 制造业 | 74.51% | 94.44% |
| | | | 租赁和商务服务业 | 12.40% | |
| | | | 农、林、牧、渔业 | 7.38% | |
| | | | 水利、环境和公共设施管理业 | 0.11% | |
| | | | 信息传输、软件和信息技术服务业 | 0.04% | |
| 25 | 招商行业精选 | 131.78% | 制造业 | 35.24% | 80.69% |
| | | | 金融业 | 19.32% | |
| | | | 交通运输、仓储和邮政业 | 10.65% | |
| | | | 电力、热力、燃气及水生产和供应业 | 8.66% | |
| | | | 卫生和社会工作 | 6.82% | |
| 26 | 创金合信消费C | 129.04% | 制造业 | 74.51% | 94.44% |
| | | | 租赁和商务服务业 | 12.40% | |
| | | | 农、林、牧、渔业 | 7.38% | |
| | | | 水利、环境和公共设施管理业 | 0.11% | |
| | | | 信息传输、软件和信息技术服务业 | 0.04% | |
| 27 | 嘉实新兴产业 | 127.57% | 制造业 | 57.94% | 90.93% |
| | | | 信息传输、软件和信息技术服务业 | 22.17% | |
| | | | 卫生和社会工作 | 5.77% | |
| | | | 科学研究和技术服务业 | 5.05% | |
| | | | 批发和零售业 | 0.00% | |
| 28 | 工银新金融股 | 124.95% | 制造业 | 62.35% | 90.58% |
| | | | 金融业 | 19.07% | |
| | | | 信息传输、软件和信息技术服务业 | 4.79% | |
| | | | 房地产业 | 2.85% | |
| | | | 水利、环境和公共设施管理业 | 1.52% | |

续表

| 序号 | 名称 | 近三年收益率 | 前五个行业 | 比例 | 合计 |
|---|---|---|---|---|---|
| 29 | 国泰大农业股 | 123.25% | 制造业 | 76.69% | 90.67% |
| | | | 农、林、牧、渔业 | 13.91% | |
| | | | 信息传输、软件和信息技术服务业 | 0.05% | |
| | | | 科学研究和技术服务业 | 0.02% | |
| | | | 水利、环境和公共设施管理业 | 0.00% | |
| 30 | 中欧消费主题 | 122.98% | 制造业 | 53.72% | 88.06% |
| | | | 批发和零售业 | 12.44% | |
| | | | 租赁和商务服务业 | 11.48% | |
| | | | 农、林、牧、渔业 | 5.26% | |
| | | | 文化、体育和娱乐业 | 5.16% | |

从表3-2可以观察出股票型基金的行业配置特点：

(1)30只股票型基金的行业配置集中度很高，前五个行业占净值比最高的是天弘中证食品C基金，前五个行业占净值比达到95.46%，最低的是招商行业精选基金，占比也达到了80.69%。

(2)30只股票型基金行业配置中，占比最高的都是制造业。其中，最高的是天弘中证食品C基金，制造业占净值比达到95.32%，最低的是招商行业精选基金，制造业占净值比为35.24%，除此之外，其余基金的制造业占净值比都超过了50%。这反映了各大基金对制造业的偏好以及行业配置的高集中度。

(3)近三年来医药健康主题的基金收益率较好。在近三年收益率最高的30只股票型基金中，有8只基金主要配置于医药保健行业。原因可能为前几年医药类股票涨势较好，特别是2020年年初在全球爆发的新型冠状病毒更是进一步推动了医药行业的上涨，使得投资于医药健康类的基金获得了较高收益。

(4)与同类相比，这30只股票型基金行业配置集中度更高。这也在一定程度上说明了，对于专业投资者来说，把鸡蛋放在一个篮子里可能要比把鸡蛋放在不同的篮子里收益更高。

为了进一步研究这些基金的行业配置集中度问题，本书统计了每个行业基金投资的频率，从图3-3可以看出，这30只股票型基金最青睐的前五个行业分别为：①制造业；②信息传输、软件和信息技术服务业；③批发和零售业；④水利、

# 第3章 股票型基金的资产配置和投资策略分析

环境和公共设施管理业;⑤卫生和社会工作。对应的频次分别为 30 次、27 次、16 次、12 次和 11 次。基金投资频次最少的五个行业分别为教育、房地产业和电力、热力、燃气及水生产和供应业、综合和金融业,对应的频次分别为 1 次、1 次、2 次、2 次和 5 次。与投资频次较高的五个行业对比,二者差距显著,反映出这 30 只股票型基金行业配置的巨大差异。投资频次最高的五个行业的频次之和占总频次的比例为 67.13%,由此可以看出我国这 30 只股票型基金的行业配置集中度较高。

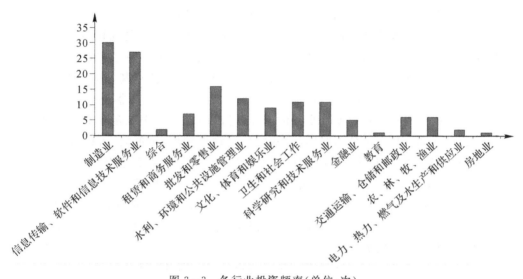

图 3-3 各行业投资频率(单位:次)

## 3.3.2 主动型股票型基金和指数型基金比较分析

2005 年,巴菲特曾在伯克希尔的年报中说:总的来说,由专业人士频繁操作管理的投资可能还比不上什么都不做的业余投资者。也就是说在较长的期限内,积极投资者的业绩表现可能还比不过什么都不做的消极投资者。随后在 2007 年,巴菲特曾在"长期赌约"网站上公开下注 50 万美元,打赌道:任何一个投资专家,任意选择 5 只对冲基金,在较长的投资期限内,5 只基金的平均业绩跑不过美国标普 500 指数。随后美国门徒基金的基金经理泰德塞勒斯接受了巴菲特的挑战。泰德塞勒斯选择了 5 只母基金,这 5 只母基金投资于 100 多只对冲基金。双方约定投资期限为 10 年(从 2008 年内到 2017 年 12 月 31 日),以扣除了成本、费用后的基金净值为标准,比较 5 只基金的平均业绩和先锋标普 500

指数。2018年1月赌约到期时,巴菲特获得了赌局的胜利。投资基金的基金经理都是非常聪明的人且受过专业的训练,为什么会连被动型指数基金都跑不赢呢？根据有效市场理论,如果股票市场是竞争的,那么股票的价格就已经反映了股票和信息。学者根据市场的有效程度,将市场分为弱有效市场、半强有效市场和强有效市场。按照有效市场理论,投资者无法获得超过平均水平的超额收益。主动型股票基金需要收取高昂的管理费用、托管费用、业绩提成以及频繁操作所带来的交易成本。若是这些主动型基金只能取得平均水平的收益率,那么扣除了这些成本后,它们的业绩表现还不如被动的指数基金。

我国的证券投资基金行业是否也存在这种问题呢？也就是说我国的主动型股票基金能否取得超过平均水平的超额收益？为了说明这个问题,本书选取"汇安沪深300指数增强基金"作为比较的基准,分析我国股票型基金的业绩表现。之所以选择这个基金,原因如下：①"汇安沪深300指数增强基金"的跟踪标的是沪深300指数而且跟踪误差较小。沪深300指数从上海证券交易所和深圳证券交易选择了300只上市公司股票,这些股票流动性较好、市值大,可以较好地反映中国A股市场上市股票的价格表现；②"汇安沪深300指数增强基金"成立时间为2017年1月25日,距今已超3年,时间期限上方便比较。本书收集了"汇安沪深300指数增强基金"近1年的收益率、近2年的收益率和近3年的收益率,分别为41.35%、84.55%、65.34%。再以这些收益率为标准,统计出业绩表现超过这些收益率的股票型基金。结果见表3-3。

表3-3 业绩表现超过基准的股票型基金数量

| 项目 | 2019—2020年 | 2018—2020年 | 2017—2020年 |
| --- | --- | --- | --- |
| 超过基准的基金数量 | 436 | 334 | 160 |
| 剔除指数基金后的数量 | 282 | 245 | 140 |
| 占比 | 20.64% | 17.94% | 10.25% |

从表3-3中可以看到：

(1)近1年收益率超过41.35%的股票型基金共436只,但其中有154只为指数型基金,剔除这些被动型指数基金后还剩下282只股票型基金,我国目前共有1 366只股票型基金,业绩表现超过基准值的基金占比为20.64%。近2年收益率超过基准值84.55%的股票型基金共334只,但其中有89只为被动型指数基金,剔除这些基金后还剩下245只股票型基金,业绩表现超过基准值的基金占比为17.94%。近3年收益率超过基准值65.34%的股票型基金共160只,但其中有20只为被动型指数基金,剔除这些基金后还剩下140只股票型基金,业绩表现超过基准值的基金占比为10.25%。

(2)大多数股票型基金的业绩表现不如被动型指数基金,近1年业绩表现超过基准值的基金占比为20.64%,近2年业绩表现超过基准值的基金占比为17.94%,近3年业绩表现超过基准值的基金占比仅为10.25%,可以看出在较长的时间期限里,能跑赢指数基金的主动型基金的数量在不断减少,反映出我国股票型基金经理的投资管理能力不足,不能为投资者取得超过平均水平的收益。

基金对投资者而言是门槛较低的投资工具,同时也是证券市场中重要的机构投资者,对稳定股票市场,改善证券投资理念起着重要作用。通过对我国股票型基金资产配置的分析,可以看出:①我国股票型基金的行业配置集中度较高,各基金持仓最多的行业为制造业且持仓比例高达一半以上,持仓最高的五个行业占比达到80%以上,体现了"把鸡蛋放在一个篮子里"的投资理念。②与被动的沪深300指数基金相比,在较长的投资期限内,只有较少的主动型股票基金跑赢了沪深300指数基金,反映出大多数主动型股票基金并未为投资者取得超出平均水平的收益,所以基金管理人应该多发行费用较低的指数型基金。

## 3.4 股票型基金的收益与风险分析

为分析我国股票型基金的收益与风险,本书选取32只开放式普通股票型基金,先通过最近一年开放式普通股票型基金的业绩排名选出基金,再选出成立期限在5年以上、基金规模在10亿~20亿元基金。使用的数据来自同花顺ifind金融数据终端,数据及计算周期单位为一周,数据的区间为2020年12月14日以前的65周,数据指标的比较基准为上证综指和所有股票型基金(1 747只基金)平均值。表3-4为32只开放式股票基金总览,选取表中股票型基金为样本进行分析。

### 3.4.1 风险调整前风险收益衡量指标

**1. 收益衡量指标**

(1)基金单位净值。对选取的32只开放式普通股票型基金的单位基金净值进行计算,绘制柱状图,如图3-4所示。

表3-4　32只开放式股票型基金总览

| 证券代码 | 证券名称 | 净值日期 | 单位净值 | 区间收益 | 同类排名 | 基金规模/亿元 | 成立年限/年 | 基金经理 | 基金公司 |
| --- | --- | --- | --- | --- | --- | --- | --- | --- | --- |
| 001643.OF | 汇丰晋信智造先锋A | 2020/12/14 | 2.6485 | 73.88 | 22/337 | 10.03 | 5.21 | 陆彬 | 汇丰晋信基金 |
| 001476.OF | 中银智能制造股票 | 2020/12/14 | 1.45 | 53.69 | 122/337 | 12.39 | 5.49 | 王伟 | 中银基金 |
| 001054.OF | 工银新金融股票 | 2020/12/14 | 2.441 | 54.3 | 119/337 | 10.72 | 5.75 | 鄢耀 | 工银瑞信 |
| 001705.OF | 泓德战略转型股票 | 2020/12/14 | 1.869 | 49.57 | 150/337 | 17.87 | 5.1 | 秦毅 | 泓德基金 |
| 001230.OF | 鹏华医药科技 | 2020/12/14 | 1.158 | 46.91 | 173/337 | 16.1 | 5.54 | 金笑非 | 鹏华基金 |
| 000996.OF | 中银新动力股票 | 2020/12/14 | 1.304 | 47.37 | 169/337 | 14.53 | 5.84 | 吴印 | 中银基金 |
| 001736.OF | 圆信永丰优加生活 | 2020/12/14 | 2.91 | 35.45 | 257/337 | 14.81 | 5.13 | 范妍 | 圆信永丰基金 |
| 001186.OF | 富国文体健康股票 | 2020/12/14 | 2.136 | 52.49 | 130/337 | 13.41 | 5.61 | 林庆 | 富国基金 |
| 000696.OF | 汇添富环保行业股票 | 2020/12/14 | 1.984 | 23.49 | 316/337 | 17.15 | 6.25 | 赵剑 | 汇添富基金 |
| 001104.OF | 华安新丝路主题股票 | 2020/12/14 | 2.347 | 66.32 | 51/337 | 16.53 | 5.69 | 谢昌旭 | 华安基金 |
| 001915.OF | 宝盈医疗健康沪港深股票 | 2020/12/14 | 1.948 | 72.81 | 28/337 | 12.34 | 5.04 | 郝淼 | 宝盈基金 |
| 001766.OF | 上投摩根医疗保健股票 | 2020/12/14 | 2.3883 | 70.17 | 43/337 | 12.95 | 5.15 | 方钰涵 | 上投摩根基金 |
| 000780.OF | 鹏华医疗保健行业 | 2020/12/14 | 2.517 | 56.2 | 98/337 | 12.06 | 6.23 | 郎超 | 鹏华基金 |
| 001195.OF | 工银农业产业股票 | 2020/12/14 | 1.273 | 50.89 | 140/337 | 12.04 | 5.56 | 杨柯 | 工银瑞信 |
| 001039.OF | 嘉实先进制造股票 | 2020/12/14 | 1.73 | 66.4 | 50/337 | 13.32 | 5.65 | 张琰 | 嘉实基金 |
| 001166.OF | 建信环保产业股票 | 2020/12/14 | 1.138 | 23.81 | 315/337 | 17.04 | 5.65 | 姜锋 | 建信基金 |
| 001542.OF | 国泰互联网+股票 | 2020/12/14 | 2.766 | 37.21 | 237/337 | 14.08 | 5.37 | 彭凌志 | 国泰基金 |

续表

| 证券代码 | 证券名称 | 净值日期 | 单位净值 | 区间收益 | 同类排名 | 基金规模/亿元 | 成立年限/年 | 基金经理 | 基金公司 |
|---|---|---|---|---|---|---|---|---|---|
| 001044.OF | 嘉实新消费股票 | 2020/12/14 | 2.426 | 36.31 | 249/337 | 15.68 | 5.73 | 谭丽 | 嘉实基金 |
| 000971.OF | 诺安新经济股票 | 2020/12/14 | 1.559 | 76.33 | 18/337 | 13.93 | 5.89 | 杨琨 | 诺安基金 |
| 000711.OF | 嘉实医疗保健股票 | 2020/12/14 | 2.849 | 52.34 | 133/337 | 15.04 | 6.34 | 颜媛 | 嘉实基金 |
| 320022.OF | 诺安研究精选股票 | 2020/12/14 | 2.169 | 73.04 | 26/337 | 13.92 | 5.72 | 王创练 | 诺安基金 |
| 000513.OF | 富国高端制造行业股票 | 2020/12/14 | 3.349 | 79.55 | 10/337 | 15.37 | 6.49 | 毕天宇 | 富国基金 |
| 000628.OF | 大成高新技术产业股票 | 2020/12/14 | 3.025 | 42.2 | 201/337 | 14.98 | 5.87 | 刘旭 | 大成基金 |
| 001313.OF | 上投摩根智慧互联股票 | 2020/12/14 | 1.215 | 63.58 | 65/337 | 11.39 | 5.52 | 郭晨 | 上投摩根基金 |
| 399011.OF | 中海医疗保健 | 2020/12/14 | 2.215 | 57.11 | 94/337 | 12.9 | 8.78 | 刘俊 | 中海基金 |
| 000457.OF | 上投摩根核心成长股票 | 2020/12/14 | 2.5212 | 47.99 | 164/337 | 18.74 | 6.85 | 李博 | 上投摩根基金 |
| 540010.OF | 汇丰晋信科技先锋股票 | 2020/12/14 | 3.1325 | 68.45 | 46/337 | 16.73 | 9.39 | 陈平 | 汇丰晋信基金 |
| 001048.OF | 富国新兴产业股票 | 2020/12/14 | 1.792 | 39.39 | 224/337 | 12.73 | 5.76 | 方纬 | 富国基金 |
| 001042.OF | 华夏领先股票 | 2020/12/14 | 0.791 | 33.77 | 269/337 | 16.18 | 5.59 | 刘平 | 华夏基金 |
| 001583.OF | 安信新常态股票 | 2020/12/14 | 1.385 | 42.18 | 202/337 | 12.77 | 5.36 | 袁玮 | 安信基金 |
| 001178.OF | 前海开源再融合资股票 | 2020/12/14 | 1.891 | 70.86 | 40/337 | 20.441 | 5.58 | 邱杰 | 前海开源基金 |
| 001158.OF | 工银新材料新能源股票 | 2020/12/14 | 1.237 | 42.72 | 198/337 | 16.78 | 5.64 | 张剑峰 | 工银瑞信 |

数据来源:同花顺 ifind 金融数据终端

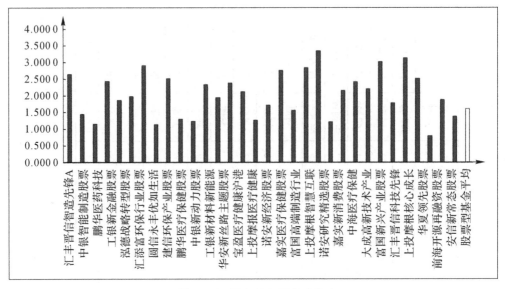

图 3-4 样本基金单位净值

(2) 平均收益率。对选取的 32 只开放式普通股票型基金的平均收益率进行计算,绘制柱状图,如图 3-5 所示。

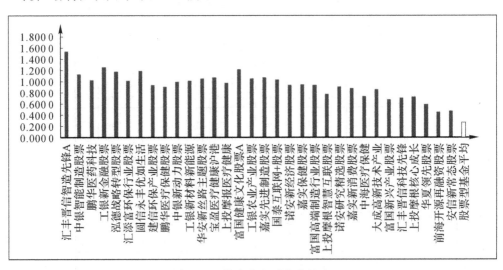

图 3-5 样本基金平均收益率

平均收益率作为衡量基金收益的另一重要指标,其值越高,基金收益能力越强。从图 3-5 可以看到所选取的基金的平均收益率均高于上证综指,且都高于

40%,说明样本基金收益率高,获利能力强。

**2. 风险衡量指标**

(1)收益标准差。收益标准差是衡量基金总风险的指标,标准差的值越大,表示总风险越大,反之越小。对选取的 32 只开放式普通股票型基金的收益标准差进行计算,绘制柱状图,如图 3-6 所示。

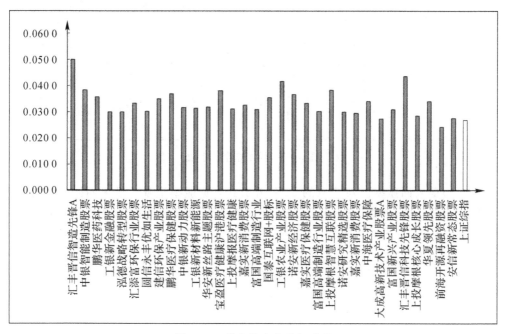

图 3-6 样本基金收益标准差

从图 3-6 可以看出,选取的 32 只开放式普通股票基金的收益标准差均高于上证综指,但是处于 0.035 以下的基金有 22 只,高于 0.04 的仅有 3 只,大部分仅略高于上证综指,风险略大。

(2)$\beta$ 系数。对选取的 32 只开放式普通股票型基金的 $\beta$ 系数进行计算,绘制柱状图,如图 3-7 所示。

$\beta$ 系数是衡量系统性风险的重要指标,反映单只证券与投资组合对市场收益波动的反应程度。由图 3-7 可知,$\beta$ 系数大于 1 的基金有 8 只,小于 1 的有 24 只,说明总体上波动低于市场波动程度,系统性风险较低;与股票型基金平均值 0.973 1 比较,仅有 8 只高于平均值,说明选取的基金系统性风险低于平均,系统性风险较小。

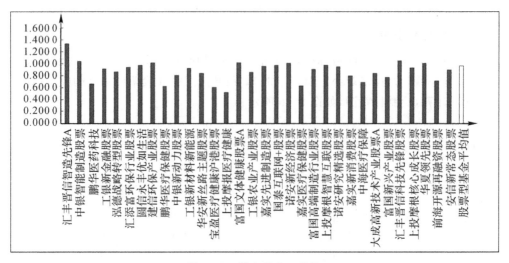

图 3-7  样本基金 β 系数

(3)最大回撤率。对选取的 32 只开放式普通股票型基金最大回撤率进行计算,绘制柱状图,如图 3-8 所示。最大回撤率可用来衡量投资遭受最大损失的可能性,从图 3-8 可以看出,与 1 747 只股票型基金最大回撤率平均值相比较,有 20 只最大回撤率高于平均值,12 只低于平均值,大部分回撤率偏高,风险较高。

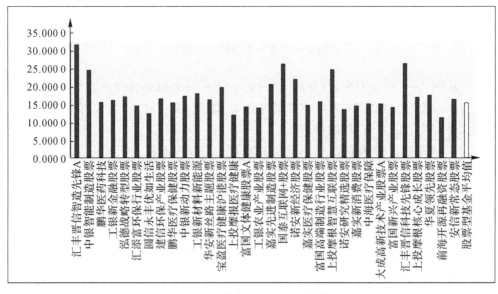

图 3-8  样本基金最大回撤率

(4)可决系数。对选取的 32 只开放式普通股票型基金可决系数 $R^2$ 进行计算,绘制柱状图,如图 3-9 所示。可决系数通常介于 0~1 之间,可用于衡量系统性风险在投资组合总风险中所占比重,比值越接近 1 说明分散化效果越好,非系统风险越低;反之分散化效果越不理想,非系统性风险越高,风险越大。从图 3-9 可以看出,在这 32 只开放式普通股票型基金中,可决系数最大的为 0.778 6,最低者为 0.181 7,差异较大,但总体来说,可决系数值偏低,分散化程度不高,效果不理想,非系统性风险较高;与股票型基金可决系数平均值 0.709 7 相比,仅有 4 只基金值高于平均值,非系统性风险高于平均值。总而言之,非系统性风险分散程度及效果不够理想,风险较高。

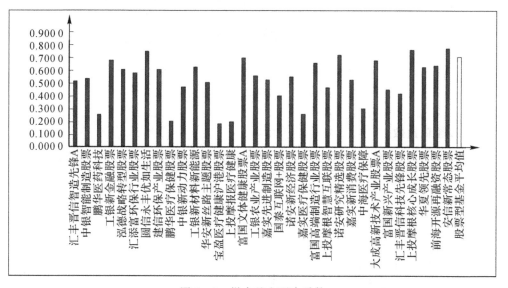

图 3-9 样本基金可决系数

## 3.4.2 风险调整后评价指标

**1. 夏普比率**

对选取的 32 只开放式普通股票型基金的夏普比率进行计算,绘制柱状图,如图 3-10 所示。

从图 3-10 可以看出,所有的样本基金的夏普比率均高于上证指数,说明每一单位风险所能带来的收益比基准高,收益较高。

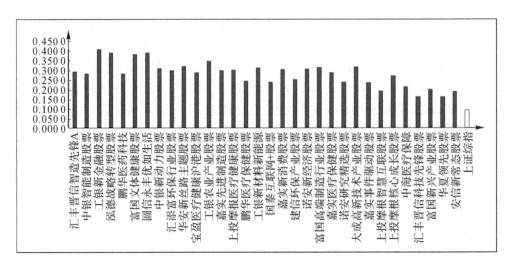

图 3-10 样本基金夏普比率

## 2. 詹森指数

对选取的 32 只开放式普通股票型基金的詹森指数进行计算，绘制柱状图，如图 3-11 所示。

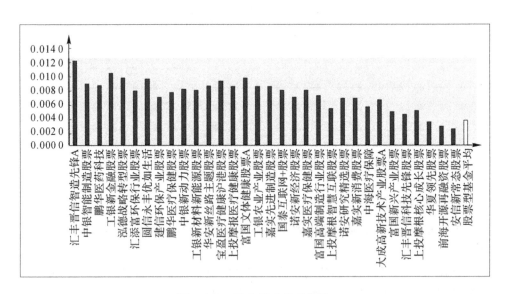

图 3-11 样本基金詹森指数

詹森指数可以用来衡量投资组合获得超额收益的能力,数值大于1说明具有超额收益能力。从图3-11可以看出,样本中有30只基金的詹森指数高于所有股票型基金的平均值,总体超额收益获利能力不错。

**3. 索提诺比率**

对选取的32只开放式普通股票型基金的索提诺比率进行计算,绘制柱状图,如图3-12所示。

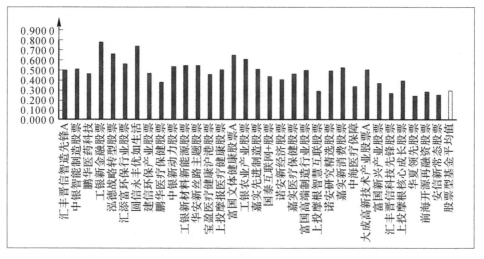

图3-12 样本基金索提诺比率

索提诺比率与夏普比率的区别在于它提出了投资组合高于平均值时的波动,将下行标准差作为风险的衡量,较为客观。从图3-12可以看出,仅有5只样本基金低于所有股票型基金的平均值。总体来说,经风险调整后的收益较高,表现较为良好。

**4. 特雷诺比率**

对选取的32只开放式普通股票型基金的特雷诺比率进行计算,绘制柱状图,如图3-13所示。

特雷诺比率是对投资组合系统性风险调整后的收益衡量指标,这一比率的使用是基于投资组合能够对非系统性风险进行充分分散后的收益衡量指标,从图3-13可以看出,样本基金仅有3只低于所有股票型基金的平均值,总体表现不错。但是从图3-9可以看出,基金组合的非系统性风险较高,并未进行很好的分散,基金经理可能为了追求高收益而不顾风险的提高。

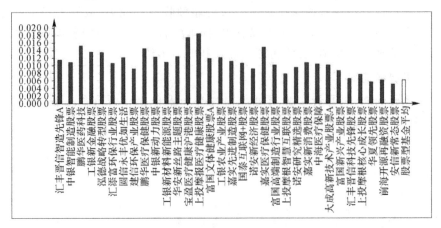

图 3-13 样本基金特雷诺比率

## 3.4.3 助长抗跌分析

**1. 选时能力分析**

对选取的32只开放式普通股票型基金的选时能力进行统计,绘制柱状图。从图3-14可看出,32只基金表现出很大差异,14只股票型基金选股能力指标数值上为正值,18只股票型基金为负值,说明这32只股票型基金选时能力总体较差。

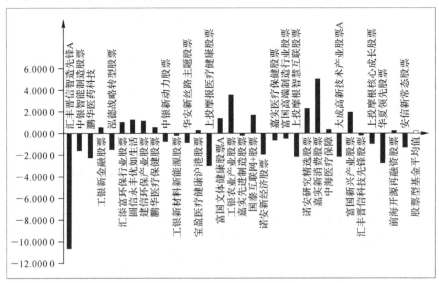

图 3-14 基金选时能力

**2. 选股能力分析**

对选取的 32 只开放式普通股票型基金的选股能力进行统计,绘制柱状图,如图 3-15 所示。选股能力数据全部为正数,说明选取的基金具有选股能力,同时,有 29 只样本基金高于股票型基金平均值,总体选股能力较强。

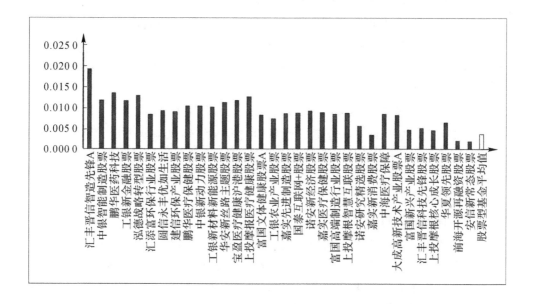

图 3-15 样本基金选股能力

通过上面的分析可以看出,选择的股票型基金的平均收益率较高,获利能力较好。在风险指标上,样本基金的 $\beta$ 系数大部分低于 1,比市场波动小,系统性风险较低,同时也低于所有股票型基金的平均值,说明在股票型基金中系统性风险较低;在收益标准差上,绝大多数样本基金高于上证指数标准差,说明总体风险较高;而在可决系数方面,样本基金的可决系数差异较大,大多数与 1 有较大差距,说明非系统风险较高,没能达到较好的分散效果;在最大回撤率上,大多数样本基金高于平均值,风险较高。在基金风险调整后的指标方面,样本基金夏普比率高于股票型基金平均值,承担风险带来的报酬较高;詹森指数均高于零且高于股票型基金平均值,具有超额收益能力;索提诺比率高于股票型基金平均值,说明以下行标准差为分母衡量风险,获利能力较强,特雷诺比率指标表现较好,但是由于非系统风险未充分分散,基金经理可能选择承担较高风险。在助长抗跌能力分析上,样本基金选股能力较强,但选时能力较差,助长抗跌能力较差。

## 3.5 股票型基金的投资策略分析

**1. 选择应与自身风险承受能力相匹配**

股票型基金属于高回报、高风险的投资工具,个人投资者应根据自身的风险偏好选择股票型基金和投资数额。风险偏好高者、自身承受能力强者可适当选取股票型基金进行投资。若风险偏好没有那么高,则可选择配置较低数额和比例的股票型基金。

**2. 注意分散投资**

投资组合的总风险来源于系统性风险与非系统性风险两方面,系统性风险是不可降低的,因而仅能通过降低非系统性风险降低总风险。降低非系统性风险就需要进行多元化投资。个人投资者可选择投资多种股票型基金或者其他类型的基金降低风险。

**3. 选择合适的投资风格**

依据投资过程中表现出来的风险收益特征,投资风格可以分为价值型、成长型及平衡型。价值型投资通常投资于收益较为稳定的、风险较低的产品;成长型投资通常投资于高成长型行业,如科技行业,但投资收益具有高度不确定性,因而风险较高;平衡型投资介于价值型投资与成长型投资之间,收益处于中等水平,风险也较低。通过上节的数据可以看出,平衡型投资基金有19只,价值型投资有4只,成长型投资有8只,这在一定程度上反映出平衡型投资的优势,追求收益与风险的平衡更容易获得高回报。

**4. 不同投资者的投资策略**

(1)新手投资者。一是持续持有策略:投资者选择好的基金标的,随着时间推移,基金内在价值逐步提高,最终投资者获利。运用好这类投资策略需要克服频繁交易的心态,设定好收益目标,坚持持有,直到获利结束。二是基金定投策略:选定好基金之后,设置定投计划,设置好固定的扣款时间、扣款周期及扣款金额,当然需要设定好预期收益率。定时定额投资省时省力,现在大多数的投资渠道都可以进行定投计划设置,其最大的优点是分散投资、省时省力。三是核心卫星策略:这是一个基金组合策略,组合中以收益稳健的基金作为核心资产,比如债券型基金,然后再以行业主题基金等作为卫星构成一个平衡基金组合。核心和卫星的部分可以根据自身的风险偏好与承受能力进行调整。

(2)有一定经验的投资者。一是再平衡策略:基金组合构建好,运行一段时间之后,将投资组合恢复到初始状态。首先基民要确定初始投资债股比例,然后设定好再平衡的调整值,再严格遵守投资纪律并执行。再平衡策略意味着投资者需要坚持投资同样的投资策略,可能会错过市场极端高估与低估时候的收益。同时需要经过较长时间的验证。二是美林时钟策略:根据经济周期调整投资不同资产。该策略认为在经济衰退期由于低增长与低通胀,进入降息周期,资产收益率大幅下降,应投资于债券;在经济复苏时期,经济回暖,通胀率较低,股票投资是最佳选择;在经济繁荣期,经济增长较快同时通货膨胀快速上升,此时投资于大宗商品最佳;而在经济滞胀期,经济增长较低,通胀水平较高,应选择持有现金最佳。三是逆向投资策略:通过挖掘市场的错误认知或者关注盲点,以较低的价格逆向买入资产,耐心等待相关资产重新受到关注或者被市场正确定价。这一投资策略比较考验人性,首先找到被市场错误定价的公司、行业或因子,然后筛选出基本面变化不大但不受市场关注的标的,在价格极低或者关注度极低时买入并耐心持有。

(3)经验丰富的投资者。一是风险平价策略:一种基于风险的资产配置策略。其主要思想是将一个投资组合中的风险分散到各类资产中,通过设置预期收益目标以及最大回撤率,在考虑大类资产性价比的基础上,给出各类资产的投资比例并制定资产配置与定期调整方案。与传统投资策略考虑收益而容忍回撤不同,风险平价策略把回撤控制放在首位进行考虑。风险平价策略致力于追求收益与风险的平衡,在控制最大回撤率的前提下,通过测算股票与债券资产的性价比,持续给出最佳的股债投资比例。因此,风险平价策略体现了对高夏普比率的追求。风险平价策略以风险控制而非收益获取为第一目标,这就使得投资策略呈现出风险可控的特征。一个风险可控、最大回撤率可预期的投资组合,能够增强投资者的投资信心,有利于投资者进行大资金的投资配置。二是全天候策略:基于对资产配置的风险平价策略。首先,选择能代表大类资产的优质基金,然后计算每一类资产的波动率贡献,最后,完成资产配置并定期再平衡。

**5. 股票型基金选择**

一是选择业绩排名靠前、规模大的基金公司;二是选择历史业绩优秀的基金经理;三是选择选择成立期限在5年以上,规模在5亿元以上的基金,这一点通过上面的分析可以看出;四是选择收益风险指标表现良好、最大回撤率尽可能低的基金。

# 第4章 混合型基金的资产配置和投资策略分析

## 4.1 混合型基金概况及其分类

### 4.1.1 混合型基金概况

混合型基金,顾名思义,其持仓中既包括白马股、蓝筹股等成长型股票,也包括其他具有收益的股票,还包括债券等能产生固定收益的资产,同时根据基金经理的偏好,还会持有一部分现金资产,混合型基金正是由这些资产构成的共同基金。混合型基金设计的目的在于能够使投资者购买一种基金产品就能同时兼顾股票的高收益高风险、债券的稳定收益等,从而实现投资的多元化,而不需要分别购买债券型基金、股票型基金或者货币型基金。

混合型基金的投资策略主要分为两种:激进与保守。总体来讲,它的收益和风险均在股票型基金之下,但同时高于债券型和货币型基金。但是这并不是一成不变的,通过基金经理的投资,混合型基金的回报率同样可以超越股票型基金,但也存在着不及债券型基金的可能性。表4-1为2020年1—10月我国混合型基金的基本情况。

表4-1 2020年1—10月我国混合型基金的基本情况

| 混合型基金 | 1月 | 2月 | 3月 | 4月 | 5月 | 6月 | 7月 | 8月 | 9月 | 10月 |
| --- | --- | --- | --- | --- | --- | --- | --- | --- | --- | --- |
| 基金数量/只 | 2 623 | 2 649 | 2 702 | 2 760 | 2 793 | 2 848 | 2 905 | 2 963 | 3 040 | 3 067 |
| 份额/亿份 | 15 765 | 16 071 | 17 061 | 17 638 | 18 012 | 18 559 | 20 728 | 22 439 | 24 607 | 25 996 |

### 4.1.2 混合型基金的分类

在 2019 年银河证券基金分类体系中,根据基金资产投资范围比例和相关投资策略,混合型基金可分为偏股型、灵活配置型、股债平衡型、偏债型、保本型、避险策略型基金。本章主要研究偏股型基金、偏债型基金以及股债平衡型基金。

(1)偏股型基金。这类基金主要是以投资股票型基金为主,以股票市场作为主要的投资市场,其相应的业绩比较基准是以市场规模指数作为主要的比较对象。由于这类基金以股票为主要投资对象,其收益较大、风险也较大。通常规定股票持仓仓位在 60%~95% 之间的混合型基金为偏股型基金。由于其股票仓位较高,这类基金通常不做择时选择,以股票为主要的投资方向。在所有混合型基金中,偏股型混合型基金占比较高,这是由于股票型基金有明确规定,其仓位要保证在 80% 以上,因此部分不满足股票型基金仓位要求的都转型为混合型基金。典型代表基金有富国天惠、兴全合润等。

(2)偏债型基金。这是一类以债券作为主要投资方向的基金,其业绩比较基准中债券的比例超过了 60%。这类基金的股票仓位不能超过 40%。偏债型基金的长期平均风险和预期收益水平均低于股债平衡型混合型基金,但高于债券型。其代表基金包括东方红配置精选混合、东方红战略精选混合等。

(3)股债平衡型基金。这类基金的股票与债券配置比例比较均衡,其业绩比较基准中的股债比例在 40%~60% 之间。市场上股债平衡型基金数量较多,这类基金所面临的市场风险较小,并且当金融市场遭受波动时,其受到的影响相比其他金融工具要小。

## 4.2 混合型基金的优缺点

### 4.2.1 混合型基金的优点

(1)风险的对冲。债券属于固定收益类投资,而股票属于权益类投资,这两者正好可以进行风险对冲。当股票市场行情好的时候,债券市场正好处于熊市,这是因为这个时候经济市场比较繁荣,大家对企业未来的前景往往持有一个乐观的态度,都想去当股东,抓住机遇获得利润。因此,资金会从债券市场流向股票市场。反之,当经济萧条时,投资者往往偏向于保守的投资方式,愿意购买债券进行稳健投资。

(2)资产配置灵活度高。混合型基金的主要特点在于其资产配置较为灵活。相比于股票型基金和债券型基金,混合型基金的资产配置比例更加灵活,基金经理能够根据市场行情变化灵活地调整股票与债券的投资配比,从而抓住市场机遇,在牛市时增加股票的投资,在熊市时主要投资于债券。

### 4.2.2 混合型基金的缺点

(1)混合型基金的资产配置弹性很大,投资配比较复杂,因此短期内很难看出投资效果。其对于未来市场的评估以及对风险收益的预测都是出于对资本市场的判断,这对于基金经理的个人投资分析能力要求很高。混合型基金的赎回费率一般都比较高,一般只有持有满两年,才会免赎回费,因此喜欢短期投资的投资者应当慎重选择。

(2)单向收益受限制。混合型基金的收益在某种程度上会受到限制,因为这是多种资产进行配置的投资产品。比如当股市出现牛市行情时,就算混合型基金全为偏股型基金,其收益也会低于股票型基金。

(3)混合型基金相对于股票型基金和债券基金来说,赎回到账时间较长,一般需要T+3日或T+4日。因此,资金流动性较差。

## 4.3 混合型基金经理分析

当前,中国市场上对基金经理的考察指标主要有两类:最大回报率与规模。基金经理和基金管理公司非常重视基金的排名和评级,净值增长率(即回报率)排行榜是基金公司考核基金经理业绩的最主要指标。按照业内惯例,排名越靠前的基金经理获得的奖金系数也就越高,最终获得的奖金同样十分丰厚。同时,规模也是考察基金经理业务能力的重要指标,主要在于随着基金规模的扩大,基金经理需要花费更多的时间和精力去管理基金,这一点可以在指数型基金经理身上得到更好的体现。

### 4.3.1 混合型基金经理的回报率分析

在各大基金公司关注的排名方式中,回报率排名是尤为重要的,这不仅涉及基金经理的报酬,更重要的是基金公司的名誉。各大基金公司都会战略性地培养明星基金经理,这些明星基金经理普遍具有较高的回报率,表4-2列举的2020年11月排名前十的基金经理。通过基金经理优秀的表现来提高公司的声誉,以期望获得投资者的更多关注,增加对本基金公司其他基金的投资以赚取更多的利润,这是基金行业当前的竞争方式之一。基金平台也会将基金经理的排名作为推荐投资者购买某只基金的卖点之一,对于基金经理的排名的维度也主要分为规模以及最佳回报。

表4-2 2020年11月回报率排名前十位的基金经理

| 序号 | 姓名 | 所属公司 | 现任基金 | 累计从业时间 | 现任基金最佳回报率 |
| --- | --- | --- | --- | --- | --- |
| 1 | 朱少醒 | 富国基金 | 富国天惠成长混合 | 15年又38天 | 1 974.40% |
| 2 | 张坤 | 易方达基金 | 兴全合宜混合 | 8年又85天 | 665.57% |
| 3 | 谢治宇 | 兴证全球基金 | 诺安先锋混合 | 7年又327天 | 650.27% |
| 4 | 杨谷 | 诺安基金 | 易方达新丝路灵活 | 14年又305天 | 632.67% |
| 5 | 魏博 | 中欧基金 | 中欧永裕混合A | 8年又129天 | 512.27% |
| 6 | 余广 | 景顺长城基金 | 景顺长城核心优选 | 10年又208天 | 497.13% |
| 7 | 孙伟 | 民生加银基金 | 民生加银策略精选 | 6年又168天 | 471.85% |
| 8 | 孙芳 | 上投摩根基金 | 上投摩根核心优选 | 9年又15天 | 450.16% |
| 9 | 杜猛 | 上投摩根基金 | 广发新兴产业混合 | 9年又163天 | 437.80% |
| 10 | 李巍 | 广发基金 | 上投摩根中国优势 | 9年又94天 | 419.40% |

数据来源:Wind

由表4-2可以看出:

(1)排名前十位的基金经理任期最佳回报率均在400%以上,最高回报率高达1 974.40%。基金经理在回报率排名中竞争激烈,需要投资于具有良好成长性的企业,与此同时兼顾企业成长能力的可持续性,并且对投资价值做出定性与定量分析,力图在享受到企业溢价的同时获得长期稳定的回报,对基金经理的业务能力具有较高的要求。

(2)朱少醒、杨谷、杜猛均管理1~2只基金,而朱少醒管理的两只基金中,一只为A类,另一只为C类,两只基金持仓相似,不同的在于前端收费与后端收费,以及持有期间的管理费用。相比较之下,A类基金更适合于长期投资者(半年期以上),C类基金更适合短期投资者,虽然没有前端与后端的收费,在持有期间收取的管理费更高,适合于短期投资者。

(3)10位基金经理分布在不同的基金公司,可以看出基金公司有意培养明星基金经理,通过明星基金经理的流量效应来带动其他基金的销售份额,为基金公司带来更多的利润回报。

(4)10位基金经理中孙伟管理了9只基金,数量最多,其中有2只债券型基金,7只混合型基金。对比所有排名靠前的基金经理可以看出,混合型基金经理专注于混合型基金的管理,管理的基金数量普遍较少。表4-3列举了前10位基金经理管理的基金以及管理的混合型基金数量,可以看到混合型基金经理掌管的基金数量普遍在10只以下,且多数为混合型基金,这使得基金经理可以更好地将时间和精力专注于混合型基金的管理,以期获得较好的回报。

表4-3 前10位基金经理掌管基金数量

| 基金经理 | 在任基金 | 混合型基金 |
| --- | --- | --- |
| 朱少醒 | 2 | 2 |
| 谢治宇 | 5 | 4 |
| 杨谷 | 6 | 3 |
| 张坤 | 1 | 1 |
| 魏博 | 5 | 5 |
| 余广 | 4 | 4 |
| 孙伟 | 12 | 9 |
| 孙芳 | 3 | 3 |
| 李巍 | 7 | 7 |
| 杜猛 | 2 | 2 |

数据来源:天天基金网

(5)所有基金经理的排名均根据现任基金的回报率。国内基金经理普遍任职周期在两到三年左右,与国外基金经理任职期在八年左右相比,我国基金经理的任职周期普遍较短,那么存在的问题是更换基金经理后可能有前人栽树、后人乘凉的结果。

以消费类基金中三位表现最好的基金经理为例,易方达基金公司的张坤、萧楠和景顺长城基金的刘彦春,三位基金经理所掌管的消费类基金都有着不俗的表现,一方面是因为2015年股市经历过长期的低谷时期后,消费类股票率先走出了长达五年的向好趋势,以中证消费指数为准,五年时间中证消费指数由6 510点上涨到26 450点,上涨幅度高达三倍之多。另一方面三位基金经理持有的股票集中度高、换手率低,专注的板块也有所差异,张坤专注于消费以及医药板块,偏好供给端强势行业,具有代表性的重仓股有上海机场、爱尔眼科;萧楠专注于酒业,包括白酒和啤酒,具有代表性的重仓股包括青岛啤酒;刘彦春专注于大消费,具有代表性的重仓股包括晨光文具和美的集团。三位基金经理虽然偏好不同,但是都有着不菲的战绩,张坤与刘彦春在混合型基金经理排名中分别占据第4名和第32名,而萧楠则占据股票型基金经理第一名(排名均以回报率为准)。从表4-4可以看出三位基金经理的近5年平均年化收益率都超过27%,可以看出想在收益率排行榜上占得一席之地确实考验基金经理的实力。

**表4-4 三位基金经理概况**

| 基金经理 | 资管年限/年 | 基金公司 | 在管规模/亿元 | 代表基金 | 近5年平均年化收益率 |
| --- | --- | --- | --- | --- | --- |
| 张坤 | 8.15 | 易方达基金 | 763.66 | 易方达中小盘 | 30.24% |
| 萧楠 | 8.15 | 易方达基金 | 493.04 | 易方达消费行业 | 29.34% |
| 刘彦春 | 11.56 | 景顺长城基金 | 532.61 | 景顺长城新兴成长 | 27.33% |

结合三位基金经理所掌管的三只主要投资于消费类股票的基金可以看出,要想在回报率排名榜上有名,基金经理需要综合考虑国家经济政策、消费结构变化、经济周期、各子行业自身的生命周期、各子行业的基本面变化、各子行业的相对估值水平等因素,进行股票在各消费子行业间的配置。同时要求基金经理在选股过程中,综合考虑企业的核心竞争优势、公司治理结构、议价能力、市场占有率、盈利能力、成长性、运营效率、财务结构以及现金流等情况,这些内容需要基金经理长时间的积累才可以在选股过程中得以运用。因此,以回报率进行排名是对基金经理业绩最好的衡量。

## 4.3.2 混合型基金经理的管理规模分析

基金经理排名的另一个维度就是规模,以此为依据的排名衡量了基金经理管理基金的规模大小。图4-1为2020年掌管基金规模最大的前10位基金经理的收益情况,由此可知:

(1)前10名的基金公司没有重复,每位基金经理也同样是凭借着大规模的货币型基金上榜,可以说这些混合型基金经理在规模上的排名和他们掌管的混合型基金没有很大的关系。

(2)以规模排名存在以下问题:①基金资产总规模并不是指混合型基金总规模,而是包括该基金经理所掌管的所有基金的规模总和。这存在一定的误导性,没有过多的参考价值。②混合型基金经理可能擅长的投资方式并不是混合投资。基金经理的激励机制使得基金经理在掌管资金规模过大时,产生职业懈怠。庞大的管理规模让基金经理不能兼顾每只基金,因此掌管规模较大的混合型基金的基金经理不如掌管规模较小、专注于混合型基金管理的基金经理收益好。

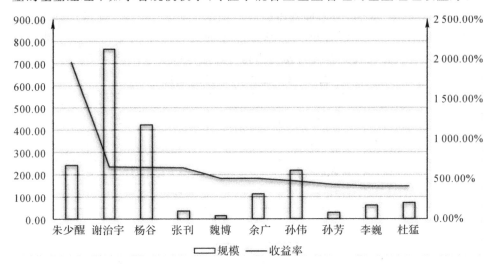

图 4-1 2020 年掌管基金规模最大的前 10 位基金经理的收益情况(单位:亿元)

(3)仅四位基金经理人掌管的基金规模超过 200 亿元,混合型基金的规模与收益率之间并不存在明显的线性关系。回报率排名前十的基金经理会更加专注于混合型基金的投资,能够取得较高的回报率,并且掌管的基金数量较少,这些基金经理同样受到市场的追捧,多数基金经理对于投资者而言也是耳熟能详,为基金公司带来的收益也愈发可观。规模排名前十的基金经理掌管的基金数目众多,均在 10 只以上,且多为货币型、债券型基金。这些基金经理掌管的混合型基金排名同样靠后,使用这种排名方式对投资者而言没有过多的参考意义,投资者在选择混合型基金的过程中不会考虑这部分排名。

## 4.4 混合型基金的资产配置分析

混合型基金的投资方向主要包括股票、债券和现金,对于每种资产的投资比例完全取决于基金经理的决策,具有很大的灵活性。各基金经理的投资策略不同之处主要在于股票和债券的占净比不同。由图 4-2 可以看到回报率排名前十的基金的资产配置的相关信息:股票占净比平均数为 89.89%、债券为

2.05%、现金为8.23%。有五只基金几乎没有持有债券,反而持有的现金比债券多,甚至高达20%。在这种持仓比例下,在市场行情较好的时候收益率较高,涨幅超过指数。但是在行情下行时,可能会遭遇较大的回撤。持有较多的现金增加了机动性,但是也存在着较高的机会成本。基金收益率更多地依赖于基金经理的投资决策,而不能完全发挥出混合型基金的优势。

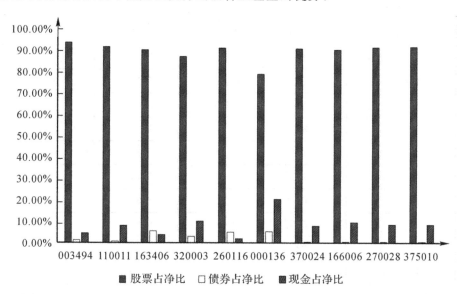

图4-2 收益率排名前十的基金的资产配置

以收益率排名第一的基金——富国天惠成长混合C(003494)为例,表4-5为富国天惠成长混合C资产配置。这只基金从2017年至今始终保持股票占净比高达90%以上,资产配置与股票型基金(股票占比80%以上)相似,属于配置型基金,仅在2020年第三季度中现金占净比低于5%,其余时间现金占净比均大于5%,债券相对于前两种资产,可以说是微乎其微。这样的资产配置使得混合型基金与股票型基金难以做出明确的区分,而现金占净比高可以便于基金经理进行调仓操作。该基金的业绩比较基准为:沪深300指数收益率×70%+中债综合全价指数收益率×25%+同业存款利率×5%。即使比较基准中25%对标的是债券收益,资产配置中债券占净比却远不及这个数字,也表现出基金经理更加激进的投资风格。该基金的换手率从2018年末的219.56%逐渐下降到2020年中的115.55%,基金经理的持仓逐渐稳定,这也是老基金以及资管年限较长的基金经理的共同表现之一。

表 4-5 富国天惠成长混合 C 资产配置

| 日期 | 股票 | 债券 | 现金 | 净资产/亿元 |
| --- | --- | --- | --- | --- |
| 2020/9/30 | 93.99% | 1.18% | 4.35% | 241.4 |
| 2020/6/30 | 93.35% | 1.16% | 5.42% | 142.6 |
| 2020/3/31 | 93.81% | 1.04% | 5.76% | 108.7 |
| 2019/12/31 | 93.50% | 1.22% | 5.27% | 107.81 |
| 2019/9/30 | 93.44% | 0.95% | 5.38% | 90.43 |
| 2019/6/30 | 94.48% | 0.87% | 5.13% | 82.54 |
| 2019/3/31 | 94.14% | 1.06% | 6.08% | 71.44 |
| 2018/12/31 | 91.32% | 2.77% | 7.30% | 56.68 |
| 2018/9/30 | 93.12% | 1.31% | 5.83% | 67.97 |
| 2018/6/30 | 92.77% | 1.69% | 5.74% | 76.33 |
| 2018/3/31 | 92.62% | 0.03% | 8.36% | 66.7 |
| 2017/12/31 | 93.57% | 0.08% | 6.35% | 52.17 |
| 2017/9/30 | 94.28% | 0.36% | 5.57% | 41.31 |
| 2017/6/30 | 94.37% | 0.01% | 5.59% | 38.93 |
| 2017/3/31 | 94.26% | 0.14% | 5.97% | 34.78 |

对比规模排名第一的混合型基金——鹏华弘泽混合 A（001172）的资产配置（见表 4-6）可以看出，自 2019 年第二季度到 2020 年第三季度，该基金的股票占净比在 20% 以下徘徊，甚至在 2020 年第一季度仅为 2.15%，受制于疫情的影响，在 2020 年春节过后的第一个开盘日，上证指数下跌了 7.72%，在这种巨大的跌幅下，基金经理的第一季度股票占净比相比于上一季度下降了 16.03%。实际上通过观察基金净值可以看到，该基金在这段时期遭遇了大幅的回撤，而基金经理在第一季度末的低股票占净比也使得该基金净值没能在上证指数后期大幅反弹中同时反弹，虽然看不到基金经理的每日持仓，但是从这两个季度的报表中可以推测出，基金经理在这段时期的操作过程中存在追涨杀跌的情况。该基金重仓的十只股票包含了白酒、汽车、证券保险、科技、医药等龙头股，专注于价值投资。而债券占净比高达 90% 以上，甚至超过 120%（将已经持有的债券通过质押的方式取得资金，再用于购买债券），持仓偏离混合型基金的定义，更偏向于债券型基金。

表 4-6 鹏华弘泽混合 C 资产配置

| 报告期 | 股票占净比 | 债券占净比 | 现金占净比 | 净资产/亿元 |
| --- | --- | --- | --- | --- |
| 2020/9/30 | 20.59% | 92.21% | 2.03% | 10.12 |
| 2020/6/30 | 18.64% | 95.03% | 3.74% | 6.31 |
| 2020/3/31 | 2.15% | 122.36% | 3.80% | 3.6 |
| 2019/12/31 | 18.18% | 106.26% | 1.08% | 4.31 |
| 2019/9/30 | 15.29% | 92.27% | 2.64% | 5.37 |
| 2019/6/30 | 12.90% | 87.79% | 2.10% | 5.2 |

相比较而言，可以明显地看出回报率排名中占前列的基金经理的投资风格更加积极，股票占净比更高，获得回报率整体高于规模排名前列的基金经理，这是对基金经理业务能力的更高要求，也是他们对市场长期把握与总结的结果。反过来讲，以回报率排名来衡量基金经理的业绩能力也是更加客观的选择，对于基金经理的激励也会得到正向的作用。

## 4.5 混合型基金经理的激励机制分析

对于基金经理的考核依旧以业绩为主，大约占总比例的 80%，相比较而言，一年期权重较高，两年期、三年期则依次递减；其余 20% 都是一些变动因素，例如风控、回撤等。虽然短期业绩的排名权重较高，但是在实际运用过程中会综合考虑基金经理的长期业绩排名，五年期的平均收益率同样是参考的主要指标之一。这种方式也是对基金经理短期行为的约束，避免了短期内为冲业绩而无视风险。

与此同时，规模也进入基金公司的考核指标之中。这种考核指标主要分为业绩和规模，业绩以前 1/2 为及格线，根据排名进行打分；而规模则分为 5 亿元和 25 亿元两个门槛，激励机制也不同。但同时规模的权重又不会放得很大，主要因为业绩优异的基金也有可能遭遇大量赎回。因此，大多数公司对于规模的考核一般着眼于奖励规模增加，而不是惩罚规模缩水。规模与业绩并不一定正相关，只是一个加分项。

业绩和规模的评判标准区分得较为明显，规模考核压力不再全部放在基金经理身上，而是由专门团队承担。对新老基金经理考核也各有侧重，更鼓励新人出业绩，对老基金经理的考核则注重长周期表现。

激励机制会在很大程度上影响基金经理的积极性,进一步影响相关基金的业绩表现。因此,对于基金公司而言,制订激励机制需要考虑多方面因素,在鼓励基金经理的同时,也为基金公司创造更多的利润。值得基金公司考虑的问题有以下几项:

(1)基金经理薪酬是否与基金长期业绩挂钩?

(2)激励机制能否削弱基金经理与持有人之间潜在的利益冲突?基金经理薪酬是否与管理资产规模挂钩?股权激励在薪酬体系占何种比重?

(3)激励机制是否和基金公司的发展策略以及人才储备计划相符?

(4)基金经理持有多少自身管理的基金份额?

混合型基金由于更大的灵活性,对于基金经理而言可操作性更强,同时对于股票、债券的投资很大程度上依赖于基金经理的投资决策,这就造成不同的混合型基金的资产配置大相径庭。在回报率排名中,可以明显地看到基金资产配置更偏好于股票投资,而在规模排名中,基金经理更偏好于债券投资,这也使得两种排名方式中基金经理个人的排名有很大的差距,并且所掌管的基金排名也有很大的差距。综合来讲,以回报率来衡量基金经理的业绩更具有现实意义,也可以对基金公司的业务有侧面的促进作用。因此在制订激励机制的过程中要更多的考虑基金经理过往的业绩,其中短期的回报率会占据更多的影响比例。此外,基金经理所掌管的基金规模也会被列为考虑的因素之一,但是占据的影响比例较小。我国基金市场的发展与成熟国家之间依旧存在差距,完善的激励机制可以鼓励基金经理更好地服务于投资者,这需要基金公司在未来不断调整和完善激励机制。

## 4.6 混合型基金的收益影响因素与风险分析

### 4.6.1 混合型基金的收益影响因素

混合型基金通过集合投资者的闲散资金,将集合后的资金交由专业投资基金经理进行统一管理,使资金在股票和债券间进行合理的资产配置,以降低普通投资者由于缺乏专业知识而产生的投资风险,同时起到风险分担的作用。

**1. 资金规模对混合型基金收益的影响**

通常进行投资时,资金规模的大小必然影响最终的投资收益。因为资金规模对基金经理的投资策略、投资风格以及资产配置都会产生一定的影响,同时也间接影响投资的风险。当资金存在一定的规模效应时,信息成本以及对于行业研究和相关资料分析等固定成本会下降,从而使得投资的边际成本降低;同时使可用于灵活性操作的资金更多,有利于降低风险,提高收益率。但资金规模过大也会产生一定的不利影响,如资金的流动性降低,给基金经理的投资运营产生不利影响,造成成本冲击,最终对投资收益产生影响。

**2. 基金经理选股能力对基金收益的影响**

证券投资行业是一个资本高度密集的行业,大量的资金聚集在此由基金经理进行统一管理。对于混合型基金而言,股票债券的资产配置比例对其最终收益和风险会产生很大的影响,因此,基金经理发挥着重要的作用。不同的基金经理由于受教育程度、投资理念、从业年限以及投资风格都存在一定的差异,所以其在资产配置、股债选择等方面也存在一定的差异。选股能力较强的基金经理能够根据目前的市场行情合理预测未来的发展趋势,选择未来发展前景更好的股票型基金进行投资,从而在更大程度上保证投资者的收益。

通过对基金经理以往投资经验的研究分析,基金经理的学历、投资策略、从业年限、投资理念以及以往的基金投资业绩都会对其投资产生深远的影响。通常来讲,以往管理业绩较好的基金经理,未来的业绩也不会差,因为长期看基金经理以往业绩都很优秀,这足以证明基金经理的投资能力。如果基金经理具备良好的择时能力和选股能力,这也会为基金未来取得较大收益提供保证。通常来讲,选股能力是指基金经理对股票的选择,其通过对目标债券股票进行研究挖掘出其内在价值,评估股票型基金未来发展前景,从而获得超额利润。择时能力则是建立在基金经理丰富的实战经验上,可以规避不必要的风险,获得更多的额外利润。好的基金经理,能够结合自己专业的知识以及积累的投资经验,在资产配置时作出更加理性的选择。他们更有把握选择有发展前景的股票债券,并在股债配比上有自己的见解,从而取得更大的投资收益。同时,选择一个合适的投资时机也尤为重要,如果能够抓住市场机遇,也会为后续投资带来很多好处。

**3. 基金投资费用对基金收益的影响**

任何基金在投资过程中都会产生一系列的交易费用。基金在投资过程中产生的费用主要是由交易费用和佣金费用两部分组成的。交易费用是投资者在基金公司投资、申购赎回时所产生的费用。这部分费用通常由投资者自行承担,当交易费用较高时会使投资者的收益降低。佣金费用是基金经理在进行投资时所产生的投资费用,这部分费用一般由基金公司承担。投资费用的高低会直接影响投资者的投资回报,在同等条件下投资者更加偏好于投资交易费用较低的基金。

**4. 市场风险对混合型基金收益的影响**

金融市场的发展具有不确定性，随时可能发生一定的经济波动。市场经济环境的变化会连带影响投资环境，促使金融风险发生的可能性上升。市场风险表明市场总体的风险度，其代表着大多数股票和整个行业的发展趋势，基金的收益也会跟随市场的波动而不断变化，而基金的超额收益也是在波动中产生的。研究表明，市场风险和基金收益之间呈现正向相关，市场风险越大，基金的收益率越高。虽然市场风险的增加使得投资的不确定性升高，但同时也会带来投资机遇，高风险往往伴随着高收益。

### 4.6.2 混合型基金的风险分析

无论是投资者还是经济市场监管者对风险都会产生这样的感受，资产的波动性越大，未来资产价值的不确定性就会增加。为了能够量化这种风险，人们开始引入各种指标来衡量。风险的存在具有一定的客观性，形成的原因也是多种多样的，经济周期的波动、国家宏观经济政策的改变、灾难等不可预测的事件都会产生风险。对于混合型基金而言，风险主要取决于股票与债券的配置比例。股票市场变动引起的股价变动和债券价格的变动都会对其收益产生影响。通常，偏股型基金的风险较大，但其预期收益率也相对较高。偏债型基金的风险较低，其预期收益也相对较低。

通常情况下我们能够根据金融市场的发展变化感受到风险的发生，但其具体表现应当通过专业指标进行衡量，如通过夏普比率、信息比率和最大回撤率来量化基金的风险。夏普比率表示投资组合每承担一单位的风险获取的收益水平，以此来衡量基金业绩，数值越大意味着基金承担单位风险条件下获取的收益越大；信息比率是在马柯维茨均值方差模型的基础上建立起来，用于衡量基金每承担一单位的主动风险所带来的超额收益，信息比率越大说明基金表现越好。

## 4.7 混合型基金的投资策略分析

本书以嘉实增长混合型基金为例分析混合型基金的投资策略与效果。嘉实增长混合型基金成立于2003年7月，是由嘉实基金管理公司为管理人、中国人民银行股份有限公司为托管方的契约式开放基金。嘉实增长混合型基金属于平衡性混合型基金，其投资的方向主要是中小市值的具有高速成长潜力的公司。

表 4-7 为嘉实增长混合型基金的基本情况。

**表 4-7 嘉实增长混合型基金基本情况**

| 基金名称 | 嘉实增长开放式证券投资基金 |
|---|---|
| 基金简称 | 嘉实增长混合型基金 |
| 基金主代码 | 070002 |
| 基金运作方式 | 契约型开放式 |
| 基金合同生效日 | 2003 年 |
| 基金管理人 | 嘉实基金管理有限公司 |
| 基金托管人 | 中国银行股份有限公司 |
| 报告期末基金份额总额 | 230 677 908 58 |
| 基金合同存续期 | 不定期 |

嘉实基金管理公司成立于 1999 年 3 月,是国内最早成立的 10 家基金公司之一,在 2002 年年底该公司被选为全国首批投资管理人。2005 年 6 月,德意志资产管理公司参股嘉实,使得嘉实基金管理公司成为国内最大的合资基金公司之一。该公司自成立以来发展迅速,2002 年获得了全国社会保障基金管理资格,2005 年获得企业年金管理人资格,2007 年具备 QDII 基金业务资格,2008 年获得专户管理人资格,2016 年获批养老保险基金证券投资管理机构资格。嘉实混合型基金发展至今业务发展范畴越来越广,目前拥有财富管理、机构投资、海外投资、公募基金等多项业务。图 4-3 是嘉实基金旗下部分基金的基金数量排名。

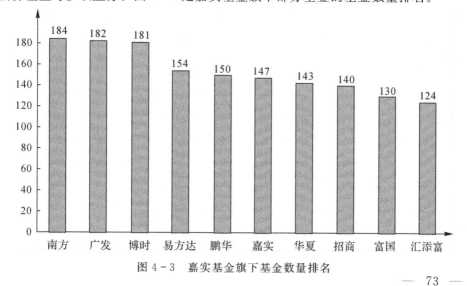

图 4-3 嘉实基金旗下基金数量排名

嘉实混合型基金之所以能够保持良好的收益,得益于公司健全的发展结构以及内部成熟的风控体制。风险的管控对于任何投资基金都是至关重要的,也是基金投资管理的核心内容。基金业绩稳定的前提是基金公司要具备一个良好的风险管理体系。良好的风险控制体制能够最大程度避免最大回撤的大幅波动。我国目前大多数基金都采用基金经理负责制。因此,基金经理对于混合型基金而言尤为重要。其需要根据市场情况构建资产组合配比,对仓位进行合理配置,在股票选股环节也发挥了巨大的作用。如果公司拥有完善的决策制度和风险控制体系,那么当市场出现波动时,公司就能够以最快的速度应对风险的发生,从而避免投资者遭受损失。嘉实基金公司内部具有完善的管理制度,尤其在基金经理的管理上颇为严格。公司会定期对基金经理进行考核,了解基金经理近期的投资和收益情况。公司也会定期对基金经理进行管理培训,迫使基金经理不断学习了解最新市场发展进程,从而提高基金经理的投资能力,更大程度上保证其投资科学、理性。从长期来看,嘉实混合型基金取得了较好的投资收益,很好地应对了市场波动所带来的风险,取得了一定的成功。

**1. 全周期内投资策略的效果**

嘉实增长混合型基金2005—2018年投资业绩的常规指标和风险调整收益指标见表4-8。

表4-8 嘉实增长混合型基金2005—2018年业绩表现

| 时间/年 | 常规指标 | | | | 风险调整收益指标 | |
| --- | --- | --- | --- | --- | --- | --- |
| | 净值回报率/(%) | 基准回报率/(%) | 超额收益率/(%) | 最大回撤率/(%) | 夏普比率 | 信息比率 |
| 2018 | -10.85 | -19.87 | 9.02 | -18.30 | -0.03 | 15.99 |
| 2017 | 3.13 | -6.32 | 9.45 | -13.84 | 0.01 | -6.07 |
| 2016 | -7.8 | -9.54 | 1.74 | -17.37 | -0.02 | 6.91 |
| 2015 | 67.43 | 57.66 | 9.77 | -41.08 | 0.10 | 34.75 |
| 2014 | 14.88 | 41.15 | -26.27 | -12.26 | 0.05 | -43.61 |
| 2013 | 14.12 | 18.38 | -4.26 | -9.72 | 0.04 | 22.21 |
| 2012 | 5.55 | 0.39 | 5.16 | -13.47 | 0.02 | 3.79 |
| 2011 | -18.72 | -32.54 | 13.62 | -21.48 | -0.10 | 4.46 |
| 2010 | 24.87 | 11.30 | 13.57 | -13.79 | 0.07 | 42.72 |
| 2009 | 60.33 | 134.03 | -73.70 | -17.05 | 0.14 | -23.90 |

续表

| 时间/年 | 常规指标 | | | | 风险调整收益指标 | |
|---|---|---|---|---|---|---|
| | 净值回报率/(%) | 基准回报率/(%) | 超额收益率/(%) | 最大回撤率/(%) | 夏普比率 | 信息比率 |
| 2008 | −39.36 | −58.35 | 18.99 | −49.84 | −0.11 | 18.40 |
| 2007 | 107.39 | 197.05 | −89.66 | −12.26 | 0.18 | 9.02 |
| 2006 | 114.77 | 92.66 | 22.11 | −10.52 | 0.27 | −18.13 |
| 2005 | 8.85 | −13.29 | 22.14 | −14.15 | 0.03 | 20.60 |

从表4-8可以看出,2005—2018年嘉实增长混合型基金的净值回报率有10年都为正值,其整体业绩是高于基金比较基准的业绩表现,取得了较好的成绩。在这14年里,有11年取得了正向的超额收益率,并且高于市场基准值,这说明在大多年份内嘉实增长混合型基金的收益率均超过预期收益率。通常情况下,基金的超额收益率是指基金的收益率减去无风险的投资收益率,超额收益率越高说明型基金的行情较好。通过分析嘉实增长混合型基金的净回报率、基准回报率和超额收益率,可以发现其有着较好的绝对收益率,这也说明了嘉实增长混合型基金的整体投资策略较为合理。但是,对比低于市场基准回报率的4年,能够发现在这4年里有3年整个市场都处于牛市,这说明嘉实增长混合型基金在市场行情较好时的整体表现不佳,这与基金的选股能力有很大的关系。

通常情况下基金所面临的风险对基金的收益也会产生很大的影响,在这里我们选择夏普比率、信息比率来衡量基金的风险调整收益。夏普比率是指投资组合每承担一单位风险所获取的收益,其数值越大表示在单位风险下基金所获取的收益越大。信息比率是在马科维茨均值方差模型的基础上建立起来的,用于衡量基金承担主动风险时所带来的超额收益,基金表现越好其信息比率值越大。由表4-8可以看出,在2005年、2007年、2010年、2012年、2013年、2015年两个指标均为正值,说明基金的投资策略在该年度取得了较好的投资效果。

**2. 不同经理人任期内的投资策略效果**

2005—2018年,邵建、刘美玲、季文华为嘉实增长混合型基金的主要经理。表4-9统计了这三位经理任期内的基金业绩表现。通常,人们普遍认为基金经理的更换会影响基金业绩,甚至会导致基金业绩大幅波动。但从表中可以发现,嘉实增长混合型基金在这三位基金经理的任期内都取得了较好的收益,在不同基金经理任期内基金业绩都保持了稳定性。这与基金经理的投资策略有很大关系,较为完善的投资策略和选股策略都会使基金免受较大的收益波动的影响,保持其增长的内在稳定性。

表 4-9 不同基金经理任期内基金的业绩表现

| 指标 | 全周期 | 邵建任期 | 刘美玲任期 | 季文华任期 |
| --- | --- | --- | --- | --- |
| 月度总数 | 168 | 126 | 22 | 13 |
| 跑赢基准基金月数 | 91 | 64 | 14 | 9 |
| 跑赢基准基金月数占比 | 54.17% | 50.79% | 63.64% | 69.23% |

**3. 不同市场行情下的投资策略效果**

表 4-10 列出了不同基金经理在三种典型的市场行情下相关基金的业绩表现。

表 4-10 典型的市场行情下基金经理业绩表现对比

| | 牛市行情 | | 震荡行情 | | 熊市行情 | |
| --- | --- | --- | --- | --- | --- | --- |
| 基金经理 | 邵建 | 邵建 | 邵建 | 刘美玲 | 邵建 | 季文华 |
| 会计年度 | 2007年 | 2014年 | 2012年 | 2016年 | 2008年 | 2018年 |
| 净值回报率/(%) | 107.39 | 14.88 | 5.55 | -7.8 | -39.36 | -10.85 |
| 基准回报率/(%) | 197.05 | 41.15 | 0.39 | -9.54 | -58.36 | -19.87 |
| 超额收益率/(%) | -89.66 | -26.27 | 5.16 | 1.74 | 19.00 | 9.02 |
| 最大回撤率/(%) | -12.26 | -12.26 | -13.47 | -17.37 | -49.84 | -18.30 |

由表 4-10 可知，在邵建担任嘉实增长混合型基金经理的年限内，出现两次典型牛市行情时基金的超额收益率分别为 -89.66% 和 -26.27%，均低于业绩基准率。嘉实增长混合型基金主要投资于经营规模较大的上市公司，投资时对目标公司的要求较高。基金经理在挑选股票时，比较注重上市公司的过往业绩，对公司的经营状况、主营业务收入、净利润增长率以及管理能力都有严格的评判标准。因此经营状况较差的企业无法进入该公司的基金"股票池"。但是通过研究可以发现在 A 股市场的牛市行情中，股票涨幅最大的大多不是基本面好的公司，这与嘉实增长混合型基金的投资理念有所不同。因此，在牛市行情中嘉实增长混合型基金的收益低于业绩基准，但其所承受的风险也相对较小，在一定程度上保证了基金业绩的稳定性。

由表 4-10 可以看出，在典型震荡行情和熊市中，基金均取得了正向的超额收益，尤其在 2008 年和 2018 年的熊市中，大幅跑赢市场取得了很高的超额收益。根据基金的最大回撤率可以发现,在 2008 年和 2018 年中基金的最大回撤均小于业绩基准的下跌幅度。说明嘉实混合型基金完善的投资策略和风险控制体系在一定程度上保证了基金业绩的稳定性。

本书主要研究了混合型基金的风险及投资收益,探讨了混合型基金的风险收益特点,同时通过对嘉实混合型基金在研究,发现基金的投资策略在不同的市场行情下会发挥不同的作用。其在震荡行情和熊市中取得了较好的回报,但在牛市时收益率偏低。最后,通过对混合型基金的研究,为投资者进行投资提供了一定建议。

对于一般投资者而言,在进行混合型基金投资时应当从以下几个方面来考虑:首先,要明确此基金团队是否发展稳定。一个能够保证收益率的基金公司对团队的依赖性非常大,整体业绩很大程度上都是依靠其自身的基金团队。稳定的基金团队能更好推进公司的基金业绩。其次,要考察基金经理以往的业绩,看其以往的业绩是否保持优良。混合型基金对基金经理的能力要求极高,由于混合型基金存在投资的多样化,基金经理需要对股票市场、货币市场都有充分的了解,才能确保投资的合理性。同时,在进行投资时,投资者要先明确目前市场处于哪种行情。在不同的市场行情下选择不同的投资工具进行投资。最后,投资者在选择基金公司时,要考虑基金公司的规模。基金公司的规模较小,其抵抗风险的能力较弱,也会存在更大程度的信息不对称。

对于基金经理而言,投资策略对基金业绩的影响非常大,如果投资策略不能很好地适应市场行情,基金的收益就无法保障。因此,基金经理在制订投资策略时应当充分考虑市场情况。基金经理可以借其公司平台建立完整的选股标准和投资流程,避免投资策略受外因影响,为基金在不同的市场行情中取得优秀的投资业绩提供有效的制度保障。

# 第5章 股票指数基金的资产配置和投资策略分析

## 5.1 股票指数基金概况及其分类

### 5.1.1 股票指数基金概况

股票指数基金是指以特定的股票指数为跟踪对象,通过购买该指标全部或部分资产进行投资运作,采取被动操作方式的股票型基金。指数型基金设立的初衷是买入标的指数全部或部分资产,获得与标的指数大致相同的收益,是一种消极型股票投资组合的方式。目前,全球最为著名的股票指数有道琼斯股票指数、标准普尔股票价格指数、纽约证券交易所股票价格指数、日经道琼斯股价指数、《金融时报》股票价格指数以及香港恒生指数。我国主流的股票指数主要有沪深300指数、上证50指数、中证500指数等。

进行股票指数开发工作的有我国的上海证券交易所、深证证券交易所,还有二者联合成立的中证指数有限公司等金融机构。相比于偏股型基金、偏债型基金和混合型基金,股票指数基金数有着天然的投资优势,因为股票指数基金所进行的投资,是按照标的指数的成分股进行持仓,而指数的开发,则是由从事指数开发工作的机构精心挑选设计的,基本可以代表大盘或是某行业的短中期走势,所以进行股票指数投资,风险与收益已经在所持有的成分股当中分摊,在行情较好的时候,股票指数基金可以获得接近股票的收益,在行情下跌时,也不至于亏损严重。截至2020年11月末,我国公募基金行业已有基金7 783只,总管理规模高达18.75万亿元,其中股票指数基金管理资产规模18 050.66亿元,占我国公募基金管理资产总额的9.58%;投资于股票指数的基金共1 327只,占基金产品总额的17.27%。由此看来,我国的股票指数基金发展已经取得了长足的进步,但是其所占资产总额的比例还有较大提升空间。此外,同样截至2020年11

月末,我国公募基金行业共有各类型基金经理4 161位,从事股票指数基金的约有580名,占所有基金经理数量的13.9%,从从业人员数量看,股票指数基金也有较大的发展空间。

与英美等老牌发达国家相比,我国的证券基金投资市场仍有很多不足。在美国家庭中,基金在家庭金融资产的比例逐年攀增,指数型基金在美国基金行业所占的份额也在逐年增加。我国目前虽然也表现出了这样的趋势,但是实际上仍因一些问题而发展速度不及预期。

## 5.1.2 股票指数基金特点

结合国内市场,一般认为,股票指数基金具有以下特点:

**1. 费用相对较低**

由于指数基金的标的资产是指数,基金管理人无须花费大量的时间和精力选择投资资产的种类以及买入卖出的时机,只需按照指数的资产组合来进行操作,一定程度上节省了基金的管理费。同时,股票指数基金一旦建仓就不会频繁地调动,除非跟踪的标的指数的成分股发生了变动,才会跟着进行调整。由于指数基金的调整频率低,交易费用也相对较低。

**2. 业绩透明度高**

由于股票指数基金的投资标的是指数,所以投资者只需关注投资基金的跟踪标的,就能大致估算出自己的收益或损失,其基金管理人也不能通过恶意操纵获得额外收益。

**3. 非系统风险较低**

大多数标的指数的成分股来自各行各业收益良好的股票,可以实现极为分散的多元化投资。部分行业股票指数也可以实现分散风险的目标,个别股票的剧烈变化对指数的变化影响较小。因此,投资股票指数基金的非系统风险较低。

## 5.1.3 股票指数基金的分类

目前,股票指数基金是公募基金中最重要的类型之一。综合相关资料,股票指数基金的主要分类方法如下:

(1)按复制方式分为完全复制型和增强型指数基金两大类。完全复制型指数基金是指按照跟踪标的指数进行成分和权重的资产配置,来最大程度减少跟踪误差。增强型指数基金是指将大部分资产按照跟踪标的指数进行成分和权重的资产配置,将少部分资产进行积极的投资。其目标是在紧跟标的指数的同时,获得比标的指数更高的收益。

(2)按交易机制分为普通指数基金、ETF(交易型批指数基金,Exchange Traded Fund)和LOF(上市型指数基金,Listed Open-Ended Fund)三大类。普通指数基金主要向基金公司申购和赎回,不能在二级市场交易;ETF可以在二级市场交易,也可以申购、赎回,但申购、赎回必须采取组合证券的形式;LOF兼顾了场内和场外两个市场,投资门槛与ETF相比较低,也可以申购、赎回。

(3)按指数类型可分为规模指数型基金和风格指数型基金两大类。规模指数是指标的指数的成分股规模的大小,并按照市值加权构建的指数。规模指数投资范围广,行业分布均衡,比如上证50指数、沪深300指数、中证500指数等。规模指数型基金分为大盘指数型基金、中盘指数型基金和小盘指数型基金。风格指数是指通过分析价值和成长因子的方式确定成分标的而构建的指数。风格指数型基金分为价值指数型基金和成长指数型基金。目前,我国市场上比较有代表性的风格指数型基金包括沪深300成长指数、沪深300价值指数、上证180成长指数、上证180价值指数等基金。

股票指数基金的综合分类如图5-1所示。

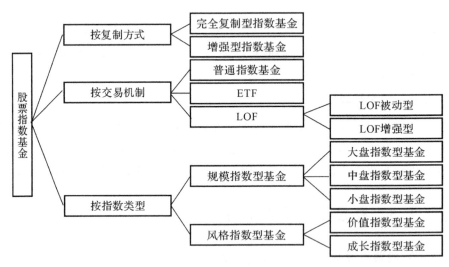

图5-1 股票指数基金的综合分类

## 5.2 股票指数基金经理分析

从事股指基金投资的基金经理数量庞大,本书仅以现任基金最佳回报率与现任基金管理资产规模为标准,对所有股票指数基金经理进行降序排名,并取各类基金的前 20 名进行统计分析。

### 5.2.1 基金最佳回报率分析

按照基金的最佳回报率进行排名,见表 5-1。在这 20 名基金经理所管理的基金中,仅有 5 只基金所标的指数为宽基指数,如易方达上证 50 指易方达沪深 300 与工银创业板 ETF,其余均为窄基指数,所标的范围各不相同,如消费行业、生物医药行业、先进制造业等。排在第一位的基金经理萧楠,其现任的易方达消费行业精选股基金,自 2012 年成立以来,8 年时间已产生近 5 倍的收益,该基金年化回报率接近 40%,收益相当可观。

### 5.2.2 基金管理资产规模分析

按照基金经理管理资产规模进行排名,见表 5-2,在这 20 只基金当中,投资于宽基指数的基金共有 10 只,与窄基指数基金各占 50%。其中有部分基金经理与按现任最佳回报率所统计出的 TOP20 基金经理有所重合,这几位基金经理分别是萧楠、王宗合和周应波,其所在基金公司分别为易方达基金、鹏华基金和中欧基金。这几家基金管理公司在近几年的发展较为出色,尤其以易方达基金为代表,截至 2020 年 11 月末,根据中国证券投资基金业协会官方公布数据,其所管理的非货币型理财公募基金规模已达到 6 139.82 亿元,排在所有基金公司的首位。

### 5.2.3 基金管理效率分析

限于篇幅,本书挑选具有代表性的基金经理进行资产配置和股票持仓的详细分析。因为对基金经理管理能力的客观评价鲜有较为科学的适合中国本土情况的量化指标体系,故本书采用基金管理效率作为对基金经理管理基金能力的代表性指标。

表 5-1 最佳回报率前 20 的基金经理情况

| 序号 | 姓名 | 所属公司 | 现任基金 | 累计从业时间 | 现任基金资产总规模 | 基金最佳回报 |
|---|---|---|---|---|---|---|
| 1 | 萧楠 | 易方达基金 | 易方达消费精选股/易方达消费行业股 | 8年又93天 | 493.04 亿元 | 495.83% |
| 2 | 陶灿 | 建信基金 | 建信改革红利股票/建信现代服务业股 | 6年又230天 | 20.87 亿元 | 379.10% |
| 3 | 陈一峰 | 安信基金 | 安信价值精选股票/安信消费医药股票 | 6年又253天 | 85.91 亿元 | 372.60% |
| 4 | 赵晓东 | 国海富兰克林基金 | 国富中小盘股票 | 11年又119天 | 119.59 亿元 | 337.42% |
| 5 | 张胜记 | 易方达基金 | 易方达上证50指/易方达沪深300 | 10年又277天 | 217.84 亿元 | 316.01% |
| 6 | 梁杏 | 国泰基金 | 国泰中证生物医药/国泰中证生物医药 | 4年又204天 | 191.21 亿元 | 314.87% |
| 7 | 王宗合 | 鹏华基金 | 鹏华养老产业股票 | 6年又28天 | 554.26 亿元 | 292.40% |
| 8 | 周应波 | 中欧基金 | 中欧时代先锋股票/中欧时代先锋股票 | 5年又57天 | 452.99 亿元 | 291.74% |
| 9 | 赵栩 | 工银瑞信基金 | 工银创业板ETF/工银创业板ETF | 9年又74天 | 149.02 亿元 | 290.40% |
| 10 | 赵蓓 | 工银瑞信基金 | 工银医疗保健股票/工银养老产业股票 | 6年又42天 | 160.80 亿元 | 278.90% |
| 11 | 刘珈吟 | 嘉实基金 | 嘉实中证金融地产/嘉实富时中国 A5 | 4年又280天 | 72.41 亿元 | 273.29% |
| 12 | 袁芳 | 工银瑞信基金 | 工银文体产业股票 | 5年又0天 | 240.88 亿元 | 264.06% |
| 13 | 樊勇 | 金鹰基金 | 金鹰信息产业股票 | 2年又78天 | 11.72 亿元 | 258.40% |
| 14 | 侯昊 | 招商基金 | 招商深证100指/招商央视财经50 | 3年又129天 | 416.28 亿元 | 249.38% |
| 15 | 吴兴武 | 广发基金 | 广发医疗保健股票 | 3年又248天 | 204.31 亿元 | 249.13% |

续表

| 序号 | 姓名 | 所属公司 | 现任基金 | 累计从业时间 | 现任基金资产总规模 | 基金最佳回报 |
|---|---|---|---|---|---|---|
| 16 | 毕天宇 | 富国基金 | 富国高端制造行业 | 6年又193天 | 65.65亿元 | 249.10% |
| 17 | 冯明远 | 信达澳银基金 | 信达澳银新能源产业/信达澳银先进智造 | 4年又71天 | 203.05亿元 | 243.01% |
| 18 | 过蓓蓓 | 汇添富基金 | 汇添富中证主要消费/汇添富中证医药E | 5年又149天 | 212.87亿元 | 236.86% |
| 19 | 陆彬 | 汇丰晋信基金 | 汇丰晋信智造先锋/智造先锋 | 1年又225天 | 58.31亿元 | 236.32% |
| 20 | 杨锐文 | 景顺长城基金 | 景顺长城环保优势/景顺长城电子信息 | 6年又18天 | 227.32亿元 | 230.70% |

表 5-2 管理资产规模前 20 的基金经理情况

| 序号 | 姓名 | 所属公司 | 现任基金 | 累计从业时间 | 现任基金资产总规模 | 基金最佳回报 |
|---|---|---|---|---|---|---|
| 1 | 苏卿云 | 华安基金 | 华安中证细分医药 | 3年又186天 | 1 647.31 | 64.97% |
| 2 | 张弘弢 | 华夏基金 | 华夏沪深300E | 11年又174天 | 951.67 | 221.78% |
| 3 | 刘格菘 | 广发基金 | 广发多元新兴股票 | 2年又54天 | 843.27 | 207.67% |
| 4 | 艾小军 | 国泰基金 | 国泰沪深300指/国泰中证全指通信 | 6年又351天 | 719.23 | 133.94% |
| 5 | 茅炜 | 南方基金 | 南方新兴消费增长 | 2年又330天 | 717.60 | 75.47% |
| 6 | 赵宗庭 | 华夏基金 | 华夏沪深300E | 3年又256天 | 687.82 | 87.86% |
| 7 | 徐猛 | 华夏基金 | 华夏上证50ET | 7年又266天 | 663.49 | 108.41% |

续表

| 序号 | 姓名 | 所属公司 | 现任基金 | 累计从业时间 | 现任基金资产总规模 | 基金最佳回报 |
|---|---|---|---|---|---|---|
| 8 | 许之彦 | 华安基金 | 华安沪深300增 | 12年又250天 | 595.77 | 130.68% |
| 9 | 王宗合 | 鹏华基金 | 鹏华养老产业股票 | 6年又28天 | 554.26 | 292.40% |
| 10 | 柳军 | 华泰柏瑞基金 | 华泰柏瑞中证50 | 11年又210天 | 537.64 | 132.02% |
| 11 | 罗文杰 | 南方基金 | 南方沪深300联接基金/南方中证500E | 7年又252天 | 533.82 | 138.37% |
| 12 | 归凯 | 嘉实基金 | 嘉实新兴产业股票 | 2年又25天 | 521.02 | 175.52% |
| 13 | 余海燕 | 易方达基金 | 易方达沪深300 | 9年又44天 | 518.16 | 200.56% |
| 14 | 成曦 | 易方达基金 | 易方达深证100/易方达创业板ETF | 4年又236天 | 493.85 | 102.51% |
| 15 | 萧楠 | 易方达基金 | 易方达消费精选股/易方达消费行业股 | 8年又93天 | 493.04 | 495.83% |
| 16 | 劳杰男 | 汇添富基金 | 汇添富开放均衡成长股 | 3年又29天 | 487.87 | 10.44% |
| 17 | 陈皓 | 易方达基金 | 易方达均衡成长股 | 220天 | 465.55 | 15.96% |
| 18 | 陈正宪 | 嘉实基金 | 嘉实中证500E/嘉实港股通新经济 | 4年又359天 | 455.24 | 58.91% |
| 19 | 何如 | 嘉实基金 | 嘉实中证500E/嘉实沪深300红 | 6年又235天 | 454.01 | 57.15% |
| 20 | 周应波 | 中欧基金 | 中欧时代先锋股票 | 5年又57天 | 452.99 | 291.74% |

在经济学领域,效率是指投入产出比,投入产出指标的选择在很大程度上会影响效率测算的科学性。结合现有研究,为了更科学客观地衡量基金经理管理基金的能力,本书根据天天基金网(http://fund.eastmoney.com)公开的数据,采用现任基金回报率作为产出指标($O_1$),以现任基金管理年限、基金规模为投入指标,因为本研究主要针对股票指数基金的基金经理,所以还有两项特色指标可以作为投入指标,即夏普比率与指数跟踪标准差,共有4项投入指标,分别为($I_1$,$I_2$,$I_3$,$I_4$)。因为管理资产的规模越大,基金经理操作起来对股票市场价格的影响也就越明显,可以认为管理资产的规模对基金经理的管理效率具有规模报酬可变效应,所以选择DEA算法中的VRS模型进行效率测算。在具体操作中,以每位基金经理作为最小决策单元(DMU),以现任基金最佳回报率作为产出指标,以现任基金管理时间与资产规模作为投入指标,进行基金经理管理效率的测算。在DEA效率分析中,若测算出的效率值等于1,则意味该DMU处于有效状态;若效率值小于1,则意味该DMU处于非有效状态。在本研究中,效率值的高低在一定程度上代表了基金经理管理基金能力的强弱,计算结果见表5-3。

表5-3 基金经理按管理运营基金效率降序统计结果

| 姓名 | 所属公司 | 综合效率 | 纯技术效率 | 规模效率 |
| --- | --- | --- | --- | --- |
| 萧楠 | 易方达基金 | 1.000 | 1.000 | 1.000 |
| 陶灿 | 建信基金 | 1.000 | 1.000 | 1.000 |
| 陈一峰 | 安信基金 | 1.000 | 1.000 | 1.000 |
| 梁杏 | 国泰基金 | 1.000 | 1.000 | 1.000 |
| 刘珈吟 | 嘉实基金 | 1.000 | 1.000 | 1.000 |
| 樊勇 | 金鹰基金 | 1.000 | 1.000 | 1.000 |
| 陆彬 | 汇丰晋信基金 | 0.948 | 1.000 | 0.948 |
| 周应波 | 中欧基金 | 0.823 | 0.897 | 0.917 |
| 赵栩 | 工银瑞信基金 | 0.815 | 0.914 | 0.891 |
| 赵蓓 | 工银瑞信基金 | 0.788 | 0.881 | 0.894 |
| 侯昊 | 招商基金 | 0.756 | 0.964 | 0.784 |
| 吴兴武 | 广发基金 | 0.745 | 0.910 | 0.819 |
| 赵晓东 | 国海富兰克林基金 | 0.743 | 0.773 | 0.961 |
| 过蓓蓓 | 汇添富基金 | 0.735 | 0.938 | 0.784 |

续表

| 姓名 | 所属公司 | 综合效率 | 纯技术效率 | 规模效率 |
|---|---|---|---|---|
| 杨锐文 | 景顺长城基金 | 0.735 | 0.747 | 0.983 |
| 冯明远 | 信达澳银基金 | 0.733 | 0.986 | 0.743 |
| 张胜记 | 易方达基金 | 0.693 | 0.748 | 0.927 |
| 王宗合 | 鹏华基金 | 0.664 | 0.806 | 0.824 |
| 袁芳 | 工银瑞信基金 | 0.634 | 0.737 | 0.860 |
| 毕天宇 | 富国基金 | 0.630 | 0.733 | 0.860 |

由表 5-3 可以看出,易方达基金公司的基金经理萧楠、建信基金公司的基金经理陶灿、安信基金公司的基金经理陈一峰等 6 位基金经理的综合效率都为 1,表明这几位基金经理的基金管理效率都处于最有效的状态,也就意味着这几位基金经理的综合管理能力相对较高,但 DEA 算法中的 VRS 模型的缺陷在于无法对处于有效状态的基金经理进行比较,即无法对这 6 位基金经理的能力进行进一步的综合比较。总体而言,使用以上投入产出指标进行效率分析得出的结果,基本上可以从一定程度上科学地反映出基金经理管理基金的能力,即现任基金最佳回报率(或从业年化回报率)、从业年限、基金夏普比率等指标与基金经理管理基金的能力成正相关,与指数跟踪标准差成负相关(表现在综合管理效率的高低上)。此外,鉴于资本市场的特殊性,其会受到经济周期、政治不确定性、国际局势、国际重大突发状况(如 2020 年新冠疫情)等诸多复杂情况的影响,故使用 DEA 算法分析出的基金经理的管理效率仍只能在一定程度上反映基金经理管理基金的能力。

## 5.3 股票指数基金的资产配置分析

本书根据 DEA 效率分析的结果,并结合市场反应,综合选取三位基金经理及其现任管理的基金进行详细分析,分别为易方达基金公司的萧楠、招商基金公司的侯昊、汇添富基金公司的过蓓蓓。

关于基金经理的资产配置,本书将从以下三项指标进行分析:一是基金投资策略。投资策略可以反映基金经理对证券投资的安全性、流动性与盈利性三者如何权衡。二是基金行业配置。这项指标反映了基金经理如何在行业之间进行选择,并对宏观经济政策与国家产业发展规划进行分析解读,而资本市场受国家经济政策与产业规划影响甚大,所以基金经理对行业的选择对基金收益的影响也十分显著。三是基金持仓。基于基金行业配置,基金经理要对行业板块内的个股进行仔细筛选,并及时根据个股表现调仓,这项指标十分依赖基金经理的管理能力。下面就对三位基金经理这三项指标进行分析。

**1. 易方达基金经理萧楠**

萧楠在前文的基金综合管理效率的排名中排在第一位,这足以说明其综合能力十分优异。以其现任的易方达消费行业精选股票型基金为例,该基金为主动股票型基金,属于证券投资基金中预期风险与预期收益较高的投资品种,理论上其风险收益水平高于混合型基金和债券型基金。投资策略指标分析可以从资产配置与股票持仓配置两方面进行阐述。

(1)资产配置策略。该基金基于定量与定性相结合的宏观及市场分析,确定组合中股票、债券、货币市场工具及其他金融工具的比例,追求更高收益,回避市场风险。主要考虑:①宏观经济指标,如 GDP 增长率、工业增加值、金融政策等,以判断经济波动对市场的影响;②微观经济指标,包括各行业主要企业的盈利变化情况及盈利预期;③市场方面指标,包括股票及债券市场的涨跌及预期收益率等;④政策因素,与证券市场密切相关的各种政策出台对市场的影响等。

(2)股票投资策略。该基金所指的消费行业由主要消费行业和可选消费行业组成,并且投资于中证指数公司界定的主要消费行业和可选消费行业股票的比例不低于股票资产的 95%。该基金的行业配置,基本都是在与居民消费相关的行业内进行。相比于基金行业配置,该只基金的持仓明细更加值得关注,因为具体的持仓是基金经理在消费指数上进一步筛选所得出的,这非常依赖于基金经理的选股与调仓能力,也能体现出基金经理的个人风格。该只基金的具体持仓明细(截至 2020 年三季度末)见表 5-4。

**表 5-4 易方达消费行业精选股票型基金持仓明细**

| 序号 | 股票名称 | 最新价/元 | 占净值 | 持股数/万 | 持仓市值/万元 |
|---|---|---|---|---|---|
| 1 | 美团-W | 292.6 | 9.37% | 375.75 | 79 837.29 |
| 2 | 五粮液 | 298.05 | 9.22% | 355.27 | 78 515.07 |
| 3 | 贵州茅台 | 1 997 | 8.65% | 44.16 | 73 681.96 |
| 4 | 申洲国际 | 150.4 | 6.95% | 516.61 | 59 241.20 |
| 5 | 美的集团 | 99.01 | 6.65% | 780.13 | 56 637.10 |
| 6 | 古井贡酒 | 279.66 | 6.42% | 252.4 | 54 716.07 |
| 7 | 腾讯控股 | 572.5 | 6.15% | 116.65 | 52 430.12 |

续表

| 序号 | 股票名称 | 最新价/元 | 占净值 | 持股数/万 | 持仓市值/万元 |
|---|---|---|---|---|---|
| 8 | 华润啤酒 | 74 | 5.87% | 1 200.80 | 50 014.91 |
| 9 | 青岛啤酒股份 | 85.05 | 5.18% | 796.4 | 44 123.18 |
| 10 | 东阿阿胶 | 38.88 | 5.13% | 1 100.55 | 43 703.04 |

从表 5-4 可以清楚地看出,该基金所挑选的个股均是各个细分行业内的佼佼者,而且行业跨度巨大,有互联网企业的腾讯控股与美团,白酒龙头的贵州茅台、五粮液,纺织品行业的申洲国际,电器行业的美的集团,以及保健品行业龙头东阿阿胶,这些消费品企业龙头均在该只基金的仓位之中。

**2. 招商基金经理侯昊**

侯昊同样是一位深受市场追捧的基金经理,以其现任的招商中证白酒指数分级基金为例,该基金在同类跟踪白酒指数的基金中排名基本稳定在前十名,收益率十分优秀。该基金进行被动式指数化投资,实现对标的指数的有效跟踪,获得与标的指数收益相似的回报,投资目标是保持基金净值收益率与业绩基准日均跟踪偏离度的绝对值不超过 0.35%,年跟踪误差不超过 4%,而该基金的实际表现远高于预定目标。因为该基金为被动型指数基金,所以投资策略就是尽可能复制指数的表现,但是成分股在资本市场中的表现有可能对指数跟踪的效果产生巨大影响,这就需要基金经理可以对投资组合进行适当变通和调整,力求降低跟踪误差。该基金配置于股票的资产不低于基金资产的 85%,投资于中证白酒指数成分股和备选成分股的资产不低于股票资产的 90%,且不低于非现金资产的 80%。在对持仓股进行调仓时,该基金常用的策略就是构造替代股组合,具体方法如下:

(1)基本面替代。按照与被替代股票所属行业、基本面及规模相似的原则,选取一揽子标的指数成分股票作为替代股备选库。

(2)相关性检验。计算备选库中各股票与被替代股票日收益率的相关系数,并选取与被替代股票相关性较高的股票组成模拟组合,以组合与被替代股票的日收益率序列的相关系数最大化为优化目标,求解组合中替代股票的权重,并构建替代股组合。此外,该基金还运用股指期货来对冲特殊情况下的流动性风险从而进行有效的现金管理,如预期大额申购赎回、大量分红等,以对冲无法有效跟踪标的指数的风险。在基金行业配置方面,因为所标的指数为中证白酒指数,所以基金经理所配置的行业也与白酒等饮料制造业紧密相关。其中,制造业的资金配置占比高达 94.47%,具体行业配置信息(截至 2020 年三季度末)见表 5-5。

表5-5 招商中证白酒指数分级行业配置

| 序号 | 行业类别 | 占净值比例 | 市值/万元 |
| --- | --- | --- | --- |
| 1 | 制造业 | 94.74% | 2 300 890.82 |
| 2 | 金融业 | 0.02% | 461.44 |
| 3 | 信息传输、软件和信息技术服务业 | 0.00% | 32.87 |
| 4 | 水利、环境和公共设施管理业 | 0.00% | 8.37 |
| 5 | 文化、体育和娱乐业 | 0.00% | 6.09 |
| 6 | 批发和零售业 | 0.00% | 2.83 |
| 7 | 交通运输、仓储和邮政业 | 0.00% | 1.9 |
| 8 | 科学研究和技术服务业 | 0.00% | 1.48 |
| 9 | 建筑业 | 0.00% | 1.3 |

在基金持仓方面，同样因为该基金跟踪中证白酒指数，所以所持仓股票也基本为白酒制造企业，其中以泸州老窖、五粮液、贵州茅台与洋河股份占比最高，均占净值的10%以上，具体基金持仓信息（截至2020年三季度末）见表5-6。

表5-6 招商中证白酒分级持仓明细

| 序号 | 股票名称 | 最新价/元 | 占净值 | 持股数/万 | 持仓市值/万元 |
| --- | --- | --- | --- | --- | --- |
| 1 | 泸州老窖 | 240.85 | 17.01% | 2 878 | 413 173 |
| 2 | 五粮液 | 298.05 | 15.50% | 1 703 | 376 434 |
| 3 | 贵州茅台 | 1 997 | 13.36% | 194 | 324 504 |
| 4 | 洋河股份 | 246.98 | 12.62% | 2 453 | 306 548 |
| 5 | 山西汾酒 | 373.63 | 8.95% | 1 096 | 217 276 |
| 6 | 顺鑫农业 | 74.88 | 5.39% | 2 177 | 130 996 |
| 7 | 今世缘 | 59.85 | 4.81% | 2 630 | 116 840 |
| 8 | 古井贡酒 | 279.66 | 4.31% | 482 | 104 589 |
| 9 | 酒鬼酒 | 172.15 | 3.23% | 954 | 78 554 |
| 10 | 口子窖 | 72.22 | 3.15% | 1 510 | 76 601 |

**3. 汇添富基金过蓓蓓**

汇添富基金公司的基金经理过蓓蓓，是基金市场上能力出众且受市场追捧的女性基金经理。以她管理的汇添富中证新能源汽车指数基金 A 为例,借着新能源汽车行业发展的大势,该只基金在 2020 年实现了收益翻倍,收益率高达 107.25%,远超所标的指数,有必要进行仔细介绍。该基金进行被动式指数化投资,紧密跟踪标的指数,追求跟踪偏离度和跟踪误差的最小化。资产配置方面,该基金投资于具有良好流动性的金融工具,包括中证白酒指数的成分股、备选成分股、股指期货,还有固定收益投资品种,且投资于股票的资产不低于基金资产的 85%。该基金主要采用完全复制法来构建股票投资组合,并根据标的指数成分股组成及其权重的变动对其进行适时调整,从而拟合、跟踪标的指数的收益表现。同时,本基金还将根据股票发生增发或配股、停牌或因法律法规原因被限制投资等情况,对股票投资组合进行实时调整,以保证基金净值增长率与标的指数收益率之间的高度正相关和跟踪误差最小化。具体调仓策略如下:

(1)定期调整。根据标的指数的调整规则和备选股票的预期,对股票投资组合及时进行调整。

(2)不定期调整。①当标的指数成分股发生增发、配股等股权变动而影响成分股在指数中权重的行为时,本基金将根据各成分股的权重变化及时调整股票投资组合;②根据基金申购赎回情况,调整股票投资组合,以有效跟踪标的指数,降低跟踪误差。在行业配置方面,因为所标的指数为新能源汽车指数,所以股票的行业配置就选择在新能源汽车产业的行业上中下游,具体见表 5-7。

表 5-7 汇添富中证新能源汽车指数 A 基金行业配置

| 序号 | 行业类别 | 占净值比例 | 市值/万元 |
| --- | --- | --- | --- |
| 1 | 制造业 | 91.45% | 197 263.56 |
| 2 | 采矿业 | 2.75% | 5 938.61 |
| 3 | 批发和零售业 | 0.58% | 1 246.34 |
| 4 | 水利、环境和公共设施管理业 | 0.00% | 5.73 |
| 5 | 信息传输、软件和信息技术服务业 | 0.00% | 4.52 |
| 6 | 科学研究和技术服务业 | 0.00% | 1.48 |
| 7 | 建筑业 | 0.00% | 1.3 |

同样,该基金的持仓也都集中在新能源汽车行业,具体持仓明细(截至 2020 年三季度末)见表 5-8。

表 5-8 汇添富中证新能源汽车指数 A 基金持仓明细

| 序号 | 股票名称 | 最新价/元 | 占净值 | 持股数/万 | 持仓市值/万元 |
|---|---|---|---|---|---|
| 1 | 比亚迪 | 206.76 | 10.98% | 203.68 | 23 676.04 |
| 2 | 宁德时代 | 404.1 | 7.14% | 73.65 | 15 406.89 |
| 3 | 汇川技术 | 95.59 | 6.27% | 233.76 | 13 534.72 |
| 4 | 亿纬锂能 | 93.49 | 4.75% | 207.22 | 10 257.38 |
| 5 | 赣锋锂业 | 111.32 | 4.33% | 172.33 | 9 338.29 |
| 6 | 恩捷股份 | 155 | 4.18% | 98.58 | 9 017.17 |
| 7 | 三花智控 | 27.12 | 4.17% | 404.74 | 8 985.13 |
| 8 | 欣旺达 | 31.74 | 3.11% | 247.89 | 6 715.28 |
| 9 | 洛阳钼业 | 6.53 | 2.75% | 1 596.40 | 5 938.61 |
| 10 | 先导智能 | 87.5 | 2.68% | 119.54 | 5 784.54 |

本书通过采用 DEA 算法对基金经理的综合管理能力进行分析，得出了目前市场上基金经理的综合能力排名。另外选取三位基金经理进行具体的基金资产配置、投资策略和行业配置分析，发现在选择指数基金进行投资时，挑选好一个行业板块十分重要。因为进行基金投资省去了筛选个股这一专业性极强的复杂步骤，所以对个体投资者来说，最重要的任务就是挑选合适的指数，无论是宽基指数如上证 50、沪深 300 指数等，抑或是窄基指数如中证白酒指数或新能源汽车指数，均要根据宏观经济发展现状及趋势进行分析与研判，这样可以达到事半功倍的效果。再进一步，在确定好要投资的指数后，就需要对投资这些指数的基金产品进行仔细筛选。而对基金产品的选择，就需要从基金经理层面进行仔细辨别。

通过本书的研究，建议从从业年化回报率、从业年限、指数跟踪标准差与夏普比率四个方面对基金经理进行筛选，其中从业年化回报率、指数跟踪标准差倒数、夏普比率与基金经理管理基金的能力成正相关，而且从业年限越久说明基金经理的经验越丰富。但是在新兴领域内，年轻的基金经理更加富有敏锐的嗅觉与冒险精神，有时也可以获得远超指数的额外收益，这就需要投资者根据自身风险偏好进行考量，选择适合自身的基金产品。

## 5.4 股票指数基金的收益分析

### 5.4.1 收益分析模型与变量选取

**1. Fama‑French 模型**

资本资产定价模型(CAPM)认为,股票的收益只与整个股票市场的系统风险有线性关系,即 $R_{it}-R_{ft}=\beta_i(R_{mt}-R_{ft})$。但是,Banz(1981)等人发现股票的收益还与其市场价值有关。1992 年,Fama 和 French 对美国市场股票回报率差异的因素研究发现,股票市场的 $\beta$ 值不能解释不同股票回报率的差异,而上市公司的规模、价值(账面市值比)以及整体的市场风险可以解释股票回报率的差异,并建立一个三因子模型来解释股票回报率,这个模型就是 Fama‑French 模型。该模型认为,一个投资组合的超额回报率可由三个因子来解释,这三个因子是:市场因子(MKT)、市值因子(SMB)、账面价值比因子(HML)。这个三因子均衡定价模型可以表示为

$$R_{it}=a_i+\beta_{i,MKT}MKT_t+\beta_{i,SMB}SMB_t+\beta_{i,HML}HML_t+\varepsilon_{it}$$

式中,$R_{it}$ 表示资产 $i$ 在时间 $t$ 的收益率;$MKT_t=R_{mt}-R_{ft}$ 是市场在时间 $t$ 的风险溢价,表示市场组合平均收益与市场无风险收益之差;$SMB_t$ 是时间 $t$ 的市值因子值,表示小市值股票与大市值股票收益之差;$HML_t$ 为时间 $t$ 的账面价值比因子值,表示高账面市值比与低账面市值比股票的收益之差,而 $\beta_{i,MKT}$、$\beta_{i,SMB}$ 和 $\beta_{i,HML}$ 分别为三个风险因子的系数。

**2. 数据收集与变量选择**

本章所使用的数据均来自锐思数据库,时间范围为 2018 年 11 月 5 日至 2020 年 11 月 5 日。选择华夏上证 50ETF、易方达上证 50 指数、易方达沪深 300ETF 联接、富国创业板指数分级、富国中证红利指数增强、华泰柏瑞沪深 300ETF、南方中证 500ETF、易方达创业板 ETF、华泰上证红利 ETF、南方中证 500ETF 联接、华夏上证 50AH 优选和华宝标普中国 A 股红利机会指数共 12 只基金作为研究对象,将周收益作为被解释变量,周市场因子、周市值因子和周账面市值比因子作为解释变量,每个研究对象共 98 组数据。

为了减少金融时间序列的相关性以及数据单位的影响,需将收集到的数据进行预处理。对于金融时间序列,每个周收益数据需要进行特殊处理,本书使用

的处理办法有两种:第一种是将周收益作对数化处理,$X_{i,t}=\log(P_{i,t}/P_{i,t-1})$,其中$P_{i,t}$为周收益的当期值;第二种是将周收益作二阶差分,$X_{i,t}=\mathrm{d}(P_{i,t},2)$。通过对周收益进行上述处理,研究变量将变成平稳序列,有助于之后对周收益进行三因子模型分析。

## 5.4.2 Fama-French 模型参数估计结果及分析

**1. 华夏上证 50ETF**

从表 5-9 可以看出,在 1% 的显著水平下,市场因子、市值因子和账面价值比因子对华夏上证 50ETF 周收益的影响都十分显著。其中,市场因子、账面价值比因子的系数为正,说明华夏上证 50ETF 周收益与市场因子、账面价值比因子的变化方向一致;市值因子的系数为负,说明华夏上证 50ETF 周收益与市值因子的变化方向相反。从系数的绝对值来看,市场因子的系数值最大,为 0.960 9,说明市场因子的变化对该基金周收益的影响最大。

表 5-9 华夏上证 50ETF 回归结果

| 变量 | 系数 | 标准误 | $t$ 检验 | $P$ 值 |
| --- | --- | --- | --- | --- |
| MKT | 0.960 914 | 0.033 032 | 29.09 028 | 0.000 0 |
| SMB | −0.635 725 | 0.061 804 | −10.286 15 | 0.000 0 |
| HML | 0.268 181 | 0.072 397 | 3.704 337 | 0.000 4 |

$R=0.960\ 9\times \mathrm{MKT}-0.635\ 7\times \mathrm{SMB}+0.268\ 2\times \mathrm{HML}$。

**2. 易方达上证 50 指数**

从表 5-10 可以看出,在 1% 的显著水平下,市场因子和市值因子对易方达上证 50 指数周收益的影响都十分显著。其中,市场因子的系数为正,说明易方达上证 50 指数周收益与市场因子的变化方向一致;市值因子的系数为负,说明易方达上证 50 指数周收益与市值因子的变化方向相反;而账面价值比因子对周收益的影响并不显著。从系数的绝对值来看,市场因子的系数值最大,为 0.865 4,说明市场因子的变化对该基金周收益的影响最大。

表 5-10 易方达上证 50 指数回归结果

| 变量 | 系数 | 标准误 | $t$ 检验 | $P$ 值 |
| --- | --- | --- | --- | --- |
| MKT | 0.865 432 | 0.039 482 | 21.91 961 | 0.000 0 |

续表

| 变量 | 系数 | 标准误 | t 检验 | P 值 |
|---|---|---|---|---|
| SMB | −0.645 777 | 0.073 591 | −8.775 259 | 0.000 0 |
| C | 0.003 103 | 0.001 092 | 2.840 558 | 0.005 5 |

$R=0.865\ 4\times MKT-0.645\ 8\times SMB+0.003\ 1$

### 3. 华泰柏瑞沪深 300ETF

从表 5-11 可以看出,在 5% 的显著水平下,市场因子、市值因子和账面价值比因子对华泰柏瑞沪深 300ETF 周收益的影响都十分显著。其中,市场因子、账面价值比因子的系数为正,说明华泰柏瑞沪深 300ETF 周收益与市场因子、账面市值比因子的变化方向一致;市值因子的系数为负,说明华泰柏瑞沪深 300ETF 周收益与市值因子的变化方向相反。从系数的绝对值来看,市场因子的系数值最大,为 1.011 1,说明市场因子的变化对该基金周收益的影响最大;账面市值比因子的系数值只有 0.102 1,说明账面市值比因子的变化对该基金周收益的影响不大。

表 5-11 华泰柏瑞沪深 300ETF 回归结果

| 变量 | 系数 | 标准误 | t 检验 | P 值 |
|---|---|---|---|---|
| MKT | 1.011 071 | 0.018 511 | 54.619 77 | 0.000 0 |
| SMB | −0.386 848 | 0.034 6 40 | −11.167 74 | 0.000 0 |
| HML | 0.102 150 | 0.042 399 | 2.409 235 | 0.017 9 |
| C | 0.000 917 | 0.000 530 | 1.729 952 | 0.086 9 |

$R=1.011\ 1\times MKT-0.386\ 8\times SMB+0.108\ 8\times HML+0.000\ 9$

### 4. 易方达沪深 300ETF 联接

从表 5-12 可以看出,在 1% 的显著水平下,市场因子、市值因子和账面价值比因子对易方达沪深 300ETF 联接周收益的影响都十分显著。其中,市场因子、账面价值比因子的系数为正,说明易方达沪深 300ETF 联接周收益与市场因子、账面价值比因子的变化方向一致;市值因子的系数为负,说明易方达沪深 300ETF 联接周收益与市值因子的变化方向相反。从系数的绝对值来看,市场因子的系数值最大,为 0.960 1,说明市场因子的变化对该基金周收益的影响最大;账面价值比因子的系数值只有 0.098 5,说明账面价值比因子的变化对该基金周收益的影响较小。

表 5-12　易方达沪深 300ETF 联接回归结果

| 变量 | 系数 | 标准误 | $t$ 检验 | $P$ 值 |
| --- | --- | --- | --- | --- |
| MKT | 0.960 091 | 0.015 224 | 63.064 34 | 0.000 0 |
| SMB | -0.383 650 | 0.028 489 | -13.466 76 | 0.000 0 |
| HML | 0.098 536 | 0.034 870 | 2.825 781 | 0.005 8 |
| C | 0.001 366 | 0.000 436 | 3.133 630 | 0.002 3 |

$R = 0.960\ 1 \times MKT - 0.383\ 6 \times SMB + 0.098\ 5 \times HML + 0.001\ 4$

**5. 南方中证 500ETF**

从表 5-13 可以看出，在 5% 的显著水平下，市场因子、市值因子和账面价值比因子对南方中证 500ETF 周收益的影响都十分显著。其中，市场因子、市值因子的系数为正，说明南方中证 500ETF 周收益与市场因子、市值因子的变化方向一致；账面价值比因子的系数为负，说明南方中证 500ETF 周收益与账面价值比因子的变化方向相反。从系数的绝对值来看，市场因子的系数值最大，为 1.064 4，说明市场因子的变化对该基金周收益的影响最大；账面价值比因子系数值的绝对值只有 0.119 3，说明账面市值比因子的变化对该基金周收益的影响较小。

表 5-13　南方中证 500ETF 回归结果

| 变量 | 系数 | 标准误 | $t$ 检验 | $P$ 值 |
| --- | --- | --- | --- | --- |
| MKT | 1.064 378 | 0.022 126 | 48.104 90 | 0.000 0 |
| SMB | 0.308 451 | 0.041 399 | 7.450 745 | 0.000 0 |
| HML | -0.119 252 | 0.048 494 | -2.459 119 | 0.015 7 |

$R = 1.064\ 4 \times MKT + 0.306\ 5 \times SMB - 0.119\ 3 \times HML$

**6. 南方中证 500ETF 联接**

从表 5-14 可以看出，在 5% 的显著水平下，市场因子、市值因子和账面价值比因子对南方中证 500ETF 联接周收益的影响都十分显著。其中，市场因子、市值因子的系数为正，说明南方中证 500ETF 联接周收益与市场因子、市值因子的变化方向一致；账面价值比因子的系数为负，说明南方中证 500ETF 联接周收益与账面价值比因子的变化方向相反。从系数的绝对值来看，市场因子的系数值最大，为 1.019 4，说明市场因子的变化对该基金周收益的影响最大；账面价值比因子的系数绝对值只有 0.113 7，说明账面市值比因子的变化对该基金周收益的影响较小。

表 5-14　南方中证 500ETF 联接回归结果

| 变量 | 系数 | 标准误 | t 检验 | P 值 |
|---|---|---|---|---|
| MKT | 1.019 459 | 0.020 989 | 48.571 68 | 0.000 0 |
| SMB | 0.281 933 | 0.039 271 | 7.179 255 | 0.000 0 |
| HML | −0.113 706 | 0.046 001 | −2.471 811 | 0.015 2 |

$R = 1.019\ 5 \times MKT + 0.281\ 9 \times SMB - 0.113\ 7 \times HML$

**7. 易方达创业板 ETF**

从表 5-15 可以看出，在 1% 的显著水平下，市场因子和账面价值比因子对易方达创业板 ETF 周收益的影响都十分显著。其中，市场因子的系数为正，说明易方达创业板 ETF 周收益与市场因子的变化方向一致；账面价值比因子的系数为负，说明易方达创业板 ETF 周收益与账面市值比因子的变化方向相反。从系数的绝对值来看，市场因子的系数值最大，为 1.101 3，说明市场因子的变化对该基金周收益的影响最大。

表 5-15　华泰柏瑞沪深 300ETF 回归结果

| 变量 | 系数 | 标准误 | t 检验 | P 值 |
|---|---|---|---|---|
| MKT | 1.101 272 | 0.040 754 | 27.022 69 | 0.000 0 |
| HML | −0.902 193 | 0.091 307 | −9.880 894 | 0.000 0 |

$R = 1.101\ 2 \times MKT - 0.902\ 2 \times HML$

**8. 富国创业板指数分级**

从表 5-16 可以看出，在 1% 的显著水平下，市场因子和账面价值比因子对富国创业板指数分级基金周收益的影响都十分显著。其中，市场因子的系数为正，说明富国创业板指数分级基金周收益与市场因子的变化方向一致；账面价值比因子的系数为负，说明富国创业板指数分级基金周收益与账面价值比因子的变化方向相反。从系数的绝对值来看，市场因子的系数值最大，为 1.032 9，说明市场因子的变化对该基金周收益的影响最大。

表 5-16　华泰柏瑞沪深 300ETF 回归结果

| 变量 | 系数 | 标准误 | t 检验 | P 值 |
|---|---|---|---|---|
| MKT | 1.032 915 | 0.038 493 | 26.833 80 | 0.0000 |
| HML | −0.851 973 | 0.086 242 | −9.878 850 | 0.000 0 |

$R = 1.032\ 9 \times MKT - 0.852\ 0 \times HML$

### 9. 华泰上证红利 ETF

从表 5-17 可以看出，在 1% 的显著水平下，市场因子、市值因子和账面价值比因子对华泰上证红利 ETF 周收益的影响都十分显著。其中，市场因子、账面市值比因子的系数为正，说明华泰上证红利 ETF 周收益与市场因子、账面市值比因子的变化方向一致；市值因子的系数为负，说明华泰上证红利 ETF 周收益与市值因子的变化方向相反。从系数的绝对值来看，市场因子的系数值最大，为 0.827 1，说明市场因子的变化对该基金周收益的影响最大。

表 5-17　华泰柏瑞沪深 300ETF 回归结果

| 变量 | 系数 | 标准误 | $t$ 检验 | $P$ 值 |
| --- | --- | --- | --- | --- |
| MKT | 0.827 104 | 0.031 807 | 26.003 77 | 0.000 0 |
| SMB | −0.236 190 | 0.059 512 | −3.968 782 | 0.000 1 |
| HML | 0.565 397 | 0.069 712 | 8.110 513 | 0.000 0 |

$R = 0.827\ 1 \times \text{MKT} - 0.236\ 2 \times \text{SMB} + 0.565\ 4 \times \text{HML}$

### 10. 富国中证红利指数增强

从表 5-18 可以看出，在 1% 的显著水平下，市场因子、市值因子和账面价值比因子对富国中证红利指数增强周收益的影响都十分显著。其中，市场因子和账面市值比因子的系数为正，说明富国中证红利指数增强周收益与市场因子、账面市值比因子的变化方向一致；市值因子的系数为负，说明富国中证红利指数周收益与市值因子的变化方向相反。从系数的绝对值来看，市场因子的系数值最大，为 0.832 9，说明市场因子的变化对该基金周收益的影响最大。

表 5-18　富国中证红利指数增强回归结果

| 变量 | 系数 | 标准误 | $t$ 检验 | $P$ 值 |
| --- | --- | --- | --- | --- |
| MKT | 0.832 911 | 0.023 392 | 35.606 56 | 0.000 0 |
| SMB | −0.179 677 | 0.043 767 | −4.105 291 | 0.000 1 |
| HML | 0.401 766 | 0.051 268 | 7.836 533 | 0.000 0 |

$R = 0.832\ 9 \times \text{MKT} - 0.179\ 7 \times \text{SMB} + 0.401\ 8 \times \text{HML}$

### 11. 华夏上证 50AH 优选

从表 5-19 可以看出，在 1% 的显著水平下，市场因子和市值因子对华夏上证 50AH 优选周收益的影响都十分显著。其中，市场因子的系数为正，说明华夏上证 50AH 优选周收益与市场因子的变化方向一致；市值因子的系数为负，说明华夏上证50AH优选周收益与市值因子的变化方向相反;而账面价值比因子的变化对该基金的周收益的影响并不显著。从系数的绝对值来看,市场因子的系数值最大,为0.8320,说明市场因子的变化对该基金周收益的影响最大。

表5-19 华夏上证50AH优选回归结果

| 变量 | 系数 | 标准误 | $t$检验 | $P$值 |
| --- | --- | --- | --- | --- |
| MKT | 0.832 043 | 0.038 172 | 21.797 48 | 0.000 0 |
| SMB | −0.411 325 | 0.072 839 | −5.647 071 | 0.000 0 |

$R = 0.832\ 0 \times \text{MKT} - 0.411\ 3 \times \text{SMB}$

**12. 华宝标普中国A股红利机会指数**

从表5-20可以看出,在1%的显著水平下,市场因子和账面价值比因子对华宝标普中国A股红利机会指数周收益的影响都十分显著。其中,市场因子和账面价值比系数都为正,说明华宝标普中国A股红利机会指数周收益与市场因子、账面价值比因子的变化方向一致;而市值因子的变化对该基金周收益的影响并不显著。从系数的绝对值来看,市场因子的系数值最大,为0.9130,说明市场因子的变化对该基金周收益的影响最大。

表5-20 华宝标普中国A股红利机会指数回归结果

| 变量 | 系数 | 标准误 | $t$检验 | $P$值 |
| --- | --- | --- | --- | --- |
| MKT | 0.913 021 | 0.023 746 | 38.449 02 | 0.000 0 |
| HML | 0.455 508 | 0.053 203 | 8.561 757 | 0.000 0 |

$R = 0.913\ 021 \times \text{MKT} + 0.455\ 508 \times \text{HML} + 0.001\ 3$

## 5.4.3 Fama-French模型因子系数分析

汇总后的12只基金的各个因子系数见表5-21,我们可以得出以下结论:

(1)市场因子对股票指数基金收益的解释力普遍强于另外两个因子,并且基金的周收益与市场溢价的变化方向一致。

(2)一般而言,市值因子与大盘股指数基金收益呈负相关关系,与中小盘股指数呈正相关关系。

(3)账面价值比因子与主板股指基金收益呈正相关关系,与中小板和创业板股票指数基金呈负相关关系。

(4)一般来说,ETF 的市场因子、市值因子和账面价值比因子比同种跟踪标的的其他股指基金对收益的解释力更强。

表 5-21  Fama-French 模型三因子分析结果

| 基金名称 | 市场因子（MKT） | 市值因子（SMB） | 账面价值比因子（HML） |
| --- | --- | --- | --- |
| 华夏上证 50ETF | 0.960 9 | -0.635 7 | 0.268 2 |
| 易方达上证 50 指数 | 0.865 4 | -0.645 8 | / |
| 华泰柏瑞沪深 300ETF | 1.011 1 | -0.386 8 | 0.102 2 |
| 易方达沪深 300ETF 联接 | 0.960 1 | -0.383 6 | 0.098 5 |
| 南方中证 500ETF | 1.064 4 | 0.308 5 | -0.119 3 |
| 南方中证 500ETF 联接 | 1.019 5 | 0.281 9 | -0.11 37 |
| 易方达创业板 ETF | 1.101 3 | / | -0.902 2 |
| 富国创业板指数分级 | 1.032 9 | / | -0.852 0 |
| 华泰上证红利 ETF | 0.827 1 | -0.236 2 | 0.565 4 |
| 富国中证红利指数增强 | 0.832 9 | -0.179 7 | 0.401 8 |
| 华夏上证 50AH 优选 | 0.832 0 | -0.411 3 | / |
| 华宝标普中国 A 股红利机会指数 | 0.913 0 | / | 0.455 5 |

## 5.5 股票指数基金的风险分析

### 5.5.1 风险分析模型与变量选取

**1. 风险分析模型**

(1) ARCH 模型。1982 年,恩格尔提出了 ARCH 模型来分析时间序列的异方差性。ARCH 模型全称为"自回归条件异方差模型",是集中反映方差变化特点而被广泛运用于金融数据的时间序列分析模型。该模型的主要理念是随机干扰项的方差是过去干扰项的误差平方的线性组合(即为自回归)。

(2) GARCH 模型。GARCH 模型全称为"广义自回归条件异方差模型"。

GARCH 模型是一个专门针对金融数据的回归模型,与 ARCH 相比,GARCH 模型能对误差的方差进行建模,特别适用于波动性的分析和预测。

(3)EGARCH 模型。1991 年,Nelson 提出了 EGARCH 模型来研究金融数据的时间序列波动的非对称性。一般而言,金融市场上的波动性具有杠杆效应,而且负向冲击一般大于正向冲击。

(4)TGARCH 模型。1993 年,Zakoian 和 Glosten 等提出了 TGARCH 模型,又称门限 ARCH 模型。与 GARCH 模型不同的是,该模型能够有效区分正负冲击对金融数据的时间序列波动性的影响。

**2. 数据收集与变量选择**

本书所使用的数据来自锐思数据库和天天基金网,时间从 2018 年 11 月 5 日至 2020 年 11 月 5 日。选择华夏上证 50ETF、易方达上证 50 指数、易方达沪深 300ETF 联接、富国创业板指数分级、富国中证红利指数增强、华泰柏瑞沪深 300ETF、南方中证 500ETF、易方达创业板 ETF、华夏上证红利 ETF、南方中证 500ETF 联接、华夏上证 50AH 优选和华宝标普中国 A 股红利机会指数共 12 只基金作为研究对象,将基金每日净值作为自回归分析的数据,来研究每只基金当下数据与历史数据之间的关系,每个研究对象有 490 个数据。

首先需要对收集到的数据进行预处理。对于金融数据的时间序列,每个周收益数据需要进行特殊处理,本书使用的处理办法主要有两种:第一种是将周收益对数化处理,$X_{i,t}=\log(P_{i,t}/P_{i,t-1})$,其中 $P_{i,t}$ 为周收益的当期值;第二种是将周收益作二阶差分,$X_{i,t}=d(P_{i,t},2)$。通过对周收益进行上述处理,研究变量变成平稳序列。然后,需要对时间序列是否存在异方差性进行检验。利用均值方程 $(r_t=c_t+\varepsilon_t)$ 提取数据的水平信息,来检验残差序列中是否蕴含波动信息,主要的检验方法有 Q 检验和 ARCH-LM 检验,如果检验结果发现残差存在自相关现象,说明此金融数据的时间序列具有异方差性,GARCH 方法建模是可行的。本书对 12 只基金进行检测发现,12 只基金均具有异方差性,即 12 只基金都可以用 GARCH 模型进行建模。

## 5.5.2 GARCH 模型的建立及估计

对 12 只基金进行估计,其均值方程和方差方程结果见表 5-22。

**表 5-22 基金均值方程和方差方程**

| 基金名称 | 均值方程 | 方差方程 |
| --- | --- | --- |
| 华夏上证 50ETF | $r_t=0.000\,533+\varepsilon_t$ | $\sigma_t^2=1.27\times10^{-6}+0.051\,094\varepsilon_{t-1}^2+0.934\,01\sigma_{t-1}^2$ |

续表

| 基金名称 | 均值方程 | 方差方程 |
|---|---|---|
| 易方达上证 50 指数 | $r_t = 0.001\,282 + \varepsilon_t$ | $\sigma_t^2 = 1.27 \times 10^{-6} + 0.056\,701\varepsilon_{t-1}^2 + 0.936\,755\sigma_{t-1}^2$ |
| 华泰柏瑞沪深 300ETF | $r_t = 0.000\,713 + \varepsilon_t$ | $\sigma_t^2 = 1.64 \times 10^{-6} + 0.060\,147\varepsilon_{t-1}^2 + 0.932\,606\sigma_{t-1}^2$ |
| 易方达沪深 300ETF 联接 | $r_t = 0.000\,749 + \varepsilon_t$ | $\sigma_t^2 = 1.88 \times 10^{-6} + 0.061\,252\varepsilon_{t-1}^2 + 0.928\,614\sigma_{t-1}^2$ |
| 南方中证 500ETF | $r_t = 0.000\,690 + \varepsilon_t$ | $\sigma_t^2 = 0.004\,586 + 0.390\,763\varepsilon_{t-1}^2 + 0.266\,425\sigma_{t-1}^2$ |
| 南方中证 500ETF 联接 | $r_t = 0.000\,489 + \varepsilon_t$ | $\sigma_t^2 = 1.26 \times 10^{-5} + 0.063\,012\varepsilon_{t-1}^2 + 0.87\,9578\sigma_{t-1}^2$ |
| 易方达创业板 ETF | $r_t = 0.000\,393 + \varepsilon_t$ | $\sigma_t^2 = 0.000\,295 + 0.313\,421\varepsilon_{t-1}^2 + 0.445\,072\sigma_{t-1}^2$ |
| 富国创业板指数分级 | $r_t = 0.000\,210 + \varepsilon_t$ | $\sigma_t^2 = 0.000\,127 + 0.298\,885\varepsilon_{t-1}^2 + 0.458\,078\sigma_{t-1}^2$ |
| 华泰上证红利 ETF | $r_t = -1.17 \times 10^{-5} + \varepsilon_t$ | $\sigma_t^2 = 3.51 \times 10^{-6} + 0.038\,908\varepsilon_{t-1}^2 + 0.931\,788\sigma_{t-1}^2$ |
| 富国中证红利指数增强 | $r_t = -0.002\,94 + \varepsilon_t$ | $\sigma_t^2 = 5 \times 10^{-5} + 0.367361\varepsilon_{t-1}^2 + 0.478860\sigma_{t-1}^2$ |
| 华夏上证 50AH 优选 | $r_t = 0.000\,624 + \varepsilon_t$ | $\sigma_t^2 = 2.44 \times 10^{-5} + 0.150\,134\varepsilon_{t-1}^2 + 0.709\,686\sigma_{t-1}^2$ |
| 华宝标普中国 A 股红利机会指数 | $r_t = 0.000\,135 + \varepsilon_t$ | $\sigma_t^2 = 4.61 \times 10^{-6} + 0.107\,735\varepsilon_{t-1}^2 + 0.866\,809\sigma_{t-1}^2$ |

## 5.5.3 基于 GARCH 模型的基金日净值预测

本书采用 GARCH 模型进行建模的时间区间为 2018 年 11 月 5 日至 2019 年 11 月 5 日,再基于建立的模型对基金的日净值进行预测。使用静态预测的方法,即在预测下一日变量时使用上一日的真实数据而非预测数据,这种方法可以提高预测的准确性。

**1. 华夏上证 50ETF**

用 GARCH 模型进行对基金的日净值进行预测,如图 5-2 所示。

**2. 易方达上证 50 指数**

用 GARCH 模型进行对基金的日净值进行预测,如图 5-3 所示。

**3. 华泰柏瑞沪深 300ETF**

用 GARCH 模型进行对基金的日净值进行预测,如图 5-4 所示。

**4. 易方达沪深 300ETF 联接**

用 GARCH 模型进行对基金的日净值进行预测,如图 5-5 所示。

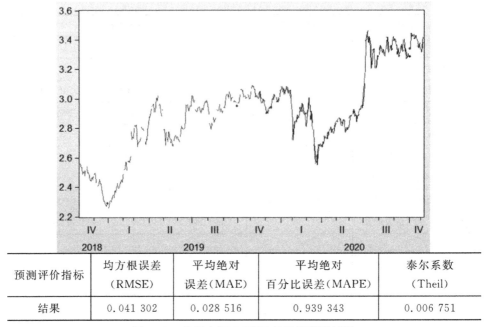

| 预测评价指标 | 均方根误差（RMSE） | 平均绝对误差（MAE） | 平均绝对百分比误差（MAPE） | 泰尔系数（Theil） |
|---|---|---|---|---|
| 结果 | 0.041 302 | 0.028 516 | 0.939 343 | 0.006 751 |

图 5-2 华夏上证 50ETF 日净值预测情况

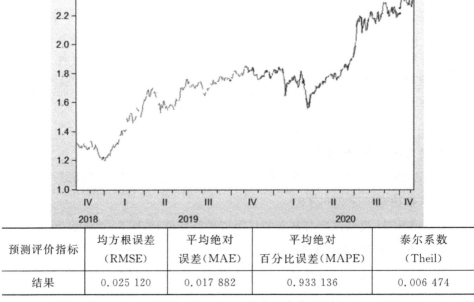

| 预测评价指标 | 均方根误差（RMSE） | 平均绝对误差（MAE） | 平均绝对百分比误差（MAPE） | 泰尔系数（Theil） |
|---|---|---|---|---|
| 结果 | 0.025 120 | 0.017 882 | 0.933 136 | 0.006 474 |

图 5-3 易方达上证 50 指数日净值预测情况

# 第 5 章 股票指数基金的资产配置和投资策略分析

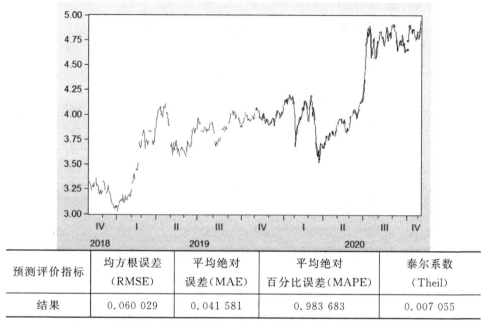

| 预测评价指标 | 均方根误差<br>(RMSE) | 平均绝对<br>误差(MAE) | 平均绝对<br>百分比误差(MAPE) | 泰尔系数<br>(Theil) |
|---|---|---|---|---|
| 结果 | 0.060 029 | 0.041 581 | 0.983 683 | 0.007 055 |

图 5-4　华泰柏瑞沪深 300ETF 日净值预测情况

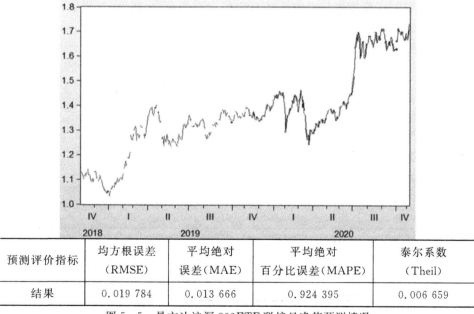

| 预测评价指标 | 均方根误差<br>(RMSE) | 平均绝对<br>误差(MAE) | 平均绝对<br>百分比误差(MAPE) | 泰尔系数<br>(Theil) |
|---|---|---|---|---|
| 结果 | 0.019 784 | 0.013 666 | 0.924 395 | 0.006 659 |

图 5-5　易方达沪深 300ETF 联接日净值预测情况

### 5. 南方中证 500ETF

用 GARCH 模型进行对基金的日净值进行预测,如图 5-6 所示。

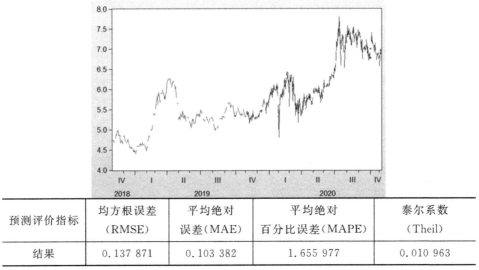

| 预测评价指标 | 均方根误差<br>(RMSE) | 平均绝对<br>误差(MAE) | 平均绝对<br>百分比误差(MAPE) | 泰尔系数<br>(Theil) |
| --- | --- | --- | --- | --- |
| 结果 | 0.137 871 | 0.103 382 | 1.655 977 | 0.010 963 |

图 5-6 南方中证 500ETF 日净值预测情况

### 6. 南方中证 500ETF 联接

用 GARCH 模型进行对基金的日净值进行预测,如图 5-7 所示。

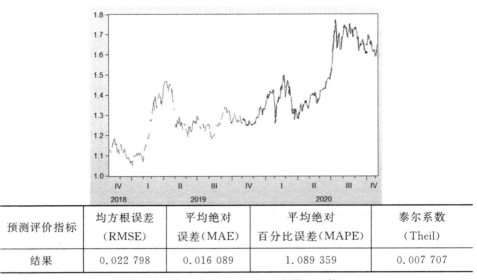

| 预测评价指标 | 均方根误差<br>(RMSE) | 平均绝对<br>误差(MAE) | 平均绝对<br>百分比误差(MAPE) | 泰尔系数<br>(Theil) |
| --- | --- | --- | --- | --- |
| 结果 | 0.022 798 | 0.016 089 | 1.089 359 | 0.007 707 |

图 5-7 南方中证 500ETF 日净值预测情况

## 7. 易方达创业板 ETF

用 GARCH 模型进行对基金的日净值进行预测,如图 5-8 所示。

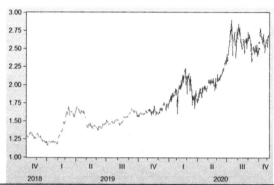

| 预测评价指标 | 均方根误差（RMSE） | 平均绝对误差（MAE） | 平均绝对百分比误差（MAPE） | 泰尔系数（Theil） |
| --- | --- | --- | --- | --- |
| 结果 | 0.058 339 | 0.043 908 | 2.046 200 | 0.013 434 |

图 5-8  易方达创业板 ETF 日净值预测情况

## 8. 富国创业板指数分级

用 GARCH 模型进行对基金的日净值进行预测,如图 5-9 所示。

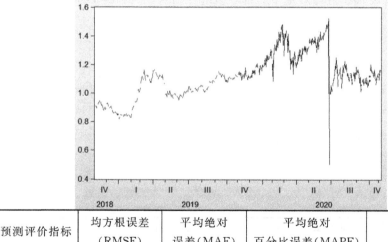

| 预测评价指标 | 均方根误差（RMSE） | 平均绝对误差（MAE） | 平均绝对百分比误差（MAPE） | 泰尔系数（Theil） |
| --- | --- | --- | --- | --- |
| 结果 | 0.055 648 | 0.027 527 | 2.334 383 | 0.022 832 |

图 5-9  富国创业板指数分级日净值预测情况

### 9. 华泰上证红利 ETF

用 GARCH 模型进行对基金的日净值进行预测,如图 5-10 所示。

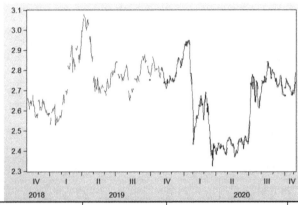

| 预测评价指标 | 均方根误差（RMSE） | 平均绝对误差（MAE） | 平均绝对百分比误差（MAPE） | 泰尔系数（Theil） |
| --- | --- | --- | --- | --- |
| 结果 | 0.033 775 | 0.022 097 | 0.842 495 | 0.006 377 |

图 5-10　华泰上证红利 ETF 日净值预测情况

### 10. 富国中证红利指数增强

用 GARCH 模型进行对基金的日净值进行预测,如图 5-11 所示。

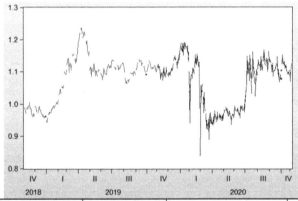

| 预测评价指标 | 均方根误差（RMSE） | 平均绝对误差（MAE） | 平均绝对百分比误差（MAPE） | 泰尔系数（Theil） |
| --- | --- | --- | --- | --- |
| 结果 | 0.023 163 | 0.013 772 | 1.302 406 | 0.010 835 |

图 5-11　富国中证红利指数增强日净值预测情况

**11. 华夏上证 50AH 优选**

用 GARCH 模型进行对基金的日净值进行预测,如图 5-12 所示。

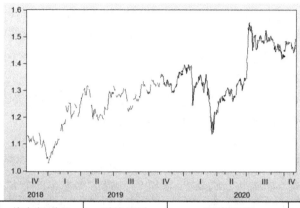

| 预测评价指标 | 均方根误差<br>(RMSE) | 平均绝对<br>误差(MAE) | 平均绝对<br>百分比误差(MAPE) | 泰尔系数<br>(Theil) |
|---|---|---|---|---|
| 结果 | 0.019 715 | 0.013 456 | 0.994 086 | 0.007 166 |

图 5-12 华夏上证 50AH 优选日净值预测情况

**12. 华宝标普中国 A 股红利机会指数**

用 GARCH 模型进行对基金的日净值进行预测,如图 5-13 所示。

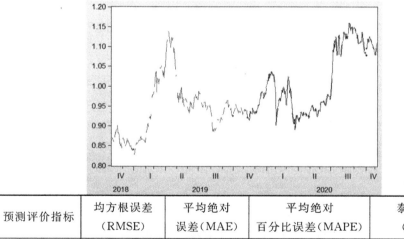

| 预测评价指标 | 均方根误差<br>(RMSE) | 平均绝对<br>误差(MAE) | 平均绝对<br>百分比误差(MAPE) | 泰尔系数<br>(Theil) |
|---|---|---|---|---|
| 结果 | 0.012 725 | 0.008 500 | 0.840 985 | 0.006 267 |

图 5-13 华宝标普中国 A 股红利机会指数

### 5.5.4 VaR 值的计算

VaR(Value at Risk)是指在一定的置信水平下,某一金融资产或者证券组合在未来可能的最大损失。风险价值描述的是一种可能性,在 99% 的置信水平下,是指在未来某一段时间内,有 99% 的可能性表明金融资产的损失小于 VaR 值,即 1% 分位点。

基于 GARCH(1,1) 模型所得条件方差序列,把该序列代入 VaR 计算公式,就可以得到不同置信水平下的 VaR 值,并对该值进行检测:

$$95\% VAR = -1.645 * 条件标准差$$
$$99\% VAR = -2.649 * 条件标准差$$

式中,$-1.645$ 和 $-2.649$ 分别是 95% 和 99% 置信水平下的分位点。

先利用 GARCH 模型得到 12 只基金的 VaR 值,再将预测到的基金每日净值减去 VaR 值就得到的结果与真实的每日净值做比较,具体结果如下。

**1. 华夏上证 50ETF**

假设在 99% 的置信水平下,计算出来的每日可能的平均亏损率约为 1.18%,最高亏损率低于 3.71%,如图 5-14 所示。

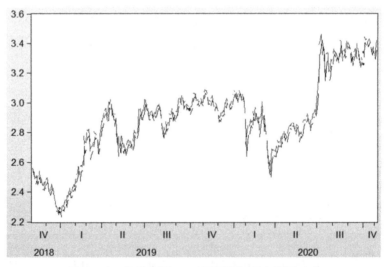

图 5-14  华夏上证 50ETF 预测与真实情况对比

**2. 易方达上证 50 指数**

假设在 99% 的置信水平下,计算出来的每日可能的平均亏损率约为

1.95%,最高亏损率低于4.39%,如图5-15所示。

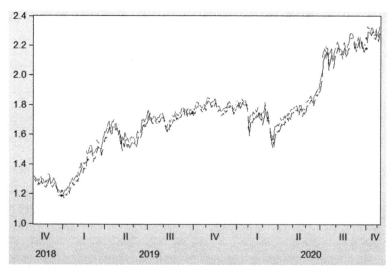

图5-15　易方达上证50指数预测与真实情况对比

### 3. 华泰柏瑞沪深300ETF

假设在99%的置信水平下,计算出来的每日可能的平均亏损率约为0.90%,最高亏损率低于2.14%,如图5-16所示。

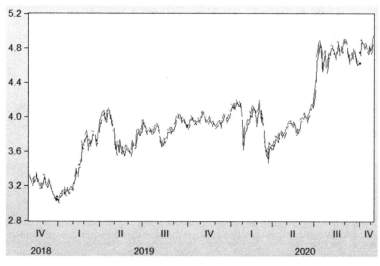

图5-16　华泰柏瑞沪深300ETF预测与真实情况对比

**4. 易方达沪深 300ETF 联接**

假设在 99% 的置信水平下，计算出来的每日可能的平均亏损率约为 2.40%，最高亏损率低于 5.70%，如图 5-17 所示。

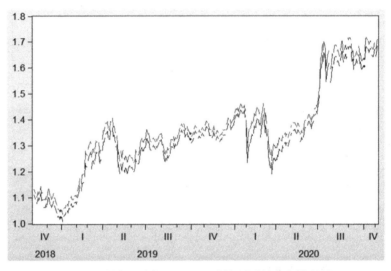

图 5-17 易方达沪深 300ETF 联接预测与真实情况对比

**5. 南方中证 500ETF**

假设在 99% 的置信水平下，计算出来的每日可能的平均亏损率约为 5.57%，最高亏损率低于 22.85%，如图 5-18 所示。

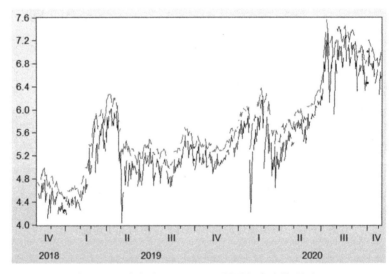

图 5-18 南方中证 500ETF 预测与真实情况对比

## 6. 南方中证 500ETF 联接

假设在 99% 的置信水平下,计算出来的每日可能的平均亏损率约为 2.85%,最高亏损率低于 6.60%,如图 5-19 所示。

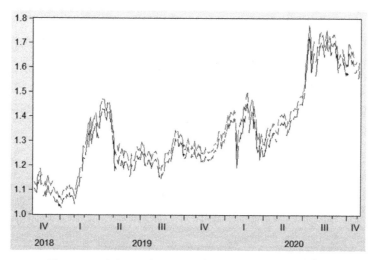

图 5-19 南方中证 500ETF 联接预测与真实情况对比

## 7. 易方达创业板 ETF

假设在 99% 的置信水平下,计算出来的每日可能的平均亏损率约为 5.82%,最高亏损率低于 28.58%,如图 5-20 所示。

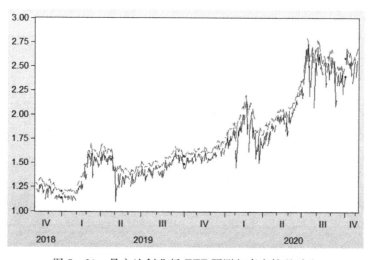

图 5-20 易方达创业板 ETF 预测与真实情况对比

## 8. 富国创业板指数分级

假设在99%的置信水平下,计算出来的每日可能的平均亏损率约为10.67%,最高亏损率低于100%,如图5-21所示。

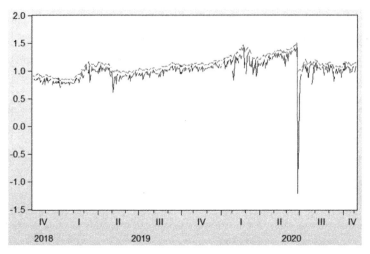

图5-21 富国创业板指数分级预测与真实情况对比

## 9. 华泰上证红利 ETF

假设在99%的置信水平下,计算出来的每日可能的平均亏损率约为1.15%,最高亏损率低于4.21%,如图5-22所示。

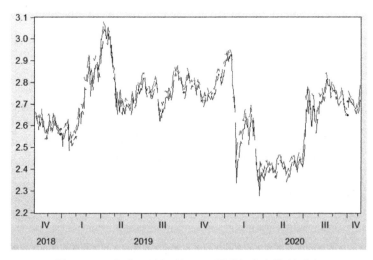

图5-22 华泰上证红利 ETF 预测与真实情况对比

### 10. 富国中证红利指数增强

假设在99%的置信水平下,计算出来的每日可能的平均亏损率约为4.34%,最高亏损率低于55.88%,如图5-23所示。

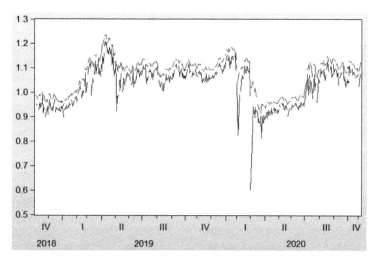

图5-23 富国中证红利指数增强预测与真实情况对比

### 11. 华夏上证50AH优选

假设在99%的置信水平下,计算出来的每日可能的平均亏损率约为2.43%,最高亏损率低于5.07%,如图5-24所示。

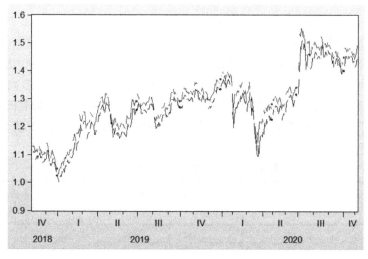

图5-24 华夏上证50AH优选预测与真实情况对比

**12. 华宝标普中国 A 股红利机会指数**

假设在 99％的置信水平下，计算出来的每日可能的平均亏损率约为 3.20％，最高亏损率低于 9.94％，如图 5-25 所示。

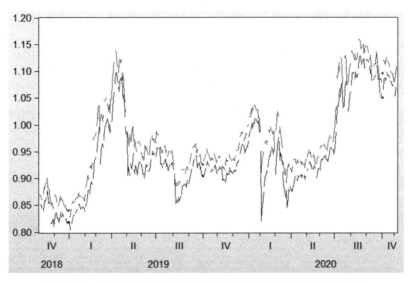

图 5-25　华宝标普中国 A 股红利机会指数测与真实情况对比

## 5.5.5　基于 VaR 值的亏损率

由表 5-23 可知：一般来说，ETF 股票指数基金最大回撤率大于相同跟踪标的其他类型的股票指数基金。ETF 股票指数基金每日平均亏损率、每日最高亏损率一般小于相同跟踪标的其他类型的股票指数基金。中证 500 指数和创业板指数的风险较大，ETF 股票指数基金的每日平均亏损率、每日最高亏损率和最大回撤率普遍高于相同跟踪标的其他类型股票指数基金。大盘股的股票指数基金指数变化幅度不大，风险较小；而中小盘股的股票指数基金指数变化较大，风险也相对较高。

表 5-23　基金 VaR 值的亏损率

| 基金 | 每日平均亏损率 | 每日最高亏损率 | VaR 标准差 | 历史最大回撤率（三年） |
|---|---|---|---|---|
| 华夏上证 50ETF | -1.18％ | -3.71％ | 0.009 530 | -27.54％ |

续表

| 基金 | 每日平均亏损率 | 每日最高亏损率 | VaR 标准差 | 历史最大回撤率(三年) |
|---|---|---|---|---|
| 易方达上证 50 指数 | −1.95% | −4.39% | 0.006 317 | −25.91% |
| 华泰柏瑞沪深 300ETF | −0.90% | −2.14% | 0.007 246 | −31.19% |
| 易方达沪深 300ETF 联接 | −2.40% | −5.70% | 0.009 076 | −29.24% |
| 南方中证 500ETF | −5.57% | −22.85% | 0.122 721 | −36.98% |
| 南方中证 500ETF 联接 | −2.85% | −6.60% | 0.007 436 | −35.39% |
| 易方达创业板 ETF | −5.82% | −28.58% | 0.043 351 | −35.75% |
| 富国创业板指数分级 | −10.67% | −100% | 0.118 972 | −34.21% |
| 华泰上证红利 ETF | −1.15% | −4.21% | 0.009 280 | −23.63% |
| 富国中证红利指数增强 | −4.34% | −55.88% | 0.026 583 | −24.84% |
| 华夏上证 50AH 优选 | −2.43% | −5.07% | 0.006 134 | −23.63% |
| 华宝标普中国 A 股红利机会指数 | −3.20% | −9.94% | 0.010 699 | −29.37% |

运用 TGARCH 和 EGARCH 模型对本书所研究的 12 只基金进行检验,探究它们是否具有非对称效应。研究数据的时间为 2018 年 11 月 5 日至 2020 年 11 月 5 日,研究结果发现易方达沪深 300ETF 联接、华夏上证 50AH 优选、华泰上证红利 ETF、南方中证 500ETF、富国中证红利指数增强、华泰柏瑞沪深 300ETF、华宝标普中国 A 股红利机会指数、南方中证 400ETF 联接这 8 只基金有很显著的非对称效应,即大部分基金具有显著的非对称效应(杠杆效应),"利空消息"为收益率序列波动带去的冲击比"利好消息"更胜一筹。

## 5.6 股票指数基金的投资策略分析

本书通过 Fama-French 三因子模型和 GARCH 模型对股票指数基金的收益和风险进行分析,提出以下建议:

(1)市场因子对股票指数基金收益的解释力强于另外两个因子,并且其收益与市场溢价的变化方向一致。大部分基金具有显著的杠杆效应,即"利空消息"为收益率序列波动带去的冲击比"利好消息"更胜一筹。投资者要认清我国市场的总体和阶段特征。股票指数基金是趋势化的投资产品,而我国证券市场的周期较短,投资股票指数基金可能存在择时的问题,投资者可以通过市场情绪大体上判断,并采取不同的投资策略。作为趋势化的投资产品,只有在股票市场处于明显上升行情时,股票指数基金才能产生较好的投资收益。而我国股市的上涨趋势,通常需要较长时间的蓄势盘整,市场行情的上涨和下跌有一定的周期性特征。

(2)总体来看,ETF 的市场因子、市值因子和账面价值比因子比同种跟踪标的的其他股票指数基金具有更强的解释力。ETF 最大回撤率大于相同跟踪标的其他类型的股票指数基金。投资者要认识我国股票指数基金产品的差异性,除了需要考虑基金公司年限、净值规模和基金经理因素之外,更应关注股票指数基金本身的总费率和份额的变动情况。随着我国证券市场效率的不断提升,由于从费用率考虑,标准指数基金是成本最低的,因此,投资者应优先考虑标准指数型基金产品。

(3)重视中小盘指数基金的机会。在我国证券市场,尽管沪深 300 指数一定程度上是很好的跨市场指数,但从其构成上来看,主要是大盘股,故该指数不能体现中小盘股的市场表现。因此,投资者也应注意参与跟踪中小盘指数的股票指数基金产品。同样,鉴于价值指数基金和成长指数基金在不同的市场阶段会有不同的表现,投资者的股票指数基金组合还应该涵盖不同风格的股票指数基金产品。

(4)树立长期投资的理念。股票指数基金的投资主要基于长期投资的两个逻辑:长期来看,考虑成本因素,市场难以被战胜;市场是趋于向上的,在风险承受范围之内,投资者坚持长期定投,最终会有可观的回报。而短期交易会带来高成本,也可能增加再投资风险,从而降低股票指数基金的低成本优势。因此,股票指数基金总体上还是较为适合非专业投资者长期投资的。

# 第6章　股票型分级基金的资产配置和投资策略分析

## 6.1　股票型分级基金概况

随着我国资本市场的不断发展,股票型分级基金作为一种创新型基金产品,能够同时满足多种不同类型的投资需求,其独特的杠杆机制能够快速带来大量收益,因此自2007年诞生至今一直受到投资者的广泛关注。但与此同时,潜在的巨大风险也会给投资者造成严重亏损。本章先从股票型分级基金的定义、分类及发展状况出发,在研究股票型分级基金的折算机制和对应的套利策略的基础上,在基金市场中筛选出部分股票型分级基金,分析其收益与风险,并提出投资建议。

### 6.1.1　股票型分级基金的定义与分类

股票型分级基金是将以股票为主要投资标的资产的基金(股票比例占总资产的80%以上)按照收益分配重新分解,形成的风险收益具有差异性的不同份额的创新型基金品种。其基金份额一般包括母基金份额(基础份额)、优先级A份额(稳健份额)、普通级B份额(进取份额),其中母基金份额可以按照一定比例拆分为A、B两个子份额,A、B两个子份额也可在一定条件下合并为母基金份额,但所有基金份额由同一基金经理或团队管理运作。

在股票型分级基金中,中等风险的母基金份额类似于普通股票型基金。A类份额投资者相当于是资金的借出方,无论母基金的盈亏如何,分级基金A类份额持有人都可以收到固定收益,其风险最低,收益回报也较低。B类份额投资者通过向A类份额投资者支付约定收益借入资金,并将自有资金与通过A类份额投资者融得的资金投向高风险资产(杠杆投资),承担基金投资后的剩余损益,因此获取高收益的同时,风险也较大。

我国的股票型分级基金主要分为主动管理型和被动指数型两类,其中主动管理型是通过申购买卖获取收益，分级基金在我国发行之初曾较为流行，但由于主动管理型基金对投资者的专业能力和配置水平要求更高，比起被动型基金承受的风险会更大，因此近几年主动管理型股票分级基金所占比例日益减少。截至 2020 年 12 月我国股票型分级基金全部为被动指数型。

### 6.1.2 股票型分级基金的运营模式

股票型分级基金有三种运营模式，即股债模式、收益增强模式和盈利分级模式。股债模式是指基金 B 类份额向 A 类份额融资，A 类份额预期收益固定，B 类份额承担剩余全部损益。当前我国国内大部分分级基金采用此种模式运营。收益增强模式是指在一定范围内，低风险 A 类份额不承担损益，而超过一定范围，A 类份额可以按照约定收益率获取相应收益回报。当母基金份额净值高于阈值时，A 类份额可参与更多收益分配。当前上市的分级基金中，兴全合润采用该营运模式。盈利分级模式是当母基金份额亏损也即母基金份额净值低于 1 时，子基金份额共同承担损失，母基金份额盈利也即净值高于 1 时，子基金份额则按一定比例分配收益，我国只有国投瑞银瑞福采用此运营模式。

### 6.1.3 国内外分级基金发展状况

分级基金的发展最早可以追溯到英国在 1965 年发行的第一只分割式资本投资信托，该信托作为英国分级基金的前身受到投资者的广泛喜爱，也让当时的基金市场眼前一亮。2007 年 7 月，我国证券市场推出了第一只分级基金——国投瑞银瑞福分级基金，其发行开辟了我国的分级基金市场，从此掀起了我国学者针对分级基金研究的热潮。自发行之初至今，我国股票型分级基金的经历可谓大起大落。

国投瑞银瑞福分级基金属于主动管理型封闭式股票型基金，且其基金份额不可拆分。由于我国基金市场起步较晚，该分级基金在 2007 年发行初期并未受到大量的关注。2009 年 5 月发行的第二代分级基金——长盛同庆分级基金，在第一代基金的基础上将母基金按比例分拆为 A、B 份额并以不同代码单独上市交易，允许运作三年后转为普通 LOF，并且施行配对转换机制，成为第一支可以子母基金配对转换的 LOF 指数型盈利分级模式分级基金。长盛同庆分级基金的分级方式开创了融资型分级基金的先河。同年 10 月国投瑞银沪深 300 指数分级基金上市，该基金规定在每年 10 月 12 日定期折算，各份额净值可以通过参照沪深 300 指数的涨跌幅计算出来，又可以通过配对转换进行套利。2010 年 5

月,第三代分级基金——银华深证100指数分级基金上市,该基金A、B份额的配比为5∶5,并且A份额设为每年定折一次,B份额净值小于0.25元或母基金净值大于2元进行不定期折算,但是取消了B份额的定期折算。银华基金的发行是中国分级基金史上的里程碑事件,此后的融资型分级基金基本都遵循这一模式,配比份额主要为5∶5或4∶6。

在2013年之前我国的分级基金市场处于熊市,分级基金的规模扩张缓慢。2013年之后市场逐渐转暖,更多的基金公司和投资者加入到分级基金的行列里,分级基金的数量和规模也开始呈现大幅的增长。2014年下半年到2015年上半年这段牛市时期,分级基金的杠杆特征使得国内投资者的热情高涨。2015年下半年,由于股市从牛市到熊市剧烈转变,分级基金B类份额的杠杆效应让投资者在获得了高额收益的同时也承受了巨大的损失,投资者对于分级基金可谓是又爱又恨。由于高杠杆率风险,监管层停止了审批分级基金的工作,整个市场再也没有发行过分级基金。中融中证白酒分级基金是目前基金市场上发行的最后一只分级基金。

同花顺iFinD数据显示,截至2019年底,我国股票型分级基金的资产净值达1 037.87亿元,基金份额总额为625.83亿份。2015—2019年我国股票型分级基金的规模趋势如图6-1所示,我国股票型分级基金发展状况见表6-1。

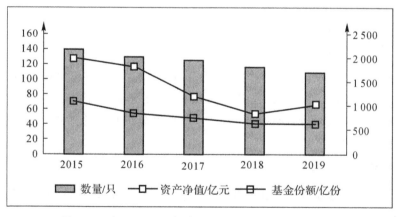

图6-1 2015—2019年我国股票型分级基金发展趋势

表6-1 股票型分级基金发展状况

| 年份 | 数量/只 | 资产净值/亿元 | 基金份额/亿份 |
| --- | --- | --- | --- |
| 2015 | 139 | 1 993.93 | 1 094.32 |
| 2016 | 129 | 1 817.5 | 847.49 |

续表

| 年份 | 数量/只 | 资产净值/亿元 | 基金份额/亿份 |
|---|---|---|---|
| 2017 | 125 | 1 206.83 | 749.94 |
| 2018 | 116 | 833.76 | 631.92 |
| 2019 | 109 | 1 037.87 | 625.83 |

股票型分级基金的数量从 2015 年缓慢下降,到 2019 年市场上现存 109 只股票型分级基金。2015 年股票型分级基金份额在 1 094.32 亿份,净资产达 1 993.93 亿元;2016 年资产净值下降到 1 817.5 亿元,基金份额稳定在 847.49 亿份;2017 年虽然基金份额仍然持续下降到 749.94 亿份,但是净资产有小幅度上升,资产净值达到 1 206.83 亿元;2018 年底股票型分级基金有 116 只,净资产达近五年最低,为 833.76 亿元,基金份额为 631.92 亿份。

## 6.2 股票型分级基金的运行机制

### 6.2.1 杠杆机制

高杠杆是股票型分级基金的典型特征,产生的原因是在基金收益分配时,在分配 A 类份额约定固定收益后,剩余收益归 B 类份额,使得 B 类份额的风险和收益都被相应放大,由此形成杠杆效应。股票型分级基金的杠杆包括初始杠杆、净值杠杆、价格杠杆。

**1. 初始杠杆**

它是优先份额配比数加上进取份额配比数之和再除以进取份额配比数的比值,公式为:

$$L_0 = \frac{n_A + n_B}{n_B}$$

式中,$n_A$、$n_B$ 分别为优先 A 类份额、B 类份额的份额数,$L_0$ 表示初始杠杆。

在股票型分级基金发行之初设定 A、B 份额比例恒定不变,因此分级基金初始杠杆是固定的。目前我国现有的股票型分级基金份额的配比有 1∶1,对应的初始杠杆是 2 和 1.666 7,监管机构规定股票型分级基金最大初始杠杆为 2。

股票型分级基金在进行实际上市交易时，A、B类份额的净值会随着市场变化进行相应调整。A类份额一般是按照发行时事先约定的固定利率获得定期恒定回报，其收益取得方式与市场上的一般性债券产品相似。A类份额的净值的变化趋势是会缓慢增长的，但是B类份额的净值在受到市场冲击时会随着金融市场的波动情况相应波动。因此，为了更好地量化分析股票型分级基金的杠杆程度，在初始杠杆的基础上，引入了净值杠杆。

**2. 净值杠杆**

净值杠杆为分级基金进取份额净值变化率除以母基金份额净值份额变化率的比值，公式为

$$L_1 = \frac{sv_A + sv_B}{sv_B}$$

式中，$sv_A$是A类份额净值，$sv_B$是B类份额净值，$L_1$表示净值杠杆。

净值杠杆在进行具体计算时采用母基金总净值除以B类份额总净值，由于A类份额每日收益相对总体净值较小，对杠杆程度的影响非常小，因此在计算方面忽略A类份额获得的收益，故净值杠杆反映B类份额净值的变化相对于母基金份额净值的变化倍数。净值杠杆与投资收益相关，若基金市场行情利好，则B类份额的净值杠杆减小；若基金市场利空，则净值杠杆渐渐提升，伴随着杠杆倍数增大，其风险越高。

股票型分级基金在进行实际上市交易时，由于A、B类份额在实际运行过程中存在溢价和折价，净值杠杆不总是能够精确地反映B类份额的实际价格变化情况，所以股票型分级基金在两大杠杆的基础上引入了价格杠杆。

**3. 价格杠杆**

价格杠杆是分级基金进取份额的价格变化相对于母基金份额净值变化的程度，价格杠杆主要受到股票分级基金的整体折价率、溢价率、母基金净值变化的影响，公式为

$$L_3 = \frac{\Delta P_B / P_B}{\Delta sv / sv}$$

式中，$P_B$为B类份额的价格，$sv$为母基金份额的净值，$L_3$表示价格杠杆。

当B类份额的市场价格升高，实际的价格杠杆则降低，与此同时，价格杠杆也会随着B类份额的溢价率升高而降低。为了保持分级基金的杠杆性，B类份额的溢价率需维持在一定水平，因此分级基金的净值杠杆与价格杠杆在实际交易中会不断进行调整。

## 6.2.2 折算机制

在实际运作过程中,分级基金的各级份额净值会经历不同程度的折价与溢价,如母基金份额净值上升,杠杆程度下降。因此,为了减少分级基金杠杆程度的大幅波动,维持基金市场的健康稳定,引入了折算机制。折算机制本质上是针对母基金份额、A 类份额与 B 类份额而设定的条款,其目的是保护 A 类份额投资者能获得稳定收益,并防止 B 类份额归零。

股票型分级基金的折算分为定期折算和不定期折算。不定期折算又分为两种方式,即向下折算与向上折算。

**1. 定期折算**

定期折算是分级基金按照条款中约定的利率水平,对 A 类份额投资者在固定时间发放约定收益的过程。一般来讲,折算频率为一年折算一次。在定期折算过程中,A 类份额的净值重新归为 1 元,其净值高于 1 元的部分会依据当时母基金的市场净值转换为母基金份额派发给 A 类份额投资者,而 B 类份额保持不变。折算过程如图 6-2 所示。

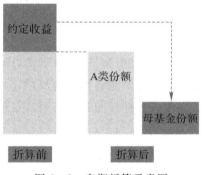

图 6-2 定期折算示意图

**2. 不定期折算**

不定期折算有触发条件,即当上市的股票型分级基金的 B 类份额净值超过或低于条款规定的阈值时便会进行不定期折算。不定期折算在本质上是调整各类份额的基金净值,使其回到初始状态,包含向上折算和向下折算。

(1)向上折算。当基础份额净值达到条款设定值(大部分情况是 1.5 以上)时,将 A 类份额和 B 类份额的基金净值回拨至 1 元,超过 1 元的部分转换为母基金份额,净值杠杆将恢复初始状态。向上折算后,分级基金的配比仍然保持在

1∶1,这能够避免杠杆率过高或者过低导致 B 类份额丧失吸引,使其保持合理范围的收益。向上折算过程如图 6-3 所示。

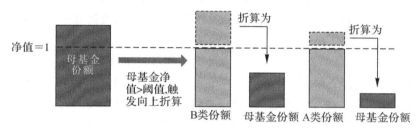

图 6-3 向上折算示意图

(2)向下折算。当 B 类份额净值低于设定水平,杠杆率超过阈值时(目前在基金市场上设定阈值通常为 0.25),将 A 类份额的净值按照某一比例重新缩减到 1 元,并使得 A、B 类份额对应份额比保持不变,其余部分转换为母基金份额净值的过程。向下折算之后,A、B 类份额总数会减少。向下折算的目的是在市场行情下跌时,保护 A 类份额投资者的本金和收益,并且防止杠杆程度增大使得 B 类份额加速下跌。图 6-4 为向下折算示意图。

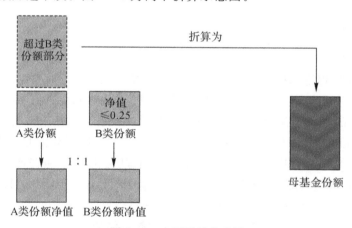

图 6-4 向下折算示意图

### 6.2.3 套利策略

股票型分级基金运行一段时间后,当 A、B 类份额的基金价格之和与母基金份额净值差距增大时,便出现一定的套利空间。股票型分级基金一般采用配对转换套利,即折价套利和溢价套利。

**1. 折价套利**

套利原理：若基金市场上 $m$ 份 A 类份额的市场价格与 $n$ 份 B 类份额的市场价格小于 $(m+n)$ 倍母基金份额净值与赎回费用之和，则投资者可在市场上进行折价套利。

基本流程：在 $t$ 日对比子基金的市场价格和母基金估算净值，若前者值小于后者，则存在套利空间，投资者可在基金市场上买进相应份额的子基金，并在 $(t+1)$ 日将子基金合并成母基金份额后再赎回，由此获得套利收益。

**2. 溢价套利**

套利流程：在 $t$ 日计算对比子基金 $m$ 份 A 类份额与 $n$ 份 B 类份额的市场价格，若其大于母基金的估算净值与申购费用之和，则在 $(t+2)$ 日申购母基金份额，然后按照相应比例分拆成 A、B 类份额，在 $(t+3)$ 日再卖出，获得差价收益。

## 6.3 股票型分级基金的收益与风险分析

### 6.3.1 股票型分级基金选取

在前面的理论基础上，为了分析当前股票型分级基金的收益与风险，选取了市场上的部分股票型分级基金，并且对当前股票型分级基金进行了统计和筛选。同花顺 iFinD 数据显示：截至 2020 年 12 月，我国现有 194 只上市股票型分级基金，其中基础份额 65 只，A 类份额 64 只，B 类份额 64 只。本次研究对象为现行上市的 A、B 两类子基金，并依据基金成立年限大于 5 年和资产净值区间为 34 亿～80 亿元进行筛选，筛选结果为 A 类份额 13 只，B 类份额 12 只。A 类份额筛选结果见表 6-2。

表 6-2 A 类份额筛选结果

| 序号 | 基金代码 | 基金 | 单位净值 |
|---|---|---|---|
| 1 | 150022.SZ | 申万收益 | 1.10 |
| 2 | 150018.SZ | 银华稳进 | 1.04 |
| 3 | 150227.SZ | 鹏华银行分级 A | 1.01 |
| 4 | 150171.SZ | 证券 A | 1.03 |
| 5 | 150209.SZ | 国企改 A | 1.00 |

续表

| 序号 | 基金代码 | 基金 | 单位净值 |
|---|---|---|---|
| 6 | 150200.SZ | 招商中证证券公司 A 份额 | 1.00 |
| 7 | 150205.SZ | 鹏华国防 A | 1.00 |
| 8 | 150181.SZ | 军工 A | 1.00 |
| 9 | 150152.SZ | 富国创业板 A 份额 | 1.03 |
| 10 | 150211.SZ | 新能车 A | 1.00 |
| 11 | 150196.SZ | 有色 A | 1.05 |
| 12 | 150198.SZ | 食品 A 份额 | 1.02 |
| 13 | 150223.SZ | FG 证券 A | 1.00 |

为检测筛选所得的 A 类份额是否具有代表性,对上述 13 只基金的收益率进行了统计整理,结果如图 6-5 所示。

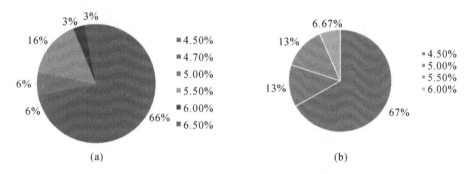

图 6-5 股票型分级基金的 A 类份额收益率
(a)A 类份额收益率占比; (b)样本 A 类收益率占比

图 6-5(a)为当前市场上所有股票型分级基金的 A 类份额收益率,66% 的 A 类份额收益率为 4.5%,其次有 16% 的收益率达 5.5%,其他 A 类份额收益率分别为 4.7%、5%、6%。图(b)为选取样本 A 类份额的约定收益率,其中 4.5% 的收益率仍然占据榜首,5.5% 的收益率占比 13%,占比最小的收益率仍是 6.5%。由此可以看出,本次筛选的样本数据具有较大的代表性。

## 6.3.2　A 类份额收益率分析

一般情况下衡量分级基金的收益指标有单位净值、年化收益率、区间收益率、累计收益率等,本书选取单位净值和近一年收益率指标作为此次分析的主要指标。

基金单位净值指每单位基金的净资产价值,等于扣除总负债之后基金资产余额再除以发行在外的单位份额总数。其公式为

$$基金单位净值=\frac{总资产-总负债}{基金份额总数}=\frac{净资产}{基金份额总数}$$

**1. A类份额单位净值分析**

A类份额的单位净值如图6-6所示。在样本中,最高单位净值1.1元来自申万收益,有色A、银华稳进、证券A、富国创业板A份额的净值区间在1.03元到1.05元之间,其余A类份额收益基本稳定在1.0。由此看出,样本A类份额中收益最高的为申万收益,其余A类份额的累计收益也较为稳定。

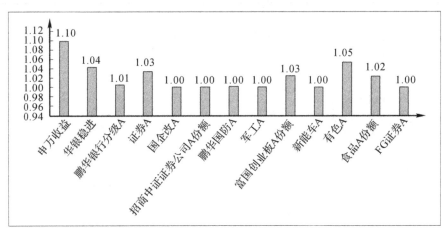

图6-6 样本A类份额的单位净值

**2. A类份额近一年收益率分析**

A类份额近一年收益率如图6-7所示。申万收益在最近一年的表现相对于其余A类份额较好,达到了9.9%,其余A类份额的收益率在4.4%～5.82%之间,基本稳定在样本中约定的收益率范围内,对比指标沪深30指数达23.2%,这表明投资于A类份额可长期获得稳定收益,但也远远低于市场的一般收益水平。

**3. A类份额风险分析**

一般情况下衡量分级基金的风险指标有$\beta$值、夏普比率(Sharpe)、特雷诺指数(Treynor)、年化波动率等,本次分析选取指标为年化波动率和夏普比率。A

类份额的年化波动率、夏普比率与同类的比较结果如图6-8和图6-9所示,同类平均年化波动率为12%左右,而样本基金中除申万收益的年化波动率为11.14%,其余A类份额几乎无波动,这也符合股票型分级基金A类份额的收益特性。

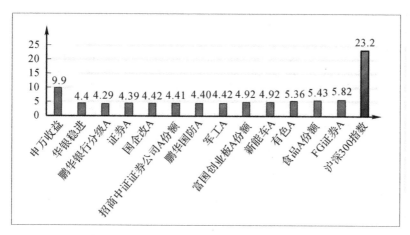

图6-7 样本A类份额近一年收益率(单位:%)

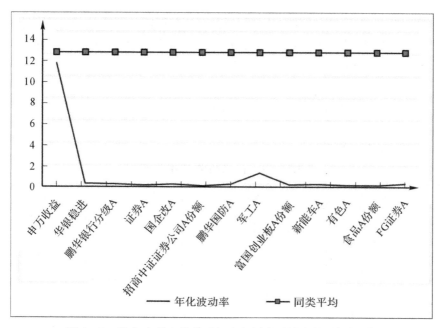

图6-8 样本A类年化波动汇率与同类平均比较(单位:%)

夏普比率是计算投资组合每承受一单位总风险,会产生多少的超额报酬。夏普比率代表投资人每多承担一分风险,就可以拿到几分报酬。若为正值,代表基金收益率高过波动风险;若为负值,代表基金操作风险大于收益率。

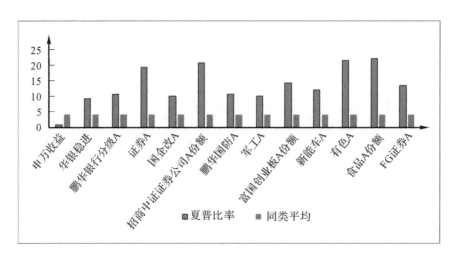

图 6-9 样本 A 类份额夏普比率与同类平均比较

由图 6-9 所示,除申万收益之外,样本 A 类份额的夏普比率相对于同类平均比率的较大,且横向来看,整体夏普比率的波动性较大,由此要想获得更高的收益,则样本 A 类份额需要承担更多的风险。

## 6.3.3 B 类份额的收益与风险分析

B 类份额筛选结果见表 6-3。

**表 6-3 B 类份额筛选结果**

| 序号 | 基金代码 | 基金 | 截至日期 | 单位净值 |
| --- | --- | --- | --- | --- |
| 1 | 150023.SZ | 深成指 B | 2020-12-21 | 0.37 |
| 2 | 150153.SZ | 富国创业板 B | 2020-12-21 | 1.38 |
| 3 | 150212.SZ | 新能车 B | 2020-12-21 | 2.09 |
| 4 | 150199.SZ | 食品 B | 2020-12-21 | 1.57 |
| 5 | 150206.SZ | 鹏华国防 B | 2020-12-21 | 1.45 |
| 6 | 150182.SZ | 军工 B | 2020-12-21 | 1.24 |

续表

| 序号 | 基金代码 | 基金 | 截至日期 | 单位净值 |
|---|---|---|---|---|
| 7 | 150197.SZ | 有色 B | 2020-12-21 | 1.13 |
| 8 | 150228.SZ | 鹏华银行分级 B | 2020-12-21 | 0.90 |
| 9 | 150224.SZ | FG 证券 B | 2020-12-21 | 1.19 |
| 10 | 150210.SZ | 国企改 B | 2020-12-21 | 1.14 |
| 11 | 150201.SZ | 招商中证证券公司 B | 2020-12-21 | 1.47 |
| 12 | 150172.SZ | 证券 B | 2020-12-21 | 1.02 |

**1. B 类份额单位净值分析**

样本 B 类份额的单位净值如图 6-10 所示，单位净值最高为新能车 B 的 2.09 元，表明该基金到目前为止整体收益趋势良好。紧跟其后的是食品 B，单位净值为 1.57 元。排名第三的是招商中证证券公司 B，单位净值为 1.47 元。鹏华银行 B 基金的单位净值为 0.9 元，低于发行时的净值，深成指 B 的单位净值最低，只有 0.37 元，由此可以看出该基金份额资产价值大幅缩水，收益情况极为不理想。

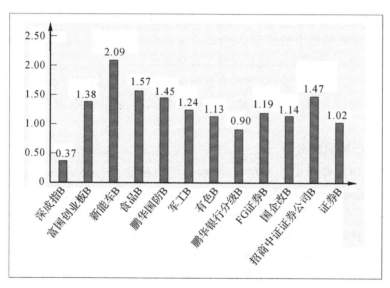

图 6-10 样本 B 类份额单位净值

**2. B 类份额近一年收益率**

B 类份额近一年收益率如图 6-11 所示。

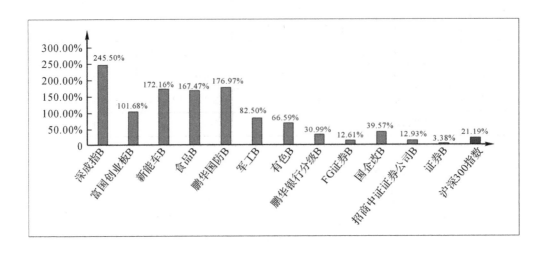

图 6-11 样本 B 类份额近一年收益率

深成指 B 的收益率为 245.5%,在样本中表现最优,排名第二的是鹏华国防 B,近一年的收益达 176.97%。其余收益超过 100% 的是富国创业板 B、新能车 B、食品 B。在该样本中的证券 B、招商中证证券公司 B、FG 证券 B 的收益率低于沪深 300 指数,说明其收益状况低于市场水平。

从整体趋势来看,选取样本的收益情况明显高于市场一般水平,高达 41.6% 的基金收益超过 100%。但是整个样本的收益率差距也较为明显,收益波动较大。

**3. B 类份额风险分析**

同类平均夏普比率在 4 左右,样本 B 类份额的 shpare ratio 全部小于同类平均,这表明要获得同样的回报,样本 B 类份额的投资者必须承担更大的风险,或者在风险一定的情况下,样本 B 类份额能获得的收益更小。由此可见样本 B 类份额投资风险较大。图 6-12 为样本 B 类夏普比率与同类平均比较。

样本 B 类份额的年化波动率较大,其中深成指 B 年化波动率为 129.268 9%,持有最低年化波动率 42.967 8% 的是鹏华银行分级 B,其余 B 类份额的年化波动率的平均值为 52%。这些年化波动率远远超同类平均值,表明本次样本 B 类份额收益率波动起伏较大,投资风险较大(见图 6-13)。

# 第 6 章 股票型分级基金的资产配置和投资策略分析

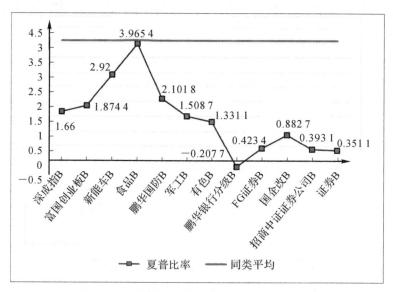

图 6-12 样本 B 类夏普比率与同类平均比较

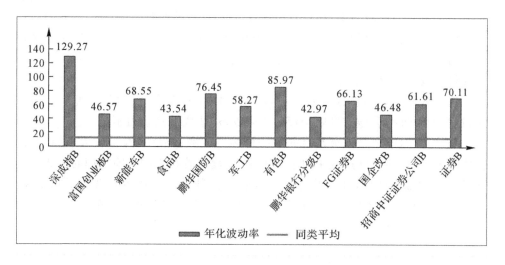

图 6-13 样本 B 类年化波动率与同类平均比较

## 6.4 股票型分级基金的投资策略分析

对于股票型分级基金的投资,本文在基金市场上现存的股票型分级基金中挑选了 A 类份额 13 只和 B 类份额 12 只,并分别对其单位净值、近一年收益率进行分析,结果表明 A 类份额的收益较为稳定,实际收益情况强于约定收益,B 类份额的收益情况远高于市场一般收益,但是其收益率的波动也比较大。在风险与收益综合分析方面,采用了年化波动率、夏普比率对比,结果显示,B 类份额的年化收益起伏很大,且在相同收益情况下,B 类份额要求投资者承担更大的风险。总的来讲,A 类份额的收益与风险比市场一般水平要低,而 B 类份额在高杠杆特性下,风险与收益远远高出市场水平。对于风险偏好型投资者来讲,投资 B 类份额比 A 类份额能获得更大收益。但由于 B 类份额的风险较高,因此,风险忍受度较低的投资者更适合投资 A 类份额。

在投资时机的选择方面,投资者也应认清时局变化,关注政策的变动。央行在 2018 年发布了《关于规范金融机构资产管理业务的指导意见》,规定公募产品和开放式私募产品不得进行份额分级。对于规模较大的分级基金设置了过渡期。随后 2020 年《优化资管新规过渡期安排引导资管业务平稳转型》出台,将原本在 2020 年底结束的资管新规过渡期延长至 2021 年底。这些政策的出台代表着分级基金即将退出历史舞台,现有股票型分级基金面临转型。转型方向有以下三种:①普通指数型基金,适用于规模相对较小的基金。②LOF,适用于规模较大的基金公司,对投资者影响最小。③基金清盘,适用于规模太小、费用不足以支付的股票型分级基金。

选择具体的股票型分级基金时,应注意杠杆的大小、折溢价情况。一般来说,过高的溢价率会透支进取份额的未来收益,造成上涨动力不足。

总而言之,股票型分级基金的 B 类份额在上涨过程中,涨幅较大,是良好的投资品种,但是在下跌过程中也会放大损失,蕴含着较大的风险。同时分级基金的 B 类份额带有杠杆,每年需支付一定的利息,部分还有比较复杂的折算条款,和普通基金有比较大区别,投资者在投资之前一定要对其有充分的了解,选择适合自己的产品进行投资。

# 第7章 债券型基金的资产配置和投资策略分析

## 7.1 债券型基金概况

### 7.1.1 债券型基金分类

债券型基金是指把主要投资对象选择为国债、金融债等固定收益类金融工具的基金。因为债券型基金的收益比较稳定,所以也被称为固定收益基金。

债券型基金按照时间以及投资对象可以分为以下四类:一是中长期纯债型基金,这种基金的投资范围只能是债券,且投资的债券到期时间较长;二是短期纯债型基金,这种基金的投资范围也只能是债券,且投资的债券的到期时间较短;三是混合债券型基金(一),这种基金不仅可以投资于债券市场,还可以投资于股票一级发行市场;四是混合债券型基金(二),这种基金不仅可投资于债券市场,还可以投资于股票二级交易市场。

### 7.1.2 债券型基金的投资范围

总体来说,债券型基金的投资范围包括以下几个方面:国债、金融债、银行票据、企业债、可转换债券和股票市场的一级以及二级市场。投资于不同品种的产品,投资收益率自然不尽相同,投资组合整体的收益率会决定债券型基金经理的基金收益率。

### 7.1.3 债券型基金特点

**1. 低风险,低收益**

因为债券是债券型基金的投资对象,而债券具有稳定的收益、较低的风险,所以债券型基金的风险也比较低。但是,正因为债券是固定收益产品,所以相对于股票型基金这类风险较大的基金来说,债券型基金的收益率也低。

**2. 管理费用较低**

相较于股票投资管理而言,债券投资管理较为简单,操作难度较小,因此管理费用较低。

**3. 收益稳定**

债券型基金投资标的为债券,债券会定期产生利息,并承诺到期后还本付息,因此债券型基金具有比较稳定的收益。

**4. 注重当期收益**

因为债券的利息是每期固定发放的,所以投资于债券型基金也追求当期固定收益,相对于股票型基金而言,债券型基金缺少增值的潜力。对于不想承担过大风险,只希望得到当期稳定收益的投资者来说债券型基金是最合适的投资产品。

从以上的特点可以看出债券型基金的特点跟债券并没有太大的区别,那么债券型基金跟债券有着哪些不同呢?第一,债券型基金的收益不如债券固定;第二,债券基金的收益率更加难以预测;第三,债券型基金的风险更低;第四,债券基金没有明确的到期日。债券型基金也有着两个缺点:①收益较低,且只有在较长时间持有下才能获得。②当股票市场开始上涨的时候,债券型基金的收益率可能还是处于一个平均的水平。

## 7.2　债券型基金经理分析

### 7.2.1　债券型、股票型以及混合型基金经理对比

**1. 平均任职年限**

将债券型、股票型以及混合型基金经理平均任职年限进行对比分析。由图7-1数据可知,三类基金的管理者任职同一只基金的平均年限的均值都在4年左右,债券型、混合型、股票型基金经理平均任职年限分别为 3.854 年、4.052 年、4.045 年,最短年限分别为 0.027 年、0.022 年、0.003 年,最长任职年限分别为 14.844 年、14.844 年、14.537 年,差别并不大。

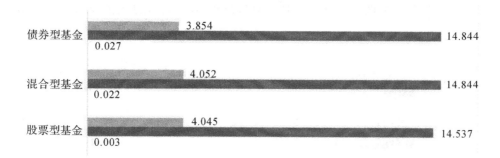

图 7-1 基金经理任职同一只基金年限的分布图

**2. 非基金类金融企业从业经历**

从某种意义上讲,非基金类金融企业的从业经历一般指基金经理在基金公司上班之前的工作经历,这在一定程度上可以反映基金经理对金融企业是否熟悉,对其选择基金产品时进行金融产品配置有一定帮助。由图 7-2 可知,股票型基金经理拥有此类从业经历的比例最多,为 0.686;混合型、债券基金经理曾任职过此类企业的人数比例分别为 0.195 和 0.467。

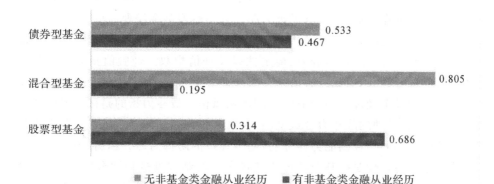

图 7-2 基金经理有无非基金类金融企业从业经历分布图

**3. 学历**

债券型基金经理获得博士、硕士、本科学历的比例分别是 0.074、0.849、0.077;混合型基金经理获得博士、硕士、本科学历的比例分别为 0.033、0.837、

0.130；债券型基金经理获得博士、硕士、本科学历的比例分别为 0.168、0.780、0.052，具体数据如图 7-3 所示，股票型基金经理的学历比其他两种基金经理要高一些。

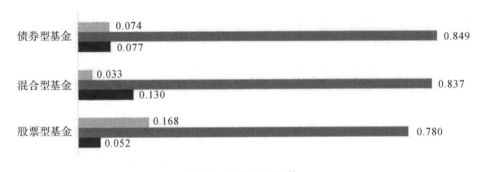

图 7-3 基金经理学历的分布图

## 7.2.2 排名前三的债券型基金经理分析

债券型基金经理的排名有多种方式，可以按从业收益率、近三月投资收益率等进行排名，还可以按照其他方式进行排名。本书选取的排名方式是以好买基金网的综合评分作为标准，摘取了排名前三的债券型基金经理进行分析。

好买基金网的综合评分是债券型基金经理五种能力的综合体现，这五种能力分别是经验值、战斗力、防御力、稳定性以及钟情指数。经验值指的是按经理的从业时间进行评分，因此经验值是考察经理的重要指标，一般来说，经验相对丰富的债券型基金经理更易于适应不同市场风格。战斗力指的是按经理的盈利能力评分，基金经理的战斗力分数越高，说明其投资获利的能力越强。防御力的定义是按经理的回撤控制能力评分的，基金经理的防御力评分越高，说明其投资的风险越小。稳定性是按基金经理业绩排名的波动程度进行评分的，稳定性评分越高，说明经理排名越稳定。最后，基金经理的钟情指数指的是对经理基金的机构持仓所占比例进行评价，对于权益类基金，机构持仓所占比例越高越好，从侧面可以反映出机构对基金经理的评价程度。本书数据来源于好买基金网 2020 年 12 月 15 日数据。

**1. 华志贵**

华志贵是好买基金网中综合排名第一的债券型基金经理，复旦大学经济学硕士,从 2019 年 5 月起担任山西证券裕泰 3 个月定期开放债券型发起式证券投资基金经理,山西证券裕泰 3 个月定期开放债券型也是他的代表基金。华志贵的综合得分是 9.14 分,其五种能力评分分别为:经验值为 9.37 分,稳定性为 9.35 分,防御力为 9.33 分,钟情指数为 8.95 分,战斗力为 8.73 分,说明华志贵在投资决策时注重投资的稳定性,而在盈利方面则相对较弱。

华志贵的资产配置如图 7-4 所示,截止到 2020 年 9 月 30 日,华志贵将其资产的 94.99% 都配置于债券,剩余的大部分配置于资产支持证券以及银行存款,说明配置于债券的比例较高,表现出了追求高收益的一面。对于债券配置来说,超过一半的债券配置于除了金融债、企业债之外的其余债券,配置于金融债的比例是 33.9%,配置于企业债的比例是 14.76%,由此可知其债券配置风险还是比较高的,在债券选择时比较追求高收益。

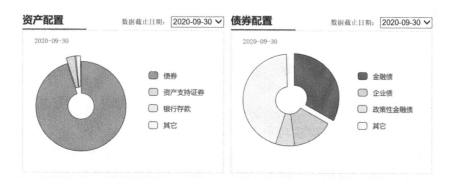

图 7-4 华志贵的资产配置

**2. 杨烨超**

杨烨超是好买基金网中综合排名第二的债券型基金经理,复旦大学经济学硕士。2010 年 7 月,加入光大保德信基金管理有限公司,历任市场部产品助理、产品经理(负责产品设计研究等)、固定收益部研究员、基金经理。2018 年 7 月,加入财通基金管理有限公司,曾任固定收益部投资经理,现任固定收益部基金经理。财通恒利债券是他的代表基金。杨烨超的综合得分是 8.29 分,其五种能力评分分别为:经验值为 4.54 分,稳定性为 9.38 分,防御力为 8.78 分,钟情指数为 9.38 分,战斗力为 9.61 分,说明他在投资决策时比较追求高收益,而在稳定性方面则较弱。

杨烨超的资产配置如图 7-5 所示,截止到 2020 年 9 月 30 日,杨烨超将其资产的 85.64% 都配置于债券,剩余的大部分配置于银行存款,说明配置于债券的比例不是特别高,投资于银行存款的比例为 14.36%,比例较高,因此表现出追求稳定收益的一面。对于债券配置来说,主要配置于金融债以及政策性金融债,二者的配置比例各为 50%,由此可知其债券配置风险还是比较低的,在债券选择时比较追求稳定收益。

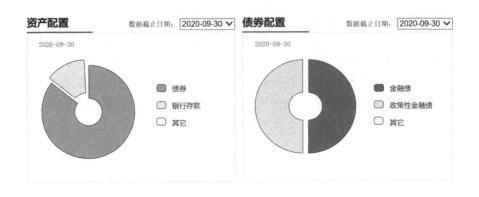

图 7-5 杨烨超的资产配置

### 3. 经惠云

经惠云是好买基金网中综合排名第三的债券型基金经理,金融学硕士。2016 年 10 月加入泰康资产,现任公募事业部投资部固定收益投资总监,2019 年 12 月 25 日至今,她都担任泰康润和两年定期开放债券型证券投资基金基金经理。2020 年 6 月 8 日至今担任泰康瑞丰纯债 3 个月定期开放债券型证券投资基金基金经理。2020 年 6 月 24 日至今担任泰康长江经济带债券型证券投资基金基金经理。泰康信用精选债券 A 是她的代表基金。经惠云的综合得分是 8.26 分。其五种能力评分分别为:经验值为 6.73 分,稳定性为 9.81 分,防御力为 8.78 分,钟情指数为 9.38 分,战斗力为 9.61 分,说明经惠云在投资决策时比较追求稳定收益,而在高收益方面则较弱。

经惠云的资产配置如图 7-6 所示,截至 2020 年 9 月 30 日,经惠云将其资产的 92.59% 都配置于债券,剩余的大部分配置于资产支持证券、银行存款等,说明配置于债券的比例较高,表现出了追求较高收益的一面。对于债券配置来说,配置于企业债和其他类型债券比较多,其中企业债的配置为 31.6%,其他的配置为 61.3%,由此可知其债券配置风险还是比较高的,在债券选择时比较追求高收益。

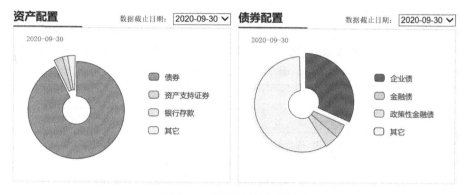

图 7-6 经惠云的资产配置

## 7.2.3 基金经理业绩影响实证分析

众所周知,基金经理通常直接掌管基金的命运,而当前国内基金经理的理论水平与实操水平可能不太匹配,那么研究影响债券型基金经理所管理基金的投资回报率的因素,可以对基金经理人才队伍的建设、完善提供帮助,同时能够推动基金经理市场以及基金市场的良好发展,对我国债券市场秩序的维持起到积极的作用。

本研究数据来源于 Wind 资讯以及好买基金网,手动收集好买基金网中人气指数排名前 50 位的债券型基金经理在专业类别、学历水平、拥有金融证书、从业年限、历史管理基金数量、跳槽频率、近三个月收益率以及从业年均收益率的相关数据。

**1. 定义变量**

为了探求债券型基金经理的哪些特质会对其投资回报率产生影响,所设定的变量见表 7-1。本书选取了两个被解释变量,分别是近三个月收益率以及从业年均收益率。近三个月收益率是基金经理所持债券型基金近三个月的综合收益率,从业年均回报率指的是基金经理从业以来所持债券型基金年均回报率;对于解释变量,本书选取了 6 个解释变量。首先是专业类别,考量的内容是基金经理从专科到最高学历的专业是否都为经济金融类;学历水平考量的是基金经理的学历水平,本文以硕士作为分界点进行划分;金融证书考量基金经理已获得 CFA、CPA 或 FRM 等金融财务类证书,是对基金经理理论水平的一种肯定;从业年限考量基金经理的从业总年限,在一定程度上代表基金经理的实操水平;历史管理基金数量代表基金经理历史管理基金的总数量,从一定程度上代表基金经理管理债券型基金的专一程度;跳槽频率指的是基金经理更换基金公司的频率,从另一个角度可以代表基金经理的业务能力水平,即被业内人员认可的程度。本书同时选取了两个控制变量,分别是基金经理性别和基金经理代表基金的总规模。

表7-1 变量设定

| 变量 | 名称 | 说明 |
| --- | --- | --- |
| 被解释变量 | 近三个月收益率 | 基金经理所持债券型基金近三个月的综合收益率(%) |
| | 从业年均收益率 | 基金经理从业以来所持债券型基金年均收益率(%) |
| 解释变量 | 专业类别 | 基金经理从专科到最高学历的专业均为经济金融类,取1值;否则取0值 |
| | 学历水平 | 基金经理的学历以硕士为分界点,学历为硕士及以上,取值为1;否则取0值 |
| | 金融证书 | 基金经理已获得CFA、CPA或FRM等金融财务类证书,取值为1;否则取0值 |
| | 从业年限 | 基金经理的从业总年限,取原值 |
| | 历史管理基金数量 | 基金经理历史管理基金的总数量 |
| | 跳槽频率 | 基金经理更换基金公司的频率(年/次) |
| 控制变量 | 性别 | 基金经理的性别,若为男性,取值为1;若为女性,取值为0 |
| | 代表基金规模 | 基金经理代表基金的总规模(亿元) |

**2. 描述性统计**

对解释变量以及被解释变量的描述性统计见表7-2。对于性别来说,其均值为0.62,说明在排名前50的债券型基金经理中,男性的比例略微高于女性;学历水平的均值为0.98,说明大多数债券型基金经理的学历都达到了硕士,只有2%的债券型基金经理的学历停留在本科及以下;专业类别的均值为0.76,在一定程度上说明从事基金经理的人只有72%出身于经济金融专业,例如闫沛贤就取得了计算机专业的硕士,专业并不一定决定一个人从事的行业;从业年限的最小值为2.50,最大值为17,均值为9.47,这表明排名比较靠前的基金经理从业年限还是较长的;历史管理基金数量均值为24.24,数量从5只到67只不等,说明债券型基金经理大多数为分散管理;跳槽频率的均值为7.77,分布在1.99至15.56不等,表明债券型基金经理跳槽的频率不等,从均值水平来看,排名前50的基金经理跳槽的频率不是很高。

表 7-2 变量的描述性统计

| 变量 | 样本量 | 最小值 | 最大值 | 均值 | 标准差 |
| --- | --- | --- | --- | --- | --- |
| 性别 | 50 | 0.00 | 1.00 | 0.62 | 0.49 |
| 学历水平 | 50 | 0.00 | 1.00 | 0.98 | 0.14 |
| 专业类别 | 50 | 0.00 | 1.00 | 0.76 | 0.43 |
| 金融证书 | 50 | 0.00 | 1.00 | 0.10 | 0.30 |
| 从业年限 | 50 | 2.50 | 17.00 | 9.47 | 3.13 |
| 历史管理基金数量 | 50 | 5.00 | 67.00 | 24.24 | 13.49 |
| 跳槽频率 | 50 | 1.99 | 15.56 | 7.77 | 3.35 |
| 代表基金规模 | 50 | 0.19 | 167.79 | 25.84 | 39.22 |
| 近三个月收益率 | 50 | −1.77 | 12.22 | 1.10 | 1.98 |
| 从业年均收益率 | 50 | 2.11 | 37.19 | 6.89 | 4.97 |

**3. 回归分析**

模型回归结果见表 7-3,其中,模型①是从业年限、专业类别、金融证书等解释变量对近三个月收益率的 OLS 回归,模型②是从业年限、专业类别、金融证书等解释变量对从业年均收益率的 OLS 回归。

**4. 收益率**

从表 7-3 模型①的回归结果可知,其中从业年限的回归系数是 0.285,且呈现 5% 的显著性,说明从业年限对债券型基金经理近三个月收益率有显著的正向影响,也可以理解为基金经理的实操经验对其收益率有显著影响;跳槽频率的回归系数为 −0.323,且呈现 1% 的显著性,说明跳槽频率越小,即业务能力越被认可,基金经理近三个月收益率越高。而学历水平、专业类别、金融证书等对基金经理近三个月的收益率没有显著影响。

表 7-3 回归结果

| 变量 | 模型① | 模型② |
| --- | --- | --- |
| 从业年限 | 0.285** | −0.318 |
| 历史管理基金数量 | −0.002 | −0.103* |
| 跳槽频率 | −0.323*** | −0.099 |
| 学历水平 | 1.035 | 0.669 |
| 专业类别 | 0.368 | −1.494 |
| 金融证书 | 0.059 | −1.578 |
| 性别 | 0.545 | 1.361 |

续表

| 变量 | 模型① | 模型② |
| --- | --- | --- |
| 代表基金规模 | −0.010 | −0.017 |
| 截距 | −0.420 | 12.569** |
| 样本数 | 50 | 50 |
| 调整 $R^2$ | 0.24 | 0.0316 |
| $F$ 检验值 | 1.63 | 1.20 |
| $P$ 大于 $F$ | 0.15 | 0.32 |

***$p<0.01$,**$p<0.05$,*$p<0.1$ 为显著性水平

**5. 从业平均收益率**

从表 7-3 模型②的回归结果可知,其中历史管理基金数量的回归系数是−0.103,且呈现 10% 的显著性,说明历史管理基金数量对债券型基金经理从业年均收益率有显著的负向影响,即可以理解为基金经理管理基金的专一度对其从业年均收益率有显著影响,管理基金的数量越少,专一程度越高,从业年均收益率越高。除此之外同样可以看出,学历水平、专业类别、金融证书等对基金经理从业年均回报没有显著性影响。

对于债券型基金来说,债券型基金在基金范畴内属于比较稳定的投资,风险较小的同时收益也比较低。探究债券型基金经理的影响因素时,债券型基金经理的学历、专业以及金融证书是否取得对基金经理的业绩并没有显著影响。而从业年限、历史管理基金数量等实操经验以及跳槽频率等业务能力因素对基金经理的长短期业绩有显著影响,即基金经理的个人理论水平与其业绩没有显著的关系,而实操水平反映出的基金管理经验对基金经理的业绩有显著影响。

# 7.3 债券型基金的收益和风险分析

## 7.3.1 债券型基金的收益

债券型基金的收益正是人们投资于基金的最主要原因,债券型基金的收益不同于其他基金,债券型基金的收益主要有以下几个来源:

(1)利息收入。投资于债券所产生的利息。

(2)差价收益。在债券到期前,如果行情比较好,将债券卖出可获得买卖差

价,即超额收益,且变现的流动资金可进行再投资,获取更高利息的债券。

(3)债券回购的收入。当回购利率低于债券票面利率时,可通过回购交易进行套利。具体操作是通过回购业务将持有的债券质押融资,融得的资金再继续投入债券市场,如此操作,可获得杠杆收入。

(4)可转债收入。可转债同时具有债券和股票的性质,可转债在某些条件下可以转换为股票,一般发生在股票价值具有上涨趋势的时候,可转债的价值在股价上涨的时候会超过原先债券的价值,此时转换为股票就可以获得额外的收入,也被称为可转债收入。

(5)股票市场的投资收入。一些基金管理公司会将募集到的资金投资股票市场,利用股票市场的高收益来获取额外的利益,这就被称为股票市场的投资收入。

### 7.3.2 债券型基金的风险

在投资过程中,人们除了关注基金的收益之外,还需要关注在投资过程中面临的风险,具体的风险有以下几个:

(1)基金管理公司的信息不对称。信息不对称指的是由于基金管理公司对自己消息的理解比投资者更加深刻,所以就有可能会产生基金管理公司损害投资者利益的情况。

(2)投资债券的信用风险。债券自身的信用风险同样会对债券型基金的收益产生一定的影响。

(3)杠杆的应用。基金管理公司可以对债券进行正回购交易,或者说通过对债券进行质押以获得一定的资金。

(4)证券市场的波动、利率风险、政策风险、经济周期风险、购买力风险等。

上述风险主要为非系统风险,这是因为在基金市场中大部分系统风险会因为分散化投资而降低。

### 7.3.3 债券型基金的选取和分析

为了对债券型基金的收益与风险进行分析,本书选取 4 只不同的债券型基金进行分析,时间为 2017 年到 2020 年,4 只债券型基金分别为短期纯债基金——博时安盈债券 A 基金、中长期纯债基金——易方达恒益定期开放债券型基金、混合债券型基金(一级混合型债券基金)——华夏聚利债券基金,以及偏股型债券基金——华夏成长混合型基金。通过查询相关数据进而找到这些债券型基金的

Alpha(年化)和 Beta 系数,并将这四只债券型基金的夏普比率(年化)、最大回撤率进行计算和比较。表 7-4 是易方达恒益定期开放债券型基金收益情况,表 7-5 是博时安盈债券 A 基金收益,表 7-6 是风险度量情况。

表 7-4　易方达恒益定期开放债券型基金收益情况

| 年份 | 2017 年 | 2018 年 | 2019 年 | 2020 年 |
| --- | --- | --- | --- | --- |
| 易方达恒益定期开放债券型基金 | — | 6.62 | 4.79 | 1.83 |
| 中证综合债券指数 | 0.28 | 8.12 | 4.67 | 2.47 |
| 中长期纯债券基金 | 1.80 | 6.33 | 5.17 | 2.48 |
| 资产配置 | 债券 95.19%,现金 3.37%,其他 1.44% | | | |

表 7-5　博时安盈债券 A 基金收益情况

| 年份 | 2017 年 | 2018 年 | 2019 年 | 2020 年 |
| --- | --- | --- | --- | --- |
| 博时安盈债券 A 基金 | 2.07 | 5.94 | 3.70 | 2.59 |
| 中证综合债券指数 | 0.28 | 8.12 | 4.67 | 2.47 |
| 短期纯债券型基金 | 2.88 | 3.83 | 3.83 | 2.15 |
| 资产配置 | 债券 97.54%,现金 0.06%,其他 2.4% | | | |

表 7-6　风险度量情况

| 指标 | 易方达基金 | 中长期纯债基金 | 博时安盈基金 | 短期纯债基金 |
| --- | --- | --- | --- | --- |
| Alpha(年化) | 2.683 3 | 3.652 9 | 2.871 8 | 2.197 3 |
| Beta 系数 | −0.022 9 | 0.007 6 | −0.005 | 0.002 3 |
| 夏普比率(年化) | 0.240 6 | 2.177 1 | 1.726 8 | 3.803 6 |
| 年化波动率 | 2.380 9 | 1.062 3 | 0.711 4 | 0.31 |
| 最大回撤率 | 2.971 6 | 0.594 7 | 0.432 4 | 0.205 |

从中证综合债券指数和短期、中长期债券基金之间的比较来看,中长期债券型基金的收益明显高于短期债券型基金的收益。从债券的流动性不同来看,短期债券型基金有着更强的流动性,所以短期债券型基金比中长期债券有着更大的收益。

除了收益之外,我们还必须了解的一个指标就是风险,表 7-7 是华夏聚利债券基金年化收益情况,表 7-8 是华夏成长混合型基金年化收益情况。由表

7-7和表7-8可以看到与债券一样,中长期纯债基金的风险比短期纯债基金要高。

表7-7 华夏聚利债券基金收益情况

| 年份 | 2017年 | 2018年 | 2019年 | 2020年 |
| --- | --- | --- | --- | --- |
| 华夏聚利债券基金 | 0.34 | −3.87 | 16.00 | 21.42 |
| 中证综合债券指数 | 0.28 | 8.12 | 4.67 | 2.47 |
| 混合债券型基金(一级) | 1.05 | 4.59 | 6.36 | 4.03 |

表7-8 华夏成长混合型基金年化收益

| 年份 | 2017年 | 2018年 | 2019年 | 2020年 |
| --- | --- | --- | --- | --- |
| 华夏成长混合型基金 | 17.11 | −19.05 | 25.97 | 23.62 |
| 沪深300指数 | 21.78 | −25.31 | 36.07 | 22.05 |
| 偏股混合型基金 | 14.09 | −22.99 | 44.31 | 49.55 |
| 资产配置 | 股票73.82%,债券21.3% | | | |

后面两只债券型基金同前面两只最大的不同就在于投资股票的比例,可以很明显看出不管是在指数上的表现,还是基金自身的表现,投资股票的比例越多,相应的收益就越高。但是这是在不考虑风险的情况下,正如上文所提到的基金的优势就是能够降低系统性风险,再加上债券自身的优势本来就小,所以从一个更广的视角来看,债券型基金受众面要比股票型基金更大。表7-9为混合型基金风险情况。

表7-9 混合型基金风险情况

| 指标 | 一级混合债券基金 | 混合债券基金 | 华夏成长混合型基金 | 偏股型债券基金 |
| --- | --- | --- | --- | --- |
| Alpha(年化) | 9.440 2 | 3.606 4 | 9.196 5 | 16.711 4 |
| Beta系数 | 0.539 8 | 0.067 3 | 0.752 1 | 0.573 2 |
| 索提诺比率 | 0.369 7 | 0.227 1 | 1.429 2 | 1.148 1 |
| 年化波动率 | 13.423 8 | 2.041 5 | 19.123 6 | 13.024 5 |
| 最大回撤率 | 7.911 6 | 1.638 8 | 14.389 1 | 13.910 5 |

综上所述,可以总结出以下几个规律:第一,债券型基金的收益和债券基本相同,债券型基金的收益与基金的期限呈现正相关的关系,风险与到期期限也是正相关的。第二,正如上文讨论的一样,债券型基金的资金有 80% 都投资于债券,另外的 20% 可以投资于股票,债券型基金的收益率在很大程度上取决于这 20% 的投资额,从上文的数据可以看出 20% 中股票的占比越多,基金的风险也就越大。从最大回撤率这个指标来看,中长期纯债基金的最大回撤率综合来看为 0.594 7,短期纯债基金的最大回撤率仅仅只有 0.205,混合债券基金的最大回撤率为 1.638 8。偏股型基金的最大回撤率为 13.910 5。用最大回撤率来衡量风险基本符合债券在不同的情况下的基本规律。

债券型基金总体收益率如图 7-7 所示。债券型基金的收益率明显随到期时间的延长而增加,这就给投资者提供了一个可以参考的收益率曲线。在投资者进入市场投资时,首先需要明确在金融市场中永远都是收益和风险并存的,必须要对市场中的收益和风险有一个深刻的认识。如果从一个中长期的时间段来看,债券型基金出现净值下降的概率是较低的,因此投资者在投资债券型基金的时候需要更多关注的可能是债券型基金中长期表现,而不是短期表现。如果忽略债券价格的波动,在长期持有的情况下,债券基金可以获得稳定的收益,因此债券基金可以作为一种中长期的投资产品来考虑。

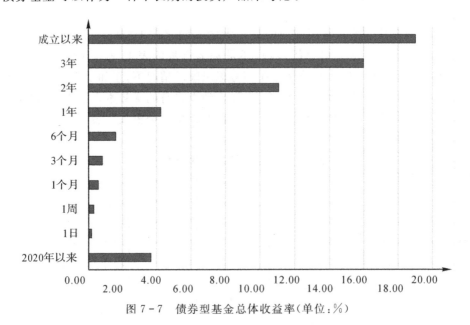

图 7-7 债券型基金总体收益率(单位:%)

## 7.4 债券型基金的投资策略分析

在风险和收益并存的金融市场中,想要彻底避免风险只获得收益那是不可能的,这就要求我们成为一个理性的投资者。

在投资基金的时候,需要注意以下几点:第一,必须保证在自己力所能及的情况下进行投资,避免在运用杠杆的情况下进行投资。第二,在选择基金的时候,可以通过基金经理的历史成绩来判断某只基金,不同的基金经理在操作基金时的收益和风险差距还是比较大的。第三,在投资基金的时候,可以考虑基金定投策略。基金定投就是指在每个月固定的时候买入一笔基金,这种方法可以很好地利用图7-7中债券型基金的收益率分布,能够将自身平时用不到的资金去投资基金,从而利用好少量的资金获取稳定的收益。

对债券型基金市场而言,在基金市场不断发展的过程中除了投资者的贡献,最主要的便是政府对基金市场的监管。由于金融市场中的信息不对称、基金经理追求自身收益最大化,所以政府需要出台相应的法律法规来限制他们的行为,从而制定出良好的交易规则,创建稳定的市场环境,促进基金市场的发展。

# 第8章 QDII 基金的资产配置和投资策略分析

## 8.1 QDII 基金概况

### 8.1.1 QDII 基金概念及特点

**1. QDII 制度**

QDII 是合格的境内机构投资者(qualified domestic institutional investor)的首字母缩写。它的含义就是在一国境内设立,经该国有关部门批准从事境外证券市场的股票、债券等有价证券业务的证券投资基金。QDII 制度是由香港特区政府最早在 2001 年提出来的,是在货币没有实现完全可自由兑换、资本项目尚未开放的情况下,有限度地允许境内投资者投资境外证券市场的一项过渡性的制度安排。QDII 制度意味着扩大了我国内地居民的投资市场范围,也意味着将允许内地居民投资境外资本市场,这样风险更加分散了,可能有更多的对海外市场感兴趣的投资者能够通过 QDII 制度进行投资。

**2. QDII 基金特点**

(1)投资海外,分享盛宴。在全球这个大的金融市场上,中国金融市场只是其中的一部分,其发展还是有很大的提升空间。我国股票市场有较好的回报率,但其他国家因为市场的大环境不一样,还有更加优质的回报率时,我国投资者就可以通过 QDII 制度来投资境外市场,在全球市场寻求投资机会。

(2)配置全球,规避风险。近年来我国金融市场中的股票市场投资虽然持续上升,但大涨大落的现象也屡见不鲜,金融市场的波动风险在加剧。因此,投资者对现有资产做适当配置,参与国际化投资,一方面可以规避单一市场风险,另一方面有机会获取良好的投资回报。

(3)投资多个市场,回避汇率风险。因为海外投资存在一个汇率问题,如果将基金投资于海外,当海外的货币升值时,即使所投资的产品没有给投资者带来实质性的收益,仅仅是货币升值就能给投资者带来不菲的回报,而且人民币升值幅度并没有那么大,因此会比投资国内市场得到的收益更多。

## 8.1.2 QDII 基金分类

QDII 基金以港股、海外交易所交易基金和主动管理型基金为主要投资标的,对基金和股票投资占本基金资产的目标比例为 95%,其中对基金的投资不低于基金资产的 60%,货币市场工具及其他金融工具占本基金资产的 0~40%。

按照投资标的的不同,QDII 基金可以分为以下四类:①QDII 股票型,如工银瑞信全球配置或广发纳斯达克指数。②QDII 债券型,如工银瑞信全球美元债。③QDII 混合型,如华泰柏瑞亚洲企业。④QDII 另类投资,投资于黄金、原油、石油以及海外房地产信托投资(Reits),如易方达黄金主题或鹏华美国房地产。

投资于不同产品而在基金市场上大部分的 QDII 基金都是跟踪指数的,一般都是完全复制指数投资。其中,最常见的指数有标普 500、纳斯达克 100、道琼斯工业指数、恒生指数、中证系列指数等等。典型的 QDII 基金有以下四种:

(1)跟踪指数的基金。表 8-1 是一些跟踪标普 500 指数的 QDII 基金。

表 8-1 跟踪标普 500 指数的 QDII 基金

| 代码 | 名称 |
| --- | --- |
| 050025 | 博时标普 500ETF 联接 A |
| 513500 | 博时标普 500ETF |
| 006075 | 博时标普 500ETF 联接 C |
| 161125 | 易方达标普 500 人民币 |
| 003718 | 易方达标普 500 美元现汇 |
| 007721 | 天弘标普 500A |
| 007722 | 天弘标普 500C |
| 096001 | 大成标普 500 等权重 |

数据来源:同花顺网站

表 8-2 是一些跟踪纳斯达克 100 指数的 QDII 基金。

表 8-2  跟踪纳斯达克 100 指数的 QDII 基金

| 代码 | 名称 |
| --- | --- |
| 006479 | 广发纳斯达克指数 C 人民币 |
| 006480 | 广发纳斯达克指数 C 美元 |
| 270042 | 广发纳斯达克 100 指数 A 人民币 |
| 000055 | 广发纳斯达克 100 指数 A 美元 |
| 159941 | 广发纳斯达克 100ETF |
| 161130 | 易方达纳斯达克 100 人民币 |
| 003722 | 易方达纳斯达克 100 美元现汇 |
| 0400046 | 华安纳斯达克 100 人民币 |
| 0400047 | 华安纳斯达克 100 美元现钞 |
| 0400048 | 华安纳斯达克 100 美元现汇 |
| 513100 | 国泰纳斯达克 100ETF |
| 160213 | 国泰纳斯达克 100 |
| 513300 | 华夏纳斯达克 100ETF |
| 0000834 | 大成纳斯达克 100 |

表 8-3 是一些跟踪道琼斯系列指数的 QDII 基金。

表 8-3  跟踪道琼斯系列指数的 QDII 基金

| 代码 | 名称 |
| --- | --- |
| 004243 | 广发道琼斯美国石油 C 人民币 |
| 006680 | 广发道琼斯美国石油 C 美元现汇 |
| 162719 | 广发道琼斯美国石油 A 人民币 |
| 006679 | 广发道琼斯美国石油 A 美元现汇 |
| 160140 | 南方道琼斯美国精选 A |
| 160141 | 南方道琼斯美国精选 C |

表 8-4 是从同花顺网站得来的跟踪恒生指数的 QDII 基金。

## 第8章 QDII基金的资产配置和投资策略分析

**表 8-4 跟踪恒生指数的 QDII 基金**

| 代码 | 名称 |
| --- | --- |
| 006263 | 易方达香港恒生综合小型股 C |
| 161124 | 易方达香港恒生综合小型股 A |
| 005675 | 易方达恒生 H 股联接 C 人民币 |
| 110031 | 易方达恒生 H 股联接 A 人民币 |
| 110032 | 易方达恒生 H 股联接 A 美元现汇 |
| 110033 | 易方达恒生 H 股联接 A 美元现钞 |
| 510900 | 易方达恒生 H 股 ETF |
| 150169 | 汇添富恒生指数 A |
| 150170 | 汇添富恒生指数 B |
| 164705 | 汇添富恒生指数 |
| 150175 | 银华恒生 H 股 A |
| 150176 | 银华恒生 H 股 B |
| 161831 | 银华恒生 H 股 |
| 513660 | 华夏沪港通恒生 ETF |
| 006381 | 华夏恒生 ETF 联接 C |
| 000071 | 华夏恒生 ETF 联接 A(人民币) |
| 000075 | 华夏恒生 ETF 联接 A(美元现汇) |
| 000076 | 华夏恒生 ETF 联接 A(美元现钞) |
| 159920 | 华夏恒生 ETF |
| 008972 | 大成恒生综指 C |
| 160922 | 大成恒生综指 A |
| 160924 | 大成恒生指数 |
| 513600 | 南方恒生 ETF |

数据来源:同花顺网站

表 8-5 是跟踪中证系列指数的 QDII 基金。

表 8-5　跟踪中证系列指数的 QDII 基金

| 代码 | 名称 |
| --- | --- |
| 006327 | 易方达中证海外联接人民币 |
| 006328 | 易方达中证海外联接人民币 |
| 006329 | 易方达中证海外联接美元 A |
| 006330 | 易方达中证海外联接美元 C |
| 513050 | 易方达中概互联 50ETF |
| 009225 | 天弘中证中美互联网 A |
| 009226 | 天弘中证中美互联网 C |
| 164906 | 交银中证海外中国互联网 |

表 8-6 是跟踪德国 DAX 指数的 QDII 基金,跟踪该指数的 QDII 基金只有两只,场内场外各一只。

表 8-6　跟着德国 DAX 指数的 QDII 基金

| 代码 | 名称 |
| --- | --- |
| 000614 | 华安德国 30(DAX)ETF 联接 |
| 513030 | 华安德国 30(DAX)ETF |

表 8-7 是跟踪日经 225 指数的 QDII 型基金。

表 8-7　跟踪日经 225 指数的 QDII 基金

| 代码 | 名称 |
| --- | --- |
| 513000 | 易方达日兴资管日经 225ETF |
| 513520 | 华夏野村日经 225ETF |
| 513880 | 华安三菱日联日经 225ETF |

(2)投资于国家的基金。表 8-8 是投资于国家的 QDII 基金。

表 8-8　投资于国家的 QDII 基金

| 代码 | 名称 |
| --- | --- |
| 008763 | 天弘越南市场 A |

续表

| 代码 | 名称 |
| --- | --- |
| 008764 | 天弘越南市场C |
| 007280 | 上投摩根日本精选 |
| 006282 | 上投摩根欧洲动力策略 |
| 006105 | 泰达宏利印度 |

(3)投资于海外房地产的基金。表8-9是投资于海外房地产的QDII型基金。

表8-9 投资于海外房地产的QDII基金

| 代码 | 名称 |
| --- | --- |
| 000179 | 广发美国房地产人民币 |
| 000180 | 广发美国房地产美元 |
| 006283 | 鹏华美国房地产美元现汇 |
| 206011 | 鹏华美国房地产人民币 |
| 070031 | 嘉实全球房地产 |

(4)投资于原油、黄金的基金。表8-10是投资于原油、黄金的QDII基金。

表8-10 投资于原油、黄金的QDII基金

| 代码 | 名称 |
| --- | --- |
| 003321 | 易方达原油C人民币 |
| 003322 | 易方达原油A美元现汇 |
| 003323 | 易方达原油C美元现汇 |
| 161129 | 易方达原油A人民币 |
| 006476 | 南方原油C |
| 501018 | 南方原油A |
| 160723 | 嘉实原油 |
| 160216 | 国泰大宗商品 |
| 161116 | 易方达黄金主题A人民币 |

续表

| 代码 | 名称 |
| --- | --- |
| 007977 | 易方达黄金主题 A 美元 |
| 164701 | 汇添富黄金及贵金属 |
| 320013 | 诺安全球黄金 |
| 160719 | 嘉实黄金 |

## 8.1.3 QDII 基金额度审批分布

根据 QDII 基金设立的背景和市场条件，我国每年都会对 QDII 基金投资于外国市场的额度做一个限制，将这些额度分配给证券类金融机构、保险类机构、银行类金融机构以及信托类金融机构。

从图 8-1 中可以看出，截止到 2020 年 11 月 30 日，我国 QDII 基金额度主要分配在大部分金融机构，如证券公司、保险机构以及商业银行类，分别为 48%、30% 和 14%，这三类总共占据了 92%。这从侧面反映了我国 QDII 基金创立的初衷，也可以看出来我国 QDII 基金蓬勃发展的趋势。

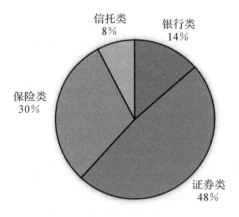

图 8-1 QDII 基金额度审批分布（截止到 2020 年 11 月 30 日）
数据来源：国家外汇管理局整理得来

### 8.1.4 QDII 基金规模与增长率

从 2001 年香港特区政府创立了 QDII 型基金之后,QDII 基金的发展一直备受关注。图 8-2 是国家外汇管理局整理的 2011—2020 年我国 QDII 基金规模与增长率的详细情况。

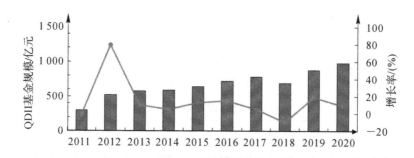

图 8-2　QDII 型基金规模发展与增长率
数据来源:国家外汇管理局

由图 8-2 可知,2011—2020 年我国 QDII 基金规模都在不断增长,只有在 2018 年出现了下降,这可能与国际情况及外汇汇率的影响有关。在增长率方面,2011—2012 年出现了大幅上升,而从 2012 年开始到 2020 年,一直都处于低位增长,其中 2012—2013 年出现大幅下降,这与 2011 年 QDII 基金规模大量增加有关,它的数量达到了一定程度,所以增长变缓。总体来看,我国 QDII 基金发展一直平稳增长。

## 8.2　QDII 基金经理分析

### 8.2.1　QDII 基金经理总体分析

QDII 基金数量众多,因此 QDII 基金经理也非常多,所以本章选取同花顺网站上 QDII 基金累计净值排名前十的基金进行详细分析。表 8-11 是累计净值排名前十的 QDII 基金。

表 8-11 累计净值排名前十的 QDII 基金

| 代码 | 名称 | 累计净值 |
| --- | --- | --- |
| 160213 | 国泰纳斯达克 100 指数（QDII） | 5.548 |
| 270042 | 广发纳斯达克 100 指数（QDII）A | 3.928 |
| 040046 | 华安纳斯达克 100 指数 | 3.753 |
| 006479 | 广发纳斯达克 100 指数（QDII）C | 3.638 |
| 270023 | 广发全球精选股票人民币（QDII） | 3.555 |
| 100061 | 富国中国中小盘混合（QDII） | 3.114 |
| 519696 | 交银环球精选混合（QDII） | 2.972 |
| 486002 | 工银全球精选股票 QDII | 2.878 |
| 000834 | 大成纳斯达克 100 指数 | 2.871 |
| 001668 | 汇添富全球互联混合（QDII） | 2.817 |

数据来源：同花顺网站

从表 8-11 可以看出，累计净值排名前十的 QDII 基金大多都是成立较早的跟踪指数的基金，成立时间越长，该基金的成长性越好，这基本上是一个定律。成立时间长的基金，基金经理能够经历一些大的市场波动，可以吸取教训，得到处理市场波动的经验。表 8-12 是截止到 2020 年 11 月 30 日累计净值排名前十的 QDII 基金经理情况，通过比较基金经理的情况来总体把握其效益。

表 8-12 累计净值排名前十的 QDII 基金经理情况

| 基金名称 | 基金经理 | 基金数量 | 从业时间 | 基金规模 | 任职回报率 |
| --- | --- | --- | --- | --- | --- |
| 国泰纳斯达克 100 指数（QDII） | 吴向军 | 9 | 5 年 163 天 | 6.61 亿元 | 200.46% |
| 广发纳斯达克 100 指数（QDII）A | 刘杰 | 34 | 2 年 139 天 | 20.29 亿元 | 58.99% |
| 华安纳斯达克 100 指数 | 倪斌 | 11 | 2 年 104 天 | 16.81 亿元 | 65.99% |
| 广发纳斯达克 100 指数（QDII）C | 刘杰 | 34 | 2 年 58 天 | 3.49 亿元 | 70.59% |
| 广发全球精选股票人民币（QDII） | 余昊 | 5 | 4 年 57 天 | 15.88 亿元 | 143.44% |
| 富国中国中小盘混合（QDII） | 张峰 | 8 | 8 年 111 天 | 30.38 亿元 | 243.85% |

续表

| 基金名称 | 基金经理 | 基金数量 | 从业时间 | 基金规模 | 任职回报率 |
| --- | --- | --- | --- | --- | --- |
| 交银环球精选混合（QDII） | 陈舒薇 | 1 | 349 天 | 1.29 亿元 | 16.85% |
| | 周中 | 4 | 5 年 12 天 | 68.74 亿元 | 83.47% |
| | 陈俊华 | 3 | 5 年 33 天 | 7.99 亿元 | 76.00% |
| 工银全球精选股票 QDII | 游凛峰 | 10 | 9 年 181 天 | 6.29 亿元 | 187.80% |
| 大成纳斯达克 100 指数 | 冉凌浩 | 7 | 6 年 40 天 | 9.69 亿元 | 187.10% |
| 汇添富全球互联混合（QDII） | 杨瑨 | 7 | 3 年 331 天 | 15.8 亿元 | 181.70% |

从表 8-12 可以看出，累计净值排名前十的基金经理管理的基金数量都是相对较少的，基金规模也比较大，从业时间越长的基金经理的回报率也相对较高。基金经理管理的数量越少时，该基金经理能够更加专注于自己管理的基金，因为基金投资需要以专业的知识来判断市场走势，从而达到盈利的目的。基金经理的从业时间也是一个关键因素，基金经理从业时间越长，像吴向军、张峰、游凛峰、冉凌浩以及杨瑨等，他们的任职回报率非常不错，都超过了 100%，甚至有两位基金经理的任职回报率超过了 200%。

## 8.2.2 QDII 基金经理具体分析

选取累计净值排名前三的 QDII 基金来分析基金经理的特征以及投资偏好，对其管理基金的累计净值走势以及持仓特点进行分析，找出这些基金经理的共性，为投资者选择基金经理提供参考。

**1. 国泰纳斯达克 100 指数（QDII）**

（1）累计净值与单位净值走势。在天天基金网中该基金的累计净值与单位净值图中可以看出，该基金自成立以来一直处于上涨的大趋势，主要收益来自 2018—2020 年三个基金大年，2019 年虽然经历了回调，但 2018 年和 2019 年上半年的蓝筹行情，也取得了不俗的业绩，典型的涨得多，回调也可接受的品种。

由图 8-3 可知，虽然很多基金都受到疫情影响从而收益下跌，而这只基金的收益仅在 2020 年 12 月 8 日下降了，其他时间一直在稳步上升，说明该基金经理对该基金的管理能力和择时能力是比较好的。

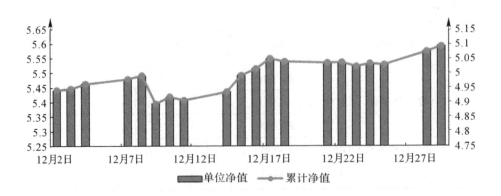

图 8-3 国泰纳斯达克 100 指数(QDII)2020 年 12 月累计净值走势

(2)前十大重仓股。表 8-13 是国泰纳斯达克 100 指数(QDII)前十大重仓股的具体情况,包括名称、持股数、占净值比以及所属行业,从这些方面来分析该基金的基金经理的投资方向以及偏好。

表 8-13 国泰纳斯达克 100 指数(QDII)前十大重仓股

| 重仓股股票名称 | 持股数/万股 | 占净值比 | 所属行业 |
| --- | --- | --- | --- |
| 苹果 | 10.15 | 12.11% | 电子高科技 |
| 微软 | 4.52 | 9.79% | IT |
| 亚马逊 | 0.29 | 9.57% | 电商 |
| 脸谱网 | 1.43 | 3.86% | 互联网科技 |
| 特斯拉 | 0.71 | 3.14% | 汽车制造 |
| 谷歌 A | 0.20 | 3.10% | 互联网科技 |
| 谷歌 C | 0.20 | 3.03% | 互联网科技 |
| 英伟达 | 0.47 | 2.62% | 显卡制造 |
| 奥多比 | 0.36 | 1.82% | 电脑软件 |
| 贝宝 | 0.89 | 1.81% | 互联网科技 |

从基金持仓明细看,基金经理热衷于互联网科技、电商等行业,这些行业都是近年来比较火热的领域,这些基本属于科技技术行业,都是非常有潜力的行业。该基金经理比较热衷于投资有上升潜力的行业,对于长期投资有很好的把握,从侧面反映出基金经理的投资能力。

(3)重仓股持股集中度。表 8-14 是国泰纳斯达克 100 指数(QDII)2018 年

1季度到2020年3季度的重仓股持股集中度,也就是每个季度的所占净值比。

表8-14 国泰纳斯达克100指数(QDII)重仓股持股集中度

| 时间 | 持股集中度(占净值比) |
| --- | --- |
| 2020年3季度 | 50.85% |
| 2020年2季度 | 49.95% |
| 2020年1季度 | 49.12% |
| 2019年4季度 | 47.87% |
| 2019年3季度 | 50.55% |
| 2019年2季度 | 49.69% |
| 2019年1季度 | 47.78% |
| 2018年4季度 | 48.44% |
| 2018年3季度 | 46.24% |
| 2018年2季度 | 44.05% |
| 2018年1季度 | 43.85% |

从十大重仓股比例看,不算非常集中。从2018年1季度到2020年3季度,该基金经理的十大重仓股比例维持在50%左右,很少有超过50%的,属于投资较为分散类型,此时安全性会比集中持仓好,说明该基金经理比较注重风险分散。但是收益本身就是与风险同在的,如果风险被分散了,那么所要达到的收益必定不会太高,此时就要求基金经理投入更多的精力和专业能力来管理该基金。显然,该基金经理做得很好,因为收益一直处于稳步上升的状态。

(4)基金的换手率。表8-15是天天基金网整理的2018年12月31日到2020年6月30日国泰纳斯达克100指数(QDII)的换手率。从基金的换手率可以看出基金经理对基金的管控次数和能力。

表8-15 国泰纳斯达克100指数(QDII)基金的换手率

| 报告期 | 基金换手率 |
| --- | --- |
| 2020.06.30 | 58.52% |
| 2019.12.31 | 18.80% |
| 2019.06.31 | 24.47% |
| 2018.12.31 | 56.79% |

从基金换手率看,每半年换手都没超过60%,说明基金经理交易频率相对

较低。另外这个基金的换手率也呈现出一定的波动,这个可能与该基金规模的变化有关。基金规模越大,越难调整仓位,换手率会降低,反之换手率会相应增加。这也是不太建议买规模较大的基金的原因(100亿元以上),基金规模太大,基金经理的操盘灵活性就会降低,超额收益也更难做到。

**2. 广发纳斯达克100指数(QDII)A**

(1)累计净值与单位净值走势。

从图8-4可以看出,虽然很多基金都受到疫情影响而收益下跌,而这只基金的收益仅仅在2020年12月8日下降了,其他时间一直在稳步上升,说明该基金经理对该基金的管理能力和择时能力是比较好的。与累计净值排名第一的国泰纳斯达克100指数(QDII)基金进行比较,可以看出这两只基金同时在2020年12月8日净值下降,一方面可能因为受市场环境的影响,另一方面也表明排名靠前的基金经理对于大环境的把握是有共同之处的,总体来说他们都能很好地把握市场。

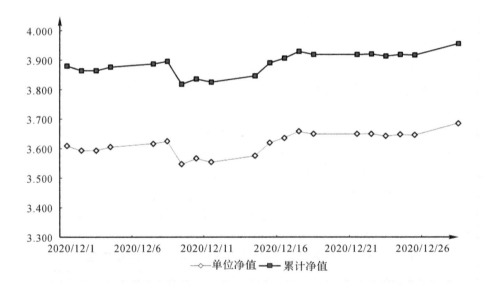

图8-4 广发纳斯达克100指数(QDII)A2020年12月累计净值走势

(2)前十大重仓股。表8-16是广发纳斯达克100指数(QDII)A前十大重仓股的具体情况,包括持股数、占净值比以及所属行业,从这些方面来分析该基金的基金经理的投资方向以及偏好。

表 8-16  广发纳斯达克 100 指数(QDII)A 前十大重仓股

| 股票名称 | 持股数/万股 | 占净值比例 | 所属行业 |
| --- | --- | --- | --- |
| 苹果 | 37.47 | 12.43% | 电子高科技 |
| 微软 | 15.88 | 9.56% | IT |
| 亚马逊 | 1.06 | 9.53% | 电商 |
| Facebook Inc-A | 5.22 | 3.92% | 互联网科技 |
| 谷歌-C | 0.75 | 3.17% | 互联网科技 |
| 谷歌-A | 0.67 | 2.82% | 互联网科技 |
| 特斯拉 | 2.14 | 2.63% | 汽车制造 |
| 英伟达 | 1.50 | 2.32% | 电脑软件 |
| 奥多比 | 1.19 | 1.68% | 电脑软件 |
| 英特尔 | 10.95 | 1.62% | 显卡制造 |

从基金持仓明细看，该基金经理比较热衷于投资有上升潜力的行业，表明该基金经理对于长期投资有一个很好的把握，从侧面反映出基金经理的投资能力。这与排名第一的国泰纳斯达克 100 指数(QDII)的重仓持股是差不多的，行业分布基本相同，每一个重仓股的持股比例都大致相同，这也能反映出两位基金经理的共性。

(3)重仓股持股集中度。表 8-17 是广发纳斯达克 100 指数(QDII)A 从 2018 年 1 季度到 2020 年 3 季度的重仓股持股集中度，也就是每个季度的所占净值比。

表 8-17  广发纳斯达克 100 指数(QDII)A 前十重仓股持股集中度

| 时间 | 持股集中度(占净值比) |
| --- | --- |
| 2020 年 3 季度 | 49.68% |
| 2020 年 2 季度 | 48.85% |
| 2020 年 1 季度 | 48.77% |
| 2019 年 4 季度 | 47.66% |
| 2019 年 3 季度 | 49.58% |
| 2019 年 2 季度 | 49.14% |
| 2019 年 1 季度 | 48.49% |
| 2018 年 4 季度 | 48.99% |

续表

| 时间 | 持股集中度（占净值比） |
| --- | --- |
| 2018 年 3 季度 | 47.88% |
| 2018 年 2 季度 | 49.82% |
| 2018 年 1 季度 | 46.19% |

从十大重仓股比例看，不算非常集中。从 2018 年 1 季度到 2020 年 3 季度，该基金经理的十大重仓股比例维持在 50% 左右，很少有超过 50% 的，也属于稳健型投资，此时安全性会比集中持仓好，说明该基金经理比较注重风险分散，但是此时要收到远超指数的收益，就比集中持仓难得多，同时也要求基金经理花更多的精力关注更多的股票。

（4）基金的换手率。表 8-18 是广发纳斯达克 100 指数（QDII）A 基金的换手率。

**表 8-18　广发纳斯达克 100 指数（QDII）A 基金的换手率**

| 报告期 | 基金换手率 |
| --- | --- |
| 2020/6/30 | 39.54% |
| 2019/12/31 | 18.58% |
| 2019/6/30 | 28.70% |
| 2018/12/31 | 93.10% |

从基金换手率看，2018 年 12 月 31 日该基金换手率为 93.10%，这是一个比较高的频次，但是从 2019 年开始，到 2020 年 6 月 30 日，该基金换手率一直处于比较低的状态，说明该基金经理在 2019 年之前对该基金投入较多的精力，但是也不是换手率越高越好，在 2019 年该基金的换手率突然下降，但在 2020 年逐渐上升，这也许与该基金的收益以及规模有关，单凭此数据不能说明该基金经理在换手率方面做得不够好。综合来看，该基金经理对于该只基金的管理还是不错的。

### 3. 华安纳斯达克 100 指数

（1）累计净值走势。从图 8-5 可以看出，虽然很多基金都受到疫情影响而收益下跌，但这只基金的收益仅仅在 2020 年 12 月 8 日下降了，其他时间一直在稳步上升，说明该基金经理对于该基金的管理能力和择时能力是比较好的。与累计净值排名第一和第二的国泰纳斯达克 100 指数（QDII）基金、广发纳斯达克

100指数(QDII)A进行比较,可以看出这三只基金同时在2020年12月8日净值下降,表明排名靠前的基金经理对于大环境的把握有共同之处,总体来说他们都能很好地把握市场。

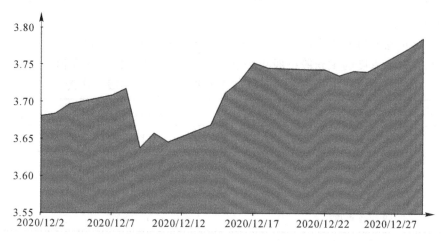

图8-5　华安纳斯达克100指数2020年12月累计净值走势

(2)前十大重仓股。表8-19是华安纳斯达克100指数前十大重仓股的具体情况,包括持股数、占净值比以及所属行业,从这些方面来分析该基金的基金经理的投资方向以及偏好。

表8-19　华安纳斯达克100指数前十大重仓股

| 股票名称 | 持股数(万股) | 占净值比例 | 所属行业 |
| --- | --- | --- | --- |
| 苹果 | 26.67 | 12.51% | 电子高科技 |
| 微软 | 11.66 | 9.94% | IT |
| 亚马逊 | 0.76 | 9.70% | 电商 |
| Facebook Inc-A | 3.70 | 3.93% | 互联网科技 |
| 特斯拉 | 1.83 | 3.18% | 汽车制造 |
| 谷歌-A | 0.53 | 3.17% | 互联网科技 |
| 谷歌-C | 0.51 | 3.06% | 互联网科技 |
| 英伟达 | 1.22 | 2.68% | 电脑软件 |
| 奥多比 | 0.94 | 1.87% | 电脑软件 |
| PayPal Holdings Inc | 2.31 | 1.84% | 互联网科技 |

从基金持仓明细看,该基金经理擅长互联网科技、电商等行业。很明显这与排名第一和第二的国泰纳斯达克100指数(QDII)、广发纳斯达克100指数(QDII)A的重仓持股是差不多的,行业分布基本相同,就连每一个重仓股的持股比例都大致相同,仅在持股比例的排名上有略微不同,这也能反映出三位基金经理的共性。

(3)重仓股持股集中度。表8-20是华安纳斯达克100指数2018年1季度到2020年3季度的重仓股持股集中度,也就是每个季度的所占净值比。

表8-20 华安纳斯达克100指数重仓股持股集中度

| 时间 | 持股集中度(占净值比) |
| --- | --- |
| 2020年3季度 | 51.88% |
| 2020年2季度 | 50.58% |
| 2020年1季度 | 51.12% |
| 2019年4季度 | 54.28% |
| 2019年3季度 | 51.71% |
| 2019年2季度 | 51.00% |
| 2019年1季度 | 49.92% |
| 2018年4季度 | 49.49% |
| 2018年3季度 | 52.57% |
| 2018年2季度 | 51.59% |
| 2018年1季度 | 54.69% |

从十大重仓股比例看,不算非常集中。从2018年1季度到2020年3季度,该基金经理的十大重仓股比例基本维持在50%以上,说明该基金经理相较于前两位基金经理的风险分散更低,可能是为了更高的收益。因为只有在风险越高时该基金的收益才会越高,所以与前面两位基金经理不同的是,该基金经理更加注重收益,相对来说该基金持仓量比较重,从比较中可以看出投资要在风险和收益之间找到一个平衡点,激进的投资者并不一定能取得最佳的投资回报。

(4)基金的换手率。表8-21是整理的2018年12月31日到2020年6月30日华安纳斯达克100指数基金的换手率。

第 8 章　QDII 基金的资产配置和投资策略分析

表 8-21　华安纳斯达克 100 指数基金的换手率

| 报告期 | 基金换手率 |
| --- | --- |
| 2020/6/30 | 27.42% |
| 2019/12/31 | 26.58% |
| 2019/6/30 | 42.11% |
| 2018/12/31 | 92.47% |

从基金换手率看,2018 年 12 月 31 日该基金换手率为 92.47%,还是一个比较高的频次,从 2019 年开始,到 2020 年 6 月 30 日,该基金换手率一直处于比较低的状态,没有超过 50%,说明该基金经理在 2019 年之前交易频繁,而在 2019 年到 2020 年,该基金换手率逐步下降,可能与该基金的收益以及规模有关,单凭换手率不能说明该基金经理的操作风格。综合来看,该基金经理对于该只基金的管理还是不错的。

## 8.3　QDII 基金的资产配置分析

### 8.3.1　排名前三的 QDII 基金的资产配置

**1. 国泰纳斯达克 100 指数(QDII)**

图 8-6 是国泰纳斯达克 100 指数(QDII)基金的资产配置明细,包括股票占净比、现金占净比以及存托凭证占净比。

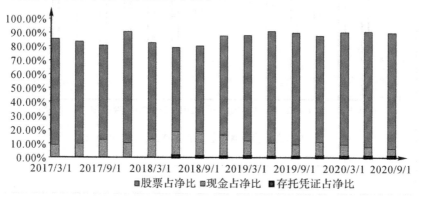

图 8-6　国泰纳斯达克 100 指数(QDII)基金资产配置明细

## 2. 广发纳斯达克 100 指数(QDII)A

图 8-7 是华安纳斯达克 100 指数(QDII)A 基金的资产配置明细,包括股票占净比、现金占净比以及存托凭证占净比。

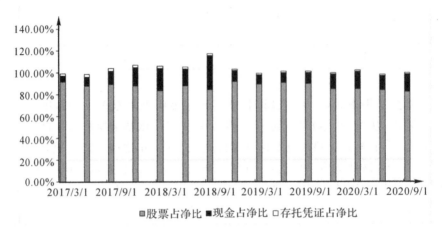

图 8-7　广发纳斯达克 100 指数(QDII)A 基金资产配置明细

## 3. 华安纳斯达克 100 指数

图 8-8 是华安纳斯达克 100 指数(QDII)基金的资产配置明细,包括股票占

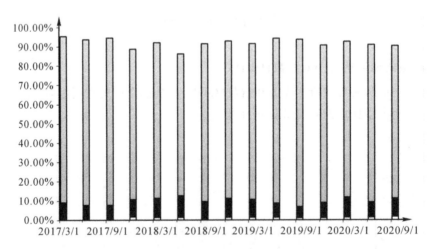

图 8-8　华安纳斯达克 100 指数基金资产配置明细

净比、现金占净比以及存托凭证占净比。

## 8.3.2 QDII 基金的资产配置策略分析

从图 8-6～图 8-8 可以看出，排名第一的国泰纳斯达克 100 指数（QDII）基金、排名第二的广发纳斯达克 100 指数（QDII）A 以及排名第三的华安纳斯达克 100 指数在资产配置方面具有相似的特点。首先，三只基金都以股票为主，第一只基金股票占净比基本在 75%～80%，第二只基金股票占净比基本在 80%～100%，第三只基金的股票占净比基本在 75%～80%。其次，现金占净比差别比较明显，第一只基金的现金占净比为 0～20%，第二只基金的现金占净比为 5%～20%，第三只基金的现金占净比为 0～10%。最后，存托凭证占净比都比较少，处于 5% 以下。从三张图可知，排名靠前的 QDII 基金经理对于该基金的管理方式大致相同，股票占净比都是相对较高的，这说明三位基金经理都是比较激进的投资管理者，而且对于现金和其他资产持有的都较少，这样也从侧面反映出来风险与收益的正相关关系。

**1. 国泰纳斯达克 100 指数（QDII）资产配置策略**

国泰纳斯达克 100 指数（QDII）采取完全复制指数的策略进行投资。其资产配置主要分为两部分，一部分分配于信息技术行业、通信服务行业、非必须消费品行业、必需消费品行业以及保健行业。另一部分投资于具有良好流动性的金融工具，如指数型公募基金、货币市场工具以及中国证监会批准的其他金融工具。投资于金融衍生品的目标是替代跟踪标的指数的成分股，使基金的投资组合更紧密地跟踪标的指数。

**2. 广发纳斯达克 100 指数（QDII）A 资产配置策略**

广发纳斯达克 100 指数（QDII）A 以追求标的指数长期增长的稳定收益为目标，在降低跟踪误差和控制流动性风险的双重约束下构建指数化的投资组合。首先在行业配置方面，主要分配于信息技术行业、通信服务行业、医疗保健行业、日常消费品行业以及工业行业。其次在产品分配比例方面：①对纳斯达克 100 指数成分股的投资比例不低于基金资产净值的 85%。②对纳斯达克 100 指数备选成分股及以纳斯达克 100 指数为投资标的的交易型开放式指数基金（ETF）的投资比例不高于基金资产净值的 10%。③现金或者到期日在一年以内的政府债券不低于基金资产净值的 5%。

**3. 华安纳斯达克 100 指数资产配置策略**

华安纳斯达克 100 指数在行业配置方面主要分配于信息技术、通信服务、非日常生活消费品、医疗保健以及日常消费品等行业。投资于金融衍生品的目标是使得基金的投资组合更紧密地跟踪标的指数,这样便于更好地实现基金的投资目标,该基金不应用于投机交易目的或用作杠杆工具放大基金的投资。

## 8.4 QDII 基金的收益与风险分析

### 8.4.1 QDII 基金的收益分析

为了分析 QDII 基金的收益情况,将截至 2020 年 12 月 16 日的前十大基金的收益率情况进行排名,见表 8-22。

表 8-22 QDII 型基金 2020 年收益率排名情况　　(单位:%)

| 证券代码 | 证券名称 | 2020年以来 | 近6月 | 近1年 | 近2年 | 近3年 | 成立至今 |
| --- | --- | --- | --- | --- | --- | --- | --- |
| 000906.OF | 广发全球精选股票美元(QDII) | 101 | 61.93 | 105.21 | 148.37 | 96.43 | 153.95 |
| 006310.OF | 添富全球消费混合(QDII)美元现汇 | 97.2 | 43.44 | 100.91 | 186.19 | | 179.41 |
| 001691.OF | 南方香港成长 | 93.46 | 38.92 | 96.41 | 171.13 | 114.93 | 118.8 |
| 002893.OF | 华夏移动互联混合(QDII)(美元现钞) | 89.34 | 43.19 | 90.5 | 169.31 | 114.24 | 157.42 |
| 002892.OF | 华夏移动互联混合(QDII)(美元现汇) | 89.34 | 43.19 | 90.5 | 169.31 | 114.24 | 157.6 |
| 270023.OF | 广发全球精选股票人民币(QDII) | 88.19 | 49.26 | 91.4 | 135.66 | 94.95 | 316.47 |
| 006308.OF | 添富全球消费混合(QDII)人民币 A | 84.64 | 32.2 | 87.42 | 171.85 | | 167.26 |
| 005534.OF | 华夏新时代混合(QDII) | 83.24 | 42.61 | 85.84 | 124.69 | | 100.45 |
| 006309.OF | 添富全球消费混合(QDII)人民币 C | 82.82 | 31.56 | 85.52 | 166.16 | | 160.97 |

续表

| 证券代码 | 证券名称 | 2020年以来 | 近6月 | 近1年 | 近2年 | 近3年 | 成立至今 |
|---|---|---|---|---|---|---|---|
| 007455.OF | 富国蓝筹精选股票(QDII) | 80.82 | 22.47 | 83.24 | | | 112.61 |

截至2020年12月16日，2020年以来收益率排名第一的是广发全球精选股票美元(QDII)，其在2020年以来收益率达到了101%，持仓主要是美股和港股，截至2020年9月30日，其持仓最大的股票是福莱特玻璃(06865.HK)，占基金净值的11.37%，这只股票在9月的涨幅达到74.92%。广发全球精选股票美元(QDII)成立以来收益率达到了153.95%。排名第二的是添富全球消费混合(QDII)美元现汇，2020年以来的收益率达到了97.2%。其他8只基金收益都达到了80%以上，很大程度地跑赢了市场。2020年全球股市都有较为不错的表现，可能是全球都处于货币宽松的政策环境。根据弗里德曼的货币政策传输途径可以知道，在宽松货币政策下，首先推升的就是资产价格，因此股票市值上升，优质的企业被挑选了出来。

## 8.4.2 QDII基金的风险分析

表8-22显示QDII基金在2020年3月发生了很大的回撤，主要是受疫情影响，由于公募基金的基金仓位比较高，在遇到系统风险时无法及时调整仓位，不能抗跌。下面将对收益率排名前三的基金做回撤分析。

**1. 广发全球精选股票美元(QDII)**

如图8-9所示，广发全球精选股票美元(QDII)2020年以来的最大回撤率达到了28.77%，若投资者在最大回撤发生前购买基金，则最大损失将达到28.77%。对于一些基金投资者而言，有可能设置了止损位，这个止损位可能小于28.77%。虽然这只基金总体表现不错，但是如果没有拿住，将会给投资者带来相应的损失。发生如此大幅度回撤的原因是2020年的疫情给股票市场带来了很大的不确定性，增加了股票市场的风险。

**2. 添富全球消费混合(QDII)美元现汇**

如图8-10所示，2020年以来添富全球消费混合(QDII)美元现汇最大回撤率达到15.48%，相比于广发全球精选股票美元(QDII)，这只基金的最大回撤率要小得多。对于投资者而言，买入该基金的风险要小得多，投资者的最大损失在

15.48%。虽然收益率相比于排名第一的广发全球精选股票美元(QDII)要少3.8%,但是最大回撤率要小13.29%。

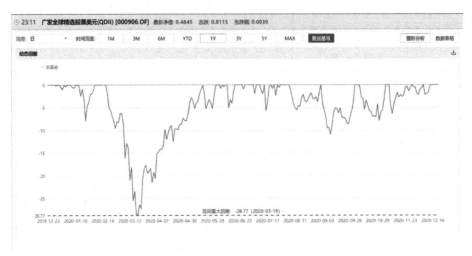

图8-9　广发全球精选股票美元(QDII)2020年净值变化

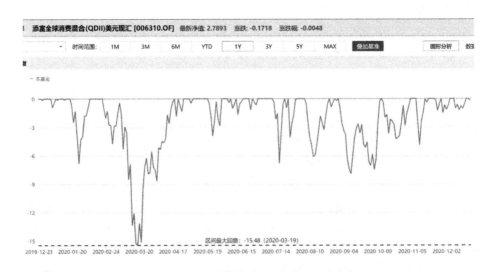

图8-10　添富全球消费混合(QDII)美元现汇2020年净值变化

**3. 南方香港成长**

如图8-11所示,从2020年1月1日至2020年12月16日,南方香港成长的最大回撤率达到19.69%,这比广发全球精选股票美元(QDII)的最大回撤率要小9.08%,说明这只基金比广发全球精选股票美元(QDII)更加抗跌,风险管理能力具有优势。相对于添富全球消费混合(QDII)美元现汇来说,南方香港成长的最大回撤率就比较大。

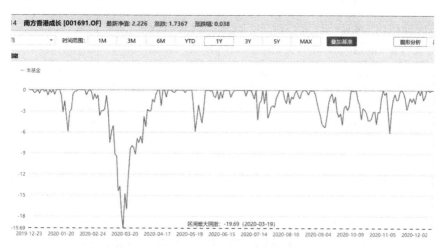

图8-11 南方香港成长2020年净值变化

**4. 收益率排名前十的QDII型基金的最大回撤分析**

由表8-23可知,2020年以来这10只基金的最大回撤率不算最高,最高的是易方达原油(QDII-LOF-FOF)C类美元汇,其最大回撤率达到了73.33%,这也与其基金的资产配置有关。大多数QDII基金的最大回撤都在2020年3月初,主要原因还是疫情给全球金融市场带来了不确定性,QDII基金大多都有阶段性的回撤,但是下跌力度不大。当2020年2月海外疫情出现爆发后,基金净值大多开始下挫,国内疫情在2020年2月时得到了有效的控制,道指也在回升,但是自从海外被确诊的病例逐渐增多时,欧美股指又受到下挫,下挫力度远大于之前,直到2020年3月23日,道琼斯指数创出了阶段性新低,达到18 213.65,个股也受到影响,这也是QDII基金净值在这一天最低的原因。随后,各国开始加大货币政策力度,宽松的货币政策推升了股价。这也警示了投资者,在回撤前买入资产可能受到损失。

表8-23 收益率排名前十的QDII基金的最大回撤率

| 证券名称 | 最大回撤率/(%) | 按照收益排行 |
| --- | --- | --- |
| 广发全球精选股票美元(QDII) | 28.7741 | 1 |
| 添富全球消费混合(QDII)美元现汇 | 15.4787 | 2 |

续表

| 证券名称 | 最大回撤率/(%) | 按照收益排行 |
| --- | --- | --- |
| 南方香港成长 | 19.6863 | 3 |
| 华夏移动互联混合（QDII）（美元现钞） | 19.3073 | 4 |
| 华夏移动互联混合（QDII）（美元现汇） | 19.3073 | 5 |
| 广发全球精选股票人民币（QDII） | 28.4675 | 6 |
| 添富全球消费混合（QDII）人民币 A | 14.9168 | 7 |
| 华夏新时代混合（QDII） | 19.5196 | 8 |
| 添富全球消费混合（QDII）人民币 C | 14.9842 | 9 |
| 富国蓝筹精选股票（QDII） | 18.2776 | 10 |

## 8.5 QDII 基金的绩效分析

### 8.5.1 QDII 基金的夏普比率和索提诺比率分析

表 8-24 显示，收益率前十的基金的夏普比率和索提诺比率的波动率都是相同的，因此选择夏普比率进行综合分析。

表 8-24 收益率排名前十的基金的夏普比率与索提诺比率

| 证券名称 | 夏普比率（年化） | 索提诺比率 |
| --- | --- | --- |
| 南方香港成长 | 4.280 8 | 0.819 8 |
| 添富全球消费混合（QDII）美元现汇 | 4.022 4 | 0.743 2 |
| 添富全球消费混合（QDII）人民币 A | 3.748 5 | 0.717 2 |
| 添富全球消费混合（QDII）人民币 C | 3.667 8 | 0.702 3 |
| 富国蓝筹精选股票（QDII） | 3.432 6 | 0.625 6 |
| 华夏新时代混合（QDII） | 3.284 4 | 0.637 2 |
| 华夏移动互联混合（QDII）（美元现钞） | 3.189 7 | 0.604 5 |
| 华夏移动互联混合（QDII）（美元现汇） | 3.189 7 | 0.604 5 |

续表

| 证券名称 | 夏普比率(年化) | 索提诺比率 |
|---|---|---|
| 广发全球精选股票美元(QDII) | 2.707 3 | 0.510 6 |
| 广发全球精选股票人民币(QDII) | 2.646 | 0.509 2 |

表8-25显示,截至2020年12月16日,这十只基金中,南方香港成长的夏普比率和索提诺比率都是最高的,这说明南方香港成长的基金经理获得超额收益的能力在这十只基金中最高,在每单位系统风险下,南方香港成长的超额收益最高。这些基金的夏普比率都大于零,说明基金经理在面临单位总风险时,都能够获得超额收益。

表8-25 收益排名前十基金的夏普指数

| 证券名称 | 2020年收益率/(%) | 夏普比率(年化) | 收益排序 |
|---|---|---|---|
| 广发全球精选股票美元(QDII) | 101 | 2.707 3 | 1 |
| 添富全球消费混合(QDII)美元现汇 | 97.2 | 4.022 4 | 2 |
| 南方香港成长 | 93.46 | 4.280 8 | 3 |
| 华夏移动互联混合(QDII)(美元现钞) | 89.34 | 3.189 7 | 4 |
| 华夏移动互联混合(QDII)(美元现汇) | 89.34 | 3.189 7 | 5 |
| 广发全球精选股票人民币(QDII) | 88.19 | 2.646 | 6 |
| 添富全球消费混合(QDII)人民币A | 84.64 | 3.748 5 | 7 |
| 华夏新时代混合(QDII) | 83.24 | 3.284 4 | 8 |
| 添富全球消费混合(QDII)人民币C | 82.82 | 3.667 8 | 9 |
| 富国蓝筹精选股票(QDII) | 80.82 | 3.432 6 | 10 |

## 8.5.2 QDII基金的特雷诺比率分析

表8-26显示,富国蓝筹精选股票(QDII)的特雷诺比率最高,说明该基金在单位系统风险下,获得的超额收益最大,也表明基金经理在管理系统风险方面做得不错。在单位系统风险下,该基金经理能获得0.100 8的超额收益,主要原因在于这只基金持仓蓝筹股,能够穿越牛熊,系统风险对其影响比较小。其次是南方香港成长,在单位系统风险下,其超额收益达到了0.060 7,说明该基金经理

在管理系统风险时也做得很好。

表 8-26　收益排名前十基金的特雷诺比率

| 证券名称 | 特雷诺比率 | 收益排序 |
| --- | --- | --- |
| 广发全球精选股票人民币（QDII） | 0.033 9 | 6 |
| 广发全球精选股票美元（QDII） | 0.034 3 | 1 |
| 华夏新时代混合（QDII） | 0.043 5 | 8 |
| 添富全球消费混合（QDII）美元现汇 | 0.048 4 | 2 |
| 添富全球消费混合（QDII）人民币 C | 0.049 2 | 9 |
| 添富全球消费混合（QDII）人民币 A | 0.050 0 | 7 |
| 华夏移动互联混合（QDII）（美元现钞） | 0.051 2 | 4 |
| 华夏移动互联混合（QDII）（美元现汇） | 0.051 2 | 5 |
| 南方香港成长 | 0.060 7 | 3 |
| 富国蓝筹精选股票（QDII） | 0.100 8 | 10 |

### 8.5.3　QDII 基金的詹森指数分析

表 8-27 中收益率排名前十基金的詹森指数都是大于 0 的，表明这十只基金的基金经理都能够获得超过市场基准组合的收益率。其中添富全球消费混合（QDII）美元现汇的超额收益率最大。

表 8-27　收益率排名前十基金的詹森指数

| 证券名称 | 詹森指数 | 收益排序 |
| --- | --- | --- |
| 添富全球消费混合（QDII）美元现汇 | 0.049 2 | 2 |
| 广发全球精选股票美元（QDII） | 0.046 5 | 1 |
| 南方香港成长 | 0.045 9 | 3 |
| 富国蓝筹精选股票（QDII） | 0.045 9 | 10 |
| 华夏移动互联混合（QDII）（美元现钞） | 0.045 3 | 4 |
| 华夏移动互联混合（QDII）（美元现汇） | 0.045 3 | 5 |
| 添富全球消费混合（QDII）人民币 A | 0.044 9 | 7 |
| 添富全球消费混合（QDII）人民币 C | 0.044 0 | 9 |
| 广发全球精选股票人民币（QDII） | 0.041 9 | 6 |
| 华夏新时代混合（QDII） | 0.040 7 | 8 |

## 8.5.4　QDII 基金的择时能力和选股能力分析

表 8-28 中十只基金的选股能力指标都是正的,表明基金经理在选股方面是十分厉害的,能够战胜市场。市场上大多公募基金经理为了控制风险,都必须持有投资组合来分散风险,这能对基金经理的选股能力这一指标为什么偏低甚至是负的做出解释。表 8-28 中收益率排名前十的 QDII 基金的择时能力都是负的(几乎全部股票型基金择时能力),因为基金经理持股数量庞大,在做仓位调整时,往往会给股价带来很大的波动,对市场造成很大的震动,所以公募基金经理都偏向于长期持仓,在市场反弹时以抓住市场机会,这就能解释为什么择时能力指标都是负的。

表 8-28　收益率排名前十基金的选股、择时能力

| 证券名称 | 选股能力 | 择时能力 |
| --- | --- | --- |
| 广发全球精选股票美元(QDII) | 0.016 5 | −6.017 5 |
| 添富全球消费混合(QDII)美元现汇 | 0.015 0 | −4.470 8 |
| 南方香港成长 | 0.015 1 | −4.395 3 |
| 华夏移动互联混合(QDII)(美元现钞) | 0.013 5 | −3.225 1 |
| 华夏移动互联混合(QDII)(美元现汇) | 0.013 5 | −3.225 1 |
| 广发全球精选股票人民币(QDII) | 0.014 9 | −5.394 5 |
| 添富全球消费混合(QDII)人民币 A | 0.013 3 | −3.785 3 |
| 华夏新时代混合(QDII) | 0.013 3 | −3.116 1 |
| 添富全球消费混合(QDII)人民币 C | 0.013 1 | −3.785 5 |
| 富国蓝筹精选股票(QDII) | 0.016 3 | −7.365 5 |

# 8.6　QDII 基金的投资策略分析

近年我国 A 股市场受到市场震荡、人民币贬值等因素的影响,国内越来越多的投资者开始将目光转向 QDII 基金,QDII 基金也在近几年取得了高额的收益。一方面,根据自身的性格和投资经验,投资者需要考虑是选择被动型基金还是主动型基金。一般而言,具备一定基金投资经验的、对市场的中长期具有判断能力的投资者可以考虑被动型基金;而缺乏投资经验的投资者则可以考虑主动

型基金,依靠基金经理来投资。另一方面,在投资 QDII 基金时,投资者需要评估自身的风险承受能力。如果购入的基金产品的风险超过自身的心理承受力,投资者往往会在巨大的心理压力下进行过度频繁买卖、缺乏理性判断等一系列异常行为,而最终的投资业绩也与心理预期相差甚远。投资者在选择基金产品之前一定要按照基金管理公司的要求做风险承受能力的相关测试,根据测试结果选择合适产品。若没有资金的流动性需求,就直接购买封闭式 QDII 基金。在选择 QDII 基金时,应该根据自身的风险偏好进行投资。在获得相应收益的同时一定会面临同等的风险,因此投资者应该选择相应的基金类型。如果买股票型 QDII 基金,那么就首先应该选择市场,查看基金持仓,再看基金投资的股票类型,根据自己的需求进行购买。

很多投资者在购买基金时往往只注重基金的收益率,却忽视其他例如风险等主要参考因素。不可否认,收益率高的基金确实比收益率低的基金更受投资者青睐,并且很多基金公司就以历史高收益率的业绩来作为宣传手段,片面诱导投资者。但是,应当注意到高收益率的取得往往也是基于高风险和其他潜在的不确定因素的。基金业绩受到投资集中程度、基金存续期以及基金规模的显著影响。投资者在选择 QDII 基金时也需要关注 QDII 基金主要投资的区域和行业。当前我国 QDII 基金发展不成熟,区域和行业集中度越高反而会带来较高的业绩表现,因此投资者需要根据自己的判断选择那些具有收益潜力的区域进行投资。长期来看,随着我国 QDII 基金发展日趋成熟,过度集中的投资偏好已然不能满足全球配置资产的投资者的需要,将来投资者也需要根据资产组合理论选择适合自己的分散化投资的 QDII 产品。理性投资者通常会根据公布的包括三大指数在内的业绩评价指标进行投资,但需要注意的是这些指标都是基于历史数据来评价基金历史业绩表现的,并不能完全说明基金的未来表现。因此,投资者还需要综合权衡各方因素,例如 QDII 基金投资类型、基金公司声誉、基金投资集中程度、基金经理个人特点、海外投资顾问、基金规模等因素。基于众多学者的研究,这些因素可能会对 QDII 基金业绩产生影响。

# 第 9 章 货币型基金的资产配置和投资策略分析

## 9.1 货币型基金概况

### 9.1.1 货币型基金的概念

货币型基金又称货币市场基金,是主要投资于货币市场上的开放式基金,平均到期期限短,以 3 个月至 6 个月居多,而且风险远低于其他资本市场上的金融工具,适于承受风险能力较低(较为稳健)的投资者,其投资标的安全性和快速变现能力也决定了其收益的稳定和较低。因此,货币型基金也被誉为银行存款的最佳替代产品。

### 9.1.2 货币型基金的分类

货币型基金的基金管理公司一般根据面向的客户群体不同,在设立货币型基金时将货币型基金分成两类,其中 A 类货币型基金主要面向个人投资者,而 B 类货币型基金主要面向机构投资者,虽然基金面向的客户群体有所区别,但在基金的管理费和托管费上却是相同的。下面以方达天天理财货币为例对 A 类和 B 类货币型基金的区别做简单阐述。

(1)销售服务费不同。A 类有 0.25% 的销售服务费,而 B 类销售服务费仅为 0.01%,A 类的销售服务费要高于 B 类。

(2)最低申购金额不同。A 类申购金额不得低于 1 000 元且追加申购金额不得低于 500 元,而 B 类申购金额不得低于 5 000 000 元,追加申购金额则为 100 000 元起。

(3)在投资机构保留的最低份额不同。A 类在投资机构保留份额必须大于等于 500 份,B 类则必须大于等于 500 万份;如果 A 类保留份额大于 500 万份后则登记机构将会自动地升级为 B 类,同样如果 B 类保留的份额低于 500 万份,则基金的注册登记机构将其在该销售机构持有的 B 类降级为 A 类。

### 9.1.3 货币型基金的现状与特点

**1. 货币型基金的现状**

自从 2003 年底我国第一只货币型基金华安现金富利成立,我国货币型基金到现在已经发展了近二十年。根据中国证券投资基金业协会网站公布的数据,截至 2020 年 10 月,我国开放式基金数量已经达到了 6 571 只,份额达到了 137 796.93 亿份,净值也已经达到了 159 406.38 亿元,即将突破 160 000 亿元大关。图 9-1 是 2020 年 1—10 月货币型基金及开放式基金数量变化,图 9-2 是截至 2020 年 10 月我国开放式基金数量及占比,图 9-3 是截至 2020 年 10 月我国开放式基金份额及占比。从数据分析可知,货币市场基金近年来趋于稳定,数量变化不大,2020 年我国货币市场基金数量基本维持在 335 只。可以说,我国货币型基金总体规模处于平稳发展的状态,但与成熟货币市场基金相比,无论是基金数量还是规模仍有差距,特别是从投资者所占比例来看,我国个人投资者持有基金所占比例较高,因此,我国货币型基金接下来要从结构上进行调整。

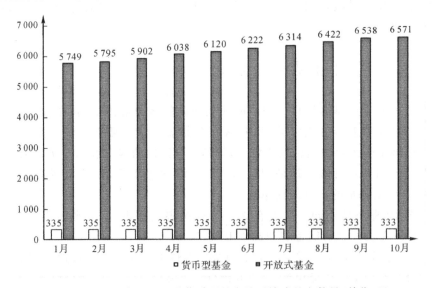

图 9-1 2020 年 1—10 月货币型基金及开放式基金数量(单位:只)

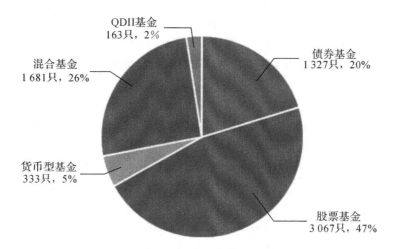

图 9-2　截至 2020 年 10 月我国开放式基金数量及占比

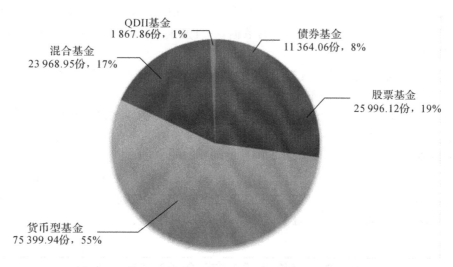

图 9-3　截至 2020 年 10 月我国开放式基金份额及占比

我们发现货币型基金数量虽然不多,只有 333 只,占开放式基金数量的 5%,但基金份额却达到了开放式基金一半以上。

**2. 货币型基金的特点**

(1)相对较低的投资成本。货币型基金的申购费率和赎回费率都为 0,这有利于投资者对货币型基金的买卖,充分保障了投资者的自由。基金管理费率在

0.33%左右,托管费、销售服务费等所有费率在 0.68%左右,而对于 B 类货币型基金总费率更低,基本上在 0.45%左右。

(2)相对较低的认购金额。A 类货币型基金一般最低认购金额为 1 000 元,而不像其他比如人民币理财计划最低要求 5 000 元的投资工具,较低的认购金额降低了投资门槛,无疑推动了我国货币市场的发展,进而促进了我国金融业的发展。

(3)较为稳定的投资收益。货币型基金主要的投资对象是债券、央行票据等具有较高安全性的短期金融产品,同时流动性也强,这两者共同决定了货币型基金收益波动性较小。货币型基金的收益稍微高于银行的定期存款,同时免交分红税和利息税。

(4)较小的投资风险。货币型基金投资标的的安全性、强流动性规避了较高的风险,它就是将投资者手中的闲置小额资金集中起来,去投资一些风险相对较小的货币金融工具,以资产组合的方式降低风险。同时,货币型基金托管在银行,不仅有《中华人民共和国信托法》保护,更有《中华人民共和国基金法》保护,即使银行发生危机进行清算,基金资产也不会面临清算的风险。最后,货币型基金接受证监会和托管银行的监督,基金管理公司向证监会负责,同时货币型基金也会定期公布资产组合,保留交易数据,一旦发生风险,将立刻上报证监会,面临严格的审查。

(5)较强的流动性。首先,货币型基金属于开放型基金,投资者在基金申购或者赎回方面较为自由不受任何约束,而且无费率;其次,货币型基金在赎回时资金到账也要快于其他种类的基金;最后,金融市场的发展以及互联网与金融的结合,越来越多类似于余额宝类型的互联网货币型基金的出现更加推动了投资者快速变现。

(6)具有支付功能。货币型基金在美国同支票账户一样具有便捷的支付功能,投资者可以利用基金资产签发支票去获得活期存款利息以及享受支付便利。当然这一功能随着我国金融制度的完善也必将会出现。

## 9.2 货币型基金经理分析

### 9.2.1 货币型基金经理的综合评分情况

**1. 总体情况**

根据同花顺 iFinD 数据,绘制各评分段人数统计图。从图 9-4 可知,目前

# 第9章 货币型基金的资产配置和投资策略分析

我国货币型基金经理共计145人。综合评分处于90分及以上的基金经理有16人,处于80~89分之间的基金经理有47人,评分在70~79分之间的基金经理有59人,评分处于60~69分之间有21人,有2人的评分不及60分。评分在90分及以上的基金经理在管基金规模不是最多的,处于中等评分的基金经理的在管基金规模是最多的。评分在90分及以上的基金经理管理的基金数量各不相同。从这个评分区间可知,基金经理管理的基金数量越多,不代表评分越高;反过来,基金经理的评分越高,并不代表其管理的基金数量就越多。

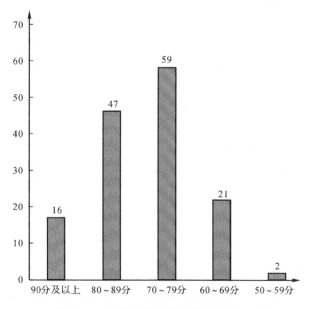

图9-4 各评分段人数统计图(单位:人)

**2. 基金经理近一年平均收益率**

将各分数段基金经理近一年平均收益率绘制成柱状图,如图9-5所示,截至2020年11月近一年综合评分在90分及以上的基金经理的收益率均在2%以上。按照货币型基金经理的平均收益率,可认定其收益率处于较高水平,为合格基金经理。

综合评分90分及以上的基金经理近一年平均收益率为2.33%,80~89分的基金经理近一年平均收益率为1.97%,70~79分的基金经理近一年平均收益率为1.79%,60~69分的基金经理近一年平均收益率为1.56%,评分小于60分的基金经理近一年平均收益率为1.39%。从图形可直观看出,评分的高低与基金经理近一年收益率成正比。

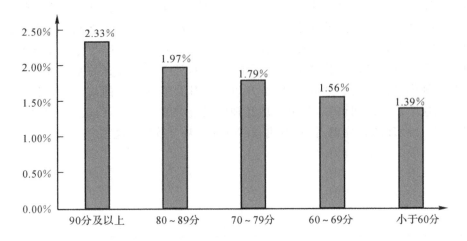

图 9-5 各分数段基金经理近一年平均收益率对比图

### 3. 货币型基金经理的任职年限

图 9-6 显示,任职年限小于 5 年的基金经理所占比重最大,其次是任职年限处于 5~10 年的基金经理,任职年限大于 10 年的基金经理占比最小。这表明我国货币型基金经理市场存在较强流动性(包括跳槽和新人进入)。

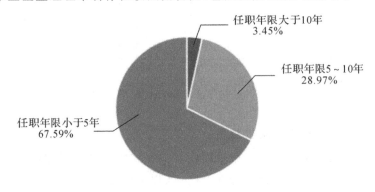

图 9-6 基金经理任职年限占比图

### 4. 货币型基金经理的性别与学历

在 145 位基金经理中,男性基金经理有 73 位,女性基金经理有 72 位。评分高于 90 分及以上的基金经理中,男性有 5 名,女性有 11 名。评分处于 80~89 分之间的基金经理中,男性有 22 位,女性有 25 位。评分在 70~79 分之间的基金经理中,男性有 35 位,女性有 24 位。评分在 60~69 分之间的基金经理中,男性有 10 名,女性有 11 名。评分不及 60 分的基金经理中,有 1 名男性、1 名女性。

大多数基金经理均为硕士,且评分最高的基金经理中有一位是本科;评分在 80～89 分之间的基金经理中有 1 位博士,4 位本科;评分在 70～79 分之间的基金经理中有 7 位本科,1 位博士;评分在 60～69 分之间的基金经理中,有 1 位博士,3 位本科;评分在 60 分以下的有 1 位本科。

## 9.2.2 货币型基金经理的排名分析

截至 2020 年 11 月的货币型基金经理的收益排名前十见表 9-1。

**表 9-1 货币型基金经理的收益排名**

| 序号 | 姓名 | 综合评分 | 基金公司 | 基金经理年限 | 在管规模 | 管理基金数量 | 近一年收益率 |
|---|---|---|---|---|---|---|---|
| 1 | 刘丽娟 | 96.00 | 金鹰基金 | 5.4 年 | 224.08 亿元 | 6 只 | 2.42% |
| 2 | 段玮婧 | 95.00 | 平安基金 | 3.9 年 | 394.21 亿元 | 16 只 | 2.38% |
| 3 | 徐艳芳 | 95.00 | 国金基金 | 7.8 年 | 107.96 亿元 | 6 只 | 2.33% |
| 4 | 黄倩倩 | 94.00 | 金鹰基金 | 3.5 年 | 281.84 亿元 | 11 只 | 2.42% |
| 5 | 张文玥 | 94.00 | 嘉实基金 | 6.3 年 | 926.10 亿元 | 14 只 | 2.34% |
| 6 | 蔡奕奕 | 94.00 | 南方基金 | 7.7 年 | 1 389.95 亿元 | 9 只 | 2.33% |
| 7 | 楼昕宇 | 93.00 | 上银基金 | 5.6 年 | 347.36 亿元 | 8 只 | 2.36% |
| 8 | 张雅洁 | 93.00 | 新疆前海联合 | 4.9 年 | 110.65 亿元 | 18 只 | 2.34% |
| 10 | 温秀娟 | 93.00 | 广发基金 | 10.6 年 | 652.4 亿元 | 13 只 | 2.32% |

货币型基金经理的排名数据来自同花顺 iFinD,基金经理的排名由其综合评分决定,而综合评分由盈利能力、管理经验、稳定能力决定。盈利能力的衡量指标是平均年化收益率或者是超过基金收益率的平均年化收益率指标。管理经验的衡量指标是任职期限,一般认为任职年限越长越好,至少要经历一个完整的牛熊市。稳定能力的衡量指标是风险控制能力,即最大回撤率。最大回撤率越小,则认为基金越稳定。排名只能代表近期不代表过去,且排名会根据基金经理的表现实时变动。

### 9.2.3 选择货币型基金经理的策略

传统选择基金经理的方法是通过挑选基金公司从而确定基金经理、基金经理的从业经验、基金经理的历史业绩。

选择组织结构清晰、背景强大且历史业绩亮眼的基金公司,确定基金公司后继而选择基金经理,确定选择团队或者个体;基金经理的从业经验显示基金经理的任职期限、是否经历过几次"牛熊市"与经济危机;基金经理的历史业绩为主要考察部分,观察其所管理的基金近年来的盈亏状况,最大回撤反映基金经理的风险控制能力。最可靠的方法就是参照基金经理排名进行选择,选择排名靠前的基金经理有一定道理。

除了传统方法之外,基金经理所管理的基金数量与规模、基金经理的性别与近一年收益率、基金经理的投资风格、基金经理的人品等也可作为参考。如果追求稳定收益,尽量选择女性基金经理,所管基金数量少、规模小的基金经理,近一年收益率较靠前的基金经理,投资风格稳定不频繁跳槽的基金经理。由于篇幅限制,本书不对年龄等可能对基金经理排名有影响的因素进行分析。

## 9.3 货币型基金的资产配置分析

资产配置的目的是分散风险,用多种资产组合降低波动率。目前典型的资产配置理论有马可维茨的资产组合理论、风险评价理论、恒星卫星配置理论。常见的配置策略有将资金投入消费、信息、医疗、金融板块,按照债券价格先涨、再是股票、最后是商品价格上涨的顺序,将资金在债券、股票和商品领域进行调整和配置。

货币型基金具有低收益、低风险的特点,是众多投资者对冲股票型基金、债券型基金等的选择。例如在经济滞胀时期,投资者会转向保守,选择将资金投向货币型基金与债券型基金。

货币型基金也有自己的资产配置,货币型基金的资产配置,就是将基金的资产在现金、各类有价证券之间进行分配的过程。简单说就是基金将资金在股票、债券、银行存款等投资工具之间进行分配。下面将以在七日年化涨幅中排名前三的货币型基金为例(除停更的基金),对其资产配置进行分析。

**1. 富安达现金通货币 B - 710502**

富安达现金通货币 B - 710502 资产配置统计表见表 9 - 2。富安达现金通货币B-710502净资产规模25.46亿元,比上一期(2020.6.30)增加了100.05%,股票配置占净比比上期增加0.00%。资产配置种类为股票、债券以及现金。由于股票风险较大,或者由于经济周期、投资目标不相符合等原因,本期资产配置中股票占净比为0。债券占净比是最高的,在40%～60%之间波动。现金占净比波动幅度最大,最小值为6.1%,最大值为22.35%。

**表9-2　富安达现金通货币B-710502资产配置统计表**

| 报告期 | 股票占净比/(%) | 债券占净比/(%) | 现金占净比/(%) | 净资产/亿元 |
| --- | --- | --- | --- | --- |
| 2019.9.30 | 0 | 54.56 | 9.73 | 8.24 |
| 2019.12.31 | 0 | 48.72 | 22.35 | 7.13 |
| 2020.3.31 | 0 | 55.47 | 6.1 | 10.44 |
| 2020.6.30 | 0 | 43.23 | 18.12 | 12.73 |
| 2020.9.30 | 0 | 42.75 | 27.00 | 25.46 |

### 2. 富安达现金通货币A-710501

富安达现金通货币A-710501资产配置统计表见表9-3,与富安达现金通货币B-710502相同,在富安达现金通货币A-710501中,股票占净比为0,债券占净比最高,在40%～60%之间波动,其次是现金占净比。这与债券收益比较稳定、风险较小的特点有关。

**表9-3　富安达现金通货币A-710501资产配置统计表**

| 报告期 | 股票占净比/(%) | 债券占净比/(%) | 现金占净比/(%) | 净资产/亿元 |
| --- | --- | --- | --- | --- |
| 2019.3.31 | 0 | 43.27 | 16.25 | 8.05 |
| 2019.6.30 | 0 | 57.82 | 5.47 | 7.38 |
| 2019.9.30 | 0 | 63.55 | 9.73 | 8.24 |
| 2019.12.31 | 0 | 54.56 | 22.35 | 7.17 |
| 2020.3.31 | 0 | 48.72 | 6.1 | 10.44 |
| 2020.6.30 | 0 | 43.13 | 18.12 | 12.73 |
| 2020.9.30 | 0 | 42.75 | 27 | 25.46 |

### 3. 鑫元货币B-000484

鑫元货币B-000484资产配置统计表见表9-4,与前两种货币型基金相同的是,在资产配置方面,股票的占净比为0。与前两种货币型基金不同的是,不再是债券的占净比最高,而是债券与现金的占净比不相上下,准确地说是现金占净比最高。除 2019 年 9 月 30 日,债券的占净比高于现金的占净比之外,在 2019 年上半年至 2020 年 9 月 30 日,现金的占净比一直都比债券的占净比高,说明鑫元货币 B-000484 基金崇尚保守投资。这是由现金的流动性特征决定的。

表 9-4　鑫元货币 B-000484 资产配置统计表

| 日期 | 股票占净比/(%) | 债券占净比/(%) | 现金占净比/(%) | 净资产/亿元 |
| --- | --- | --- | --- | --- |
| 2019.9.30 | 0 | 49.49 | 48.2 | 660.33 |
| 2019.12.31 | 0 | 36.62 | 55.89 | 678.79 |
| 2020.3.31 | 0 | 39.38 | 56.64 | 688.76 |
| 2020.6.30 | 0 | 39.4 | 54.31 | 647.31 |
| 2020.9.30 | 0 | 35.7 | 53.09 | 749.11 |

按照七日年化涨幅货币型基金排名,对前十名货币型基金进行整体分析,可知其将资产集中于债券与现金投资,股票占净比均为 0。在 20 只货币型基金(除停更)中,有 7 只货币型基金在债券投资方面投入较多资金,有 8 只货币型基金在债券资金投入与现金资金投入上相差不多,部分基金的现金资金投入超过债券资金投入。这说明货币型基金是一种低风险的投资工具,以货币市场工具为投资对象,主要将资金投向现金类与短期债券类资产。从战略资产配置与战术资产配置方面考虑,货币型基金均将资金投向了债券类与现金类资产,既不存在完全投向现金资产的情况,也不存在将资金完全投向债券资产的情况,这说明在资产配置的大方向上不存在问题,对货币型基金的战略资产配置无需检验,区别仅在于现金资产与债券资产的占比不同,即战术资产配置的差别。

# 9.4　货币型基金的收益与风险分析

## 9.4.1　货币型基金的收益分析

**1.货币型基金的收益评价指标**

在基金收益评价方面,货币型基金和其他基金稍有不同,货币型基金单位的资产净值一般不发生变化,通常一个基金单位1元,投资者购买货币型基金后,可以将收益进行再投资,产生累计收益。我国衡量货币型基金收益的主要指标有两个:第一是七日年化收益率,它体现的是基金在过去七天按照每万份基金份额净收益折合成的年收益率,显示基金过往七天的收益状况,但是若想分析判断未来基金收益走势和盈利水平,该指标则有所不足;第二是日每万份基金净收益,它是将货币型基金每日运作形成的收益平均分配到每一份额上,再以1万份作为标准进行比较,也就是说,此指标是投资者投资1万块钱当天所得到的实际收益。

**2. 货币型基金的收益效率实证分析**

本书研究采用的是2020年12月29日中国货币型基金相关数据,截至2020年10月份我国货币型基金共有333只,剔除成立期限在一年以下的货币型基金,再根据基金规模、基金类别以及比例最终选取了20只样本基金。赵子瑶(2016)利用DEA模型和夏普比率对10只样本基金在2015年的经营业绩进行绩效评估,结果表明选择不同的评价指标体系,得出的评价结果也具有差异性。因此,在使用DEA模型时,不同的投入产出指标对基金样本有效性的评价将会产生极大的影响。本书根据前人研究选择符合本书样本基金的投入、产出指标,其中产出指标为最新七日年化收益率$Q_1$和最新日每万份基金收益$Q_2$,这两个指标在分析观察货币型基金时被广泛使用;投入指标为管理费率$I_1$、托管费率$I_2$以及基金规模$I_3$。

同时对指标进行无量纲化处理,从而保证模型结果评价的准确性,其公式为

$$X' = 0.1 + 0.9 \frac{X - X_{\min}}{X_{\max} - X_{\min}}$$

式中,$X'$为处理后的数据;$X$为处理前的数据;$X_{\max}$和$X_{\min}$分别为该变量的最大值和最小值。表9-5是无量纲化处理后的样本基金投入产出数据表。

**表9-5 无量纲化处理后的样本基金投入产出数据表**

| 基金名称 | 代码 | $Q_1$ | $Q_2$ | $I_1$ | $I_2$ | $I_3$ |
| --- | --- | --- | --- | --- | --- | --- |
| 易方达天天理财货币A | 000009 | 0.417 9 | 0.104 1 | 1.000 0 | 1.000 0 | 0.109 4 |
| 天弘余额宝货币 | 000198 | 0.218 8 | 0.102 4 | 0.850 0 | 0.640 0 | 1.000 0 |
| 国富日日收益货币A | 000203 | 0.847 2 | 0.104 1 | 1.000 0 | 1.000 0 | 0.101 4 |
| 光大保德信现金宝货币A | 000210 | 0.984 1 | 1.000 0 | 1.000 0 | 0.100 1 | 0.100 1 |
| 德邦德利货币A | 000300 | 0.308 2 | 0.104 1 | 1.000 0 | 1.000 0 | 0.100 0 |
| 民生现金宝A | 000371 | 0.997 3 | 0.102 4 | 0.850 0 | 0.640 0 | 0.107 5 |

续表

| 基金名称 | 代码 | $Q_1$ | $Q_2$ | $I_1$ | $I_2$ | $I_3$ |
|---|---|---|---|---|---|---|
| 平安日增利货币A | 000379 | 0.2832 | 0.1041 | 1.0000 | 0.6400 | 0.1759 |
| 华夏财富宝货币A | 000343 | 0.3471 | 0.1007 | 0.7000 | 0.1000 | 0.1690 |
| 广发货币 | 511920 | 0.5239 | 0.0939 | 0.1000 | 0.1000 | 0.1000 |
| 融通货币 | 511910 | 0.4131 | 0.1041 | 1.0000 | 0.1000 | 0.1000 |
| 富国货币 | 511900 | 0.4121 | 0.1012 | 0.7500 | 0.6400 | 0.1003 |
| 国寿货币 | 511970 | 0.5591 | 0.1041 | 1.0000 | 1.0000 | 0.1000 |
| 嘉实快线 | 511960 | 0.2337 | 0.0939 | 0.1000 | 0.2800 | 0.1000 |
| 中加货币A | 000331 | 0.8504 | 0.1041 | 1.0000 | 1.0000 | 0.1007 |
| 英大现金宝A | 000912 | 0.6203 | 0.1024 | 0.8500 | 0.8200 | 0.1078 |
| 易货币 | 511800 | 0.1351 | 0.1041 | 1.0000 | 1.0000 | 0.1002 |
| 招商快线 | 159003 | 0.0984 | 0.0967 | 0.3500 | 0.6400 | 0.1001 |
| 创金合信货币A | 001909 | 0.7880 | 0.0939 | 0.1000 | 1.0000 | 0.1050 |
| 红土创新优淳货币A | 005150 | 0.6320 | 0.0939 | 0.1000 | 0.1000 | 0.1001 |
| 东方金证通货币A | 002243 | 0.4525 | 0.0996 | 0.6000 | 0.6400 | 0.1020 |

采用 deap2.1 软件测算 20 只基金的技术效率、纯技术效率和规模效率，结果见表 9-6。

表 9-6  20 只样本基金的效率值

| 基金名称 | 代码 | 技术效率 | 纯技术效率 | 规模效率 |
|---|---|---|---|---|
| 易方达天天理财货币A | 000009 | 0.923 | 1.000 | 0.923 |
| 天弘余额宝货币 | 000198 | 0.170 | 0.999 | 0.170 |
| 国富日日收益货币A | 000203 | 0.988 | 1.000 | 0.988 |
| 光大保德信现金宝货币A | 000210 | 1.000 | 1.000 | 1.000 |
| 德邦德利货币A | 000300 | 1.000 | 1.000 | 1.000 |
| 民生现金宝A | 000371 | 1.000 | 1.000 | 1.000 |
| 平安日增利货币A | 000379 | 0.597 | 1.000 | 0.597 |
| 华夏财富宝货币A | 000343 | 1.000 | 1.000 | 1.000 |

续表

| 基金名称 | 代码 | 技术效率 | 纯技术效率 | 规模效率 |
|---|---|---|---|---|
| 广发货币 | 511920 | 1.000 | 1.000 | 1.000 |
| 融通货币 | 511910 | 1.000 | 1.000 | 1.000 |
| 富国货币 | 511900 | 0.997 | 0.997 | 1.000 |
| 国寿货币 | 511970 | 1.000 | 1.000 | 1.000 |
| 嘉实快线 | 511960 | 1.000 | 1.000 | 1.000 |
| 中加货币A | 000331 | 0.994 | 1.000 | 0.994 |
| 英大现金宝A | 000912 | 0.934 | 0.999 | 0.935 |
| 易货币 | 511800 | 0.998 | 1.000 | 0.998 |
| 招商快线 | 159003 | 0.999 | 0.999 | 1.000 |
| 创金合信货币A | 001909 | 1.000 | 1.000 | 1.000 |
| 红土创新优淳货币A | 005150 | 1.000 | 1.000 | 1.000 |
| 东方金证通货币A | 002243 | 0.982 | 1.000 | 0.982 |
| 平均值 | | 0.929 | 1.000 | 0.929 |

根据表9-6的分析结果,20只基金的平均效率值为0.929,样本基金的平均效率水平较高,达到有效状态的基金有光大保德信现金宝货币A、德邦德利货币A、民生现金宝A、华夏财富宝货币A、广发货币、融通货币、国寿货币、嘉实快线、创金合信货币A以及红土创新优淳货币A,占样本基金总数的50%。一般而言,效率数值越低,基金效率越低,表明基金在费用花费较高和面临风险能力时,投资收益相对较弱。一半的样本基金存在这种情况,侧面反映了我国货币型基金的管理情况总体上有待改善。综合效率相对有效的基金为易方达天天理财货币A、国富日日收益货币A、富国货币、中加货币A、英大现金宝A、易货币、招商快线以及东方金证通货币A,效率值在0.9~1.0之间;天弘余额宝货币型基金的效率值仅为0.170,由于其规模极大,在规模上未能达到最佳效果,因此想要提高基金的经营管理效率要适当缩减规模。

**3. 货币型基金的收益影响因素**

(1)市场利率。从货币型基金投资于货币市场工具可以看出,它的收益主要受到短期债券和央行票据等一些短期金融工具的利息收入或者存款利息收入的影响。一般而言货币型基金重仓持有的多是一些短期债券以及央行票据,因为它们的收益较为稳定,但短期债券和央行票据与短期市场利率密切相关,如果市场利率升高,那么收益也随之增加,反之,当市场利率下跌时,货币型基金的收益也随之降低。

(2)持仓分布。货币型基金同其他类型基金一样均存在持仓分布情况,持仓分布的不同会直接影响货币型基金的收益及其流动性。当货币型基金的持仓较为集中于评级较高的安全性债券等金融工具时,其收益将保持较为稳定的状态,但如果重仓于流动性较差的债券,那不仅所承受的风险会上升而且有可能在变现的过程中出现一定的亏损;相反,如果持仓偏向于分散银行存蓄、债券,基金所承受的风险就较小,收益也会较低。

(3)资产组合平均剩余期限。资产组合的平均剩余期限对货币型基金来说极为重要,它对基金的主要影响体现在流动性和收益上。通常来说,基金的平均剩余期限越短,则流动性越强、收益越低;同理,基金的平均剩余期限越长,基金的流动性越差,但收益较高。货币型基金主要持有的资产剩余期限大多为3~6个月,既能保证稳定收益,又能保持相对较高的流动性。

(4)杠杆操作。基金管理公司一般通过短期正回购的手段将持有的一些债券出售来筹集资金,然后再将这部分资金投资于一些期限较长的有价证券。一般而言,杠杆操作的比例越高,风险越高,收益也越大,反之亦然。

## 9.4.2 货币型基金的风险分析

(1)利率风险。尽管货币型基金被称为储蓄的最佳替代品,但毕竟没有储蓄那样的安全性以及稳定的收益,与此同时,我国利率市场化基本完成,货币型基金的收益与市场利率之间的联系更加紧密,利率变动的幅度越大,货币型基金收益的不确定性也就越大。货币型基金从2018年到2019年整体出现了收益下跌的现象。以易方达掌柜季货币型基金为例,2018年收益率是4.19%,2019年收益率直接下跌到2.90%,债券市场利率震荡下跌而造成货币型基金的收益率出现了一个小幅下滑。

(2)管理风险。证券投资基金是资本密集型行业,主要使用资本进行获利,而资本的管理者也就是基金经理的价值格外突出。基金经理的知识水平、性格特点、投资策略都直接影响着基金的收益。这些因素通常可以概括为两大能力,即择时能力和选股能力。择时能力即基金经理入市的时间,它以基金经理实战经验和对市场走势的判断为基础,优秀的择时能力不仅可以规避风险,也可以获得潜在的利润;选股能力,在本书中称之为选债能力,优秀的基金经理对债券的选择无疑更加准确,能够挖掘出潜在的价值从而获得超额收益。

(3)巨额赎回风险。货币型基金不会受到全国性存款保险机构的保护,当市场利率下跌时,投资者不满足货币型基金所带来的收益就有极大的可能集中赎回投资,此时基金经理进行抛售变现将会产生较大的损失,损失加重则进一步引起加剧赎回,形成类似于商业银行存款的挤兑效应,最终承受损失的将是投资者。

## 9.5 货币型基金的投资策略分析

### 9.5.1 投资者的投资建议

无论是传统货币型基金还是互联网货币型基金,其核心都以货币市场的短期金融工具为投资对象。尽管货币型基金的风险远远小于其他类型的基金,但仍具有一定的风险,投资者应该对货币型基金有正确的认识,货币型基金的本质脱离不了理财投资,因此投资者要具备一定的风险承受能力。关于货币型基金的投资策略建议如下:

(1)买高不买低。货币型基金的收益虽然较低,但不同货币型基金之间的收益也有高有低,投资者在挑选货币型基金时需要关注七日年化收益率、日每万份基金净收益以及近一年年化收益,这三个指标基本上代表了一只货币型基金的短期和中长期的盈利能力,尽量选择三个指标较高的基金进行投资。

(2)买旧不买新。货币型基金最好购买成立时间超过三年的,这样可以较为充分地看到基金管理公司关于本只基金的投资管理能力,以及基金的长期投资收益情况。

(3)买规模适中的基金。一般而言,规模越大的基金,议价能力也就越强,尤其是具有银行背景的基金,不仅可以取得较高的利率还可以提高流动性;但是"船大难掉头",现阶段我国利率市场化改革基本完成,市场利率的波动性将会更加明显,当市场利率上升或者下降时,那些规模太大的基金在基金经理转换资产配置方面可能会出现一定的滞后性。从而有可能造成基金收益的下降,因此就基金规模来说,投资者较为适宜投资的基金是规模相对适中、最好有银行背景的货币型基金。

(4)持有时间。基金相对于股票、期货等金融工具来说,风险要小得多,而货币型基金的风险更小,投资者在赎回自由的条件下可以将资金长期持有,而且一般而言持有期越长收益也越好。

## 9.5.2 基金经理的资产配置建议

资产配置是基金管理的核心,也是影响基金收益的主要因素。一般而言,资产配置包括两部分,第一是大资产配置,第二是小资产配置。对于货币型基金来说,大资产配置就是如何在债券和存款之间分配持仓比例的问题,而小资产配置就是确定债券中的具体品种的问题,比如投资于国债、企业债。同花顺 iFinD 数据库资料显示,我国货币型基金的资产配置一般集中在债券和现金,两者的比重和超过了 80%。以 005099 易方达掌柜季货币型基金为例,从 2017 年第四季度至 2020 年第二季度,债券和现金的占比基本上各自为 40%~60%,总共占比约为 90%,但是 2020 年第三季度债券的占比大幅度上升,大约为 90%,而现金的持有则急剧下降,最终只占 2.53%,这实际上反映了基金经理的冒险风格。根据货币型基金的特点,基金经理在本年的报告期内要以同业存款、短期存款和短期逆回购为主要的资产配置,为了避免流动性风险的发生,最好持备一定比例的现金。

货币型基金的资产配置是基金管理的核心环节,选择不同的金融产品不仅为了降低风险也为了提高收益,好的资产配置不仅影响基金的收益,还可以优化原有的投资目标。因此,货币型基金经理应根据宏观经济、政策导向、利率走势以及资金供求作综合判断,根据投资产品的流动性、风险收益以及银行存款之间的配置比例做基本分析;同时要注重 GDP、物价以及就业等主要经济变量,分析宏观经济运行的可能情形,客观预测财政政策以及货币政策,预测市场利率变化趋势,发掘市场中潜在的投资机会。

# 第 10 章 ETF 的资产配置和投资策略分析

## 10.1 ETF 概况

### 10.1.1 ETF 的定义

ETF,英文全称 Exchange Traded Fund,中文名称为交易型开放式指数基金,具有交易型、开放式和指数基金的特点,同时结合了封闭式基金和开放式基金的运作特点。交易型是指 ETF 具有股票的特点,可以在二级市场即证券交易所买卖,一天中可随时交易。在交易过程中,基金份额不发生改变,仅仅在不同的投资者之间发生流通转让。开放式是指投资者可以向基金管理公司申购或者赎回份额,基金的份额和规模可以改变。ETF 是一种指数基金,通常采用完全被动式的管理方法,以拟合标的指数为目标。投资者买入一只 ETF 就相当于买入了它所跟踪的指数,能够获得与该指数基本一致的收益水平。

### 10.1.2 ETF 的分类

**1. 股票 ETF**

股票 ETF 通过购买指数成分股里面的股票,可紧密追踪股票指数的走势,并且分散了持有单一股票的个股风险。以创业板 ETF 为例,该 ETF 跟踪的是创业板指数,只要购买一只股票 ETF,就等于同时买进了构成创业板指数的 100 只股票。

目前,国内股票 ETF 投资门槛较高,是以一篮子股票进行申购和赎回的,一般在一百万元以上,市场存在一批专业机构投资者进行申购和赎回,以折溢价套利。对于在券商交易软件进行买卖交易的普通投资者来说,交易的门槛较低,相当于 ETF 的"二级市场"。因为有专业机构进行申购和赎回的套利操作,所以二级市场的价格与 ETF 净值基本保持一致。

A 股股票 ETF 可以分成规模 ETF、风格 ETF、行业 ETF、主题 ETF 和策略 ETF,见表 10-1。

表 10-1 股票 ETF 的类型

| 股票 ETF | 主要 ETF 代表 |
| --- | --- |
| 规模 ETF | 中证 100ETF、沪深 300ETF、中证 500ETF、创业板 ETF |
| 风格 ETF | 价值 ETF、成长 ETF |
| 行业 ETF | 医药 ETF、金融地产 ETF、信息技术 ETF、传媒 ETF、证券 ETF、银行 ETF |
| 主题 ETF | 环保 ETF、京津冀 ETF |
| 策略 ETF | 红利 ETF、中证 500 低波 ETF |

(1)规模 ETF:跟踪的股票指数从市值规模角度选择不同成分股数量,更好表示不同板块大、中、小市值股票的走势情况。如中证 100ETF、中证 500ETF 和中证 1000ETF,分别表示 A 股市场大盘、中盘及小盘市值股票的走势情况。市场上也将这种大类的规模指数叫作宽基 ETF。

(2)风格 ETF:跟踪的股票指数根据股票的风格,通常分为成长风格和价值风格。随着股票数量的增加,成长型和价值型的划分已经难以满足投资者的要求,于是出现了在成长型和价值型中进一步划分的风格,比如大盘成长股、大盘价值股、小盘成长股、小盘价值股等。

(3)行业 ETF:跟踪的行业指数只要按照上市公司的主营业务进行分类,参照国际标准和行业指数的可投资性将营业业务属于一个行业的划分成一类。

(4)主题 ETF:跟踪的主题指数是动态跟踪经济驱动因素的投资方式,通过发现经济体的长期发展趋势以及使这种发展趋势产生和持续的驱动因素,将能够受惠的相关产业和上市公司纳入投资范围。

(5)策略 ETF:跟踪的策略指数是除传统的只做多的市值加权指数之外的指数。从定义表述可以看出,策略指数与其他指数的本质区别在于两点:一是加权方式,策略指数主要采用非市值加权方式,如基本面加权、财富加权、固定权重等;二是多空交易,策略指数可以采用多空两种方式,其他指数只能单边操作。常见的策略指数如大数据指数、基本面指数、中证 500 低波指数等。

**2. 债券 ETF**

债券 ETF 指所跟踪债券指数的成分证券为债券,基金份额在交易所上市交易,投资者使用债券组合进行申购赎回的 ETF。以国债 ETF 为例,其跟踪标的指数是上证 5 年期国债指数,投资国债 ETF 就相当于购买了一揽子久期为 5 年左右的国债组合。投资者通过投资国债 ETF,可以稳定享有 5 年期国债的收益率。

目前我国市场上可供选择的债券 ETF 很有限,包括国债 ETF、城投债 ETF、信用债 ETF 以及产业债 ETF。信用债是由政府之外的主体发行的债券,如企业债等。城投债是地方投融资平台作为主体发行的企业债,主业多为地方基础设施建设或公益性项目,一般被视作是当地政府发债,所以又被称为"准市政债"。产业债是除去城投债部分的信用债。

**3. 货币 ETF**

交易型货币市场基金,简称货币 ETF,是指既可以在交易所场内申购赎回,又可以在交易所二级市场买卖的货币市场基金。

货币 ETF 的自身定位是场内保证金的现金管理工具。如果股市中没有投资机会,可以买入货币 ETF 赚取超过活期利息的货币型基金收益;如果股市中出现投资机会,可以卖出货币 ETF 和投资股票,从而实现货币 ETF 和股票投资的无缝对接。市场上较知名的货币 ETF 产品有华宝添益和银华日利等。

**4. 商品 ETF**

商品 ETF 的跟踪标的是商品类指数,采用实物申购赎回。商品 ETF 可以令投资者更方便地实现对金属、能源、农产品等商品资产的投资。

中国跟踪商品的相关 ETF 产品主要有黄金 ETF、原油 ETF。目前,我国商品 ETF 规模最大和最成熟的是黄金 ETF。黄金 ETF 是一种投资黄金产品的方便渠道。

**5. 跨境 ETF**

跨境 ETF 是指跟踪证券指数的成分证券,包括非沪深上市的境外证券,基金份额在沪深交易所上市,投资者使用现金进行申购和赎回的 ETF。通过跨境 ETF 投资境外股市是现阶段最便利、性价比最高的方式。因为与直接在境外开户投资个股相比,跨境 ETF 受外汇管制影响较小,资金进出相对更自由。与投资于一般 QDII 基金相比,跨境 ETF 的买卖暂时免除申购费率和赎回费率,管理费率和托管费率也低于普通 QDII 基金,因此买卖跨境 ETF 更便利,成本较低。

### 10.1.3 ETF 的特点

ETF 在市场中备受投资者关注,这主要是因为作为一种新型投资工具具备很多的优点。

**1. 分散风险**

ETF 的资产配置方式主要有完全复制法和抽样复制法,通过紧密跟踪指数获取与指数相近的收益,其系统风险也和跟踪标的大致一致,有效降低了非系统风险的干扰。

**2. 易于管理**

基金的投资策略分为主动式投资与被动式投资,ETF 大都采用被动式的投资策略,不需要耗费基金经理精力去关注每只股票,需要做的只有紧跟指数,减少跟踪误差,因此手续费低廉。同时 ETF 实行实时申购和赎回机制,标的是一篮子股票,因此不需要保留较大的流动性。

**3. 允许在二级市场交易**

ETF 允许在二级市场进行交易,交易形式和股票一样,可以根据市场实时买卖。投资者开设交易账户直接进行交易。而其他基金只能在一级市场交易,要通过中间机构根据基金发布的特定时间进行申购赎回。

**4. 交易门槛低、管理成本低**

ETF 申购赎回与股票相同,要求只是 100 份的整数倍,对于投资者来说这大大降低了投资门槛。同时,ETF 不需要经常调整投资组合,不会产生太大的交易费用,因此管理成本低。

## 10.2 我国 ETF 的发展

我国 ETF 从 2004 年起步,直至 2018 年开始爆发,ETF 市场资产管理规模激增,并在年内推出了 38 只新基金,成为我国 ETF 市场发展的拐点。2019 年我国 ETF 市场的快速发展得到延续,成为我国 ETF 市场爆发增长的一年。从增量产品看,2019 年新成立 ETF 共 90 只,同比增长 137%。截至 2020 年 6 月底,市场上已成立 ETF 共有 340 只,比去年新增 56 只,其中挂牌上市的有 332 只;已成立基金规模达到 8 430.23 亿元,较去年底增长 900.11 亿元,增幅为

11.95%。ETF 资产规模约占全市场被动性指数投资基金规模的 60%。

不考虑货币 ETF 的情况下,截至 2020 年 6 月底,已成立的非货币 ETF 规模达到 6 684.31 亿元。从 2005 年起,ETF 的总数量和总规模大致呈上升趋势。2015 年,货币 ETF 规模爆发式增加,随后有所减少,使得 2016 年和 2017 年的 ETF 总规模下降。2018 和 2019 年,非货币 ETF 的规模和数量都加速增长,而货币 ETF 数量和规模大致保持稳定。

我国市场主要 ETF 产品见表 10-2,其中宽基类型的指数基金较多。

**表 10-2 市场主要 ETF 产品**

| 指数类别 | 细分类别 | 证券代码 | 证券简称 |
|---|---|---|---|
| 宽基 | 上证 50 | 510050 | 华夏上证 50ETF |
| | | 510850 | 工银上证 50ETF |
| | 中证 100 | 512910 | 广发中证 100ETF |
| | 沪深 300 | 510300 | 华泰博瑞沪深 300ETF |
| | | 510330 | 华夏沪深 300ETF |
| | | 159919 | 嘉实沪深 300ETF |
| | | 510310 | 易方达沪深 300ETF |
| | | 510360 | 广发沪深 300ETF |
| | 中证 500 | 510500 | 南方中证 500ETF |
| | | 512500 | 华夏中证 500ETF |
| | | 510510 | 广发中证 500ETF |
| | 中证 1000 | 512100 | 南方中证 1000ETF |
| | 创业板 | 159919 | 易方达创业板 ETF |
| | | 159952 | 广发创业板 ETF |
| | | 159949 | 华安创业板 ETF |
| | 中小板 | 159949 | 华夏中小板 ETF |
| | 深证 100 | 159901 | 易方达深证 100ETF |
| | 上证 180 | 510180 | 华安上证 180ETF |
| | MSCI | 512090 | 易方达 MSCI 中国 A 股国际通 ETF |
| | | 512180 | 建信 MSCI 中国 A 股国际通 ETF |
| | | 512280 | 景顺长城 MSCI 中国 A 股国际通 ETF |

续表

| 指数类别 | 细分类别 | 证券代码 | 证券简称 |
|---|---|---|---|
| 行业 | 医药 | 159938 | 广发中证全指医药卫生 ETF |
| | | 512010 | 易方达沪深 300 医药卫生 ETF |
| | 消费 | 159928 | 汇添富中证主要消费 ETF |
| | 信息 | 159939 | 广发中证全指信息技术 ETF |
| | 金融 | 512880 | 国泰中证全指证券公司 ETF |
| | | 512000 | 华宝中证全指证券 ETF |
| | | 512800 | 华宝中证银行 ETF |
| | 有色金属 | 512400 | 南方中证申万有色金属 ETF |
| 主题 | 军工 | 512660 | 国泰中证军工 ETF |
| | | 512680 | 广发中证军工 ETF |
| | 环保 | 512580 | 广发中证环保产业 ETF |
| | 传媒 | 512980 | 广发中证传媒 ETF |
| | 政策类 | 512960 | 博时央企结构调整 ETF |
| | | 510810 | 汇添富中证上海国企 ETF |
| 策略 | 基本面 | 512750 | 嘉实中证锐联基本面 50ETF |
| | 红利 | 510880 | 华泰柏瑞红利 ETF |
| | | 159905 | 工银瑞信深证红利 ETF |
| | 低波动 | 512260 | 华安中证 500 行业中性低波动 ETF |
| 商品 | 黄金 | 518880 | 华安黄金 ETF |
| | | 159937 | 博时黄金 ETF |
| 债券 | 国债 | 511010 | 国泰上证 5 年期国债 ETF |
| QDII | 恒生指数 | 159920 | 华夏恒生 ETF |
| | 恒生中国企业指数 | 510900 | 易方达恒生 H 股 ETF |
| | 纳斯达克 100 | 513100 | 国泰纳斯达克 100ETF |
| | | 159941 | 广发纳斯达克 100ETF |
| | 标普 500 | 513500 | 博时标普 500ETF |

续表

| 指数类别 | 细分类别 | 证券代码 | 证券简称 |
| --- | --- | --- | --- |
| QDII | 德国 DAX | 513030 | 华安德国 30(DAX)ETF |
| | 中国互联网 50 | 513050 | 易方达中证海外互联 ETF |

从图 10-1 可见,截至 2020 年 6 月 30 日,中国市场上挂牌的 ETF 一共有 332 只,其中包括跨境股票 ETF 在内的股票 ETF 有 281 只、债券 ETF 有 14 只、商品 ETF 有 10 只、货币 ETF 有 27 只。股票 ETF(含跨境股票 ETF)数量占比为 85%,规模占比为 74%,处于绝对领先地位,其次为货币 ETF,数量占比为 8%,规模占比为 21%。对于债券 ETF 和商品 ETF,在 ETF 中的规模和数量占比都较小。

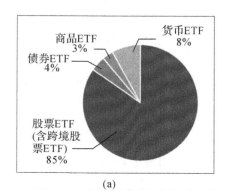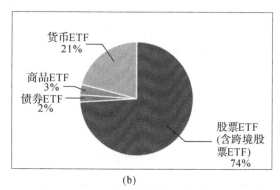

图 10-1 我国各类型 ETF 数量和规模占比
(a)ETF 数量占比; (b)ETF 规模占比

随着国内 ETF 的发展,ETF 成为投资者基金配置中的重要种类。上投摩根基金和雪球合作的《2020 中国 ETF 投资人洞察报告》的中国 ETF 市场现状显示:①投资者基金配置意识崛起,带动 ETF 发展。互联网金融的普及带动了基金的快速扩张,促使基金配置意识崛起,基金持有人总数突破 10 亿,这使得指数投资的理念在国内被更多人所接受,市场整体的崛起带动了 ETF 快速发展,吸引了越来越多的投资者。②权益类 ETF 为 ETF 投资者的主要配置类型,其中宽基类 ETF 配置率最高。③规避个股风险、解决选择难题、费率低等为个人投资者选择 ETF 的主要因素,而机构投资者选择 ETF 则更多会考虑费率低廉、基金透明度高、流动性高等因素。④投资前景、基金规模、费率是个人投资者选购 ETF 产品的主要关注点。

## 10.3 ETF 的业绩评价

### 10.3.1 ETF 业绩评价标准

由于所有的 ETF 都以紧密跟踪标的指数为投资目标,且投资策略都致力于实现与跟踪指数一致的表现,因此评价一个 ETF 业绩优秀与否的关键是要看其跟踪标的指数时的偏离度和误差水平。

以中证 500ETF 业绩报告为例,报告中列举了各阶段的增长数据,包括①净值增长率、②净值增长率标准差、③业绩比较基准的收益率、④业绩比较基准的收益率标准差,净值增长率与业绩比较基准的收益率的差值(①-③)、净值增长率标准差与业绩比较基准的收益率标准差的差值(②-④)。其中,净值增长率与业绩比较基准的收益率的差值,即①-③的值,表示该阶段 ETF 净值增长率与追踪指数的偏离度,当偏离度为正,说明该 ETF 在该阶段跑赢标的指数,获得比指数更高的收益率,反之说明该 ETF 跑输指数。偏离度绝对值越大,说明其跟踪表现越差。净值增长率标准差与业绩比较基准的收益率标准差的差值,即②-④的值,反映了基金经理在管理该 ETF 过程中的风险管控水平。当该值小于零时,说明基金净值的波动小于标的指数的波动,表明该 ETF 承受的风险小于其跟踪指数。当该值大于零时,意味着该 ETF 承受的风险大于其跟踪标的指数。

### 10.3.2 ETF 排名分析

**1. 中证 500 ETF 排名分析**

中证 500 指数的样本股票是从所有 A 股中剔除沪深 300 指数成分股和总市值排名前 300 的股票后,总市值排名前 500 的股票组成的。中证 500 指数可以反映 A 股市场中小市值公司股价的表现。

跟踪中证 500 指数的 ETF 基金有很多,本书选取了 10 个跟踪中证 500 指数、成立时间一年以上(即 2019 年 12 月 28 日以前已成立)的 ETF 样本,比较其过去一年净值增长率与中证 500 指数收益率的偏离度。

表 10-3 显示,中证 500 ETF 过去一年与标的指数偏离度从小到大依次为:国寿安保中证 500 ETF、广发中证 500 ETF、华夏中证 500 ETF、南方中证

500 ETF、嘉实中证 500 ETF、平安中证 500 ETF、博时中证 500 ETF、景顺长城中证 500 ETF、易方达中证 500 ETF、华泰柏瑞中证 500 ETF。多家公司对于 ETF 的目标都是跟踪偏离度和跟踪误差最小化,力求控制日均偏离度在 0.2% 以内,年化误差控制在 2% 之内,所以在这 10 只 ETF 中,只有国寿安保和广发基金公司达到了此目标,其他 8 只 ETF 年化误差均超出了控制目标。

表 10-3  中证 500 ETF 偏离度排名

|  | 基金名称 | 净值增长率① | 净值增长率标准差② | 业绩比较基准的收益率③ | 业绩比较基准的收益率标准差④ | ①-③ | ②-④ |
| --- | --- | --- | --- | --- | --- | --- | --- |
| 1 | 国寿安保中证 500 ETF | 25.91% | 1.57% | 25.33% | 1.58% | 0.58% | -0.01% |
| 2 | 广发中证 500 ETF | 27.30% | 1.56% | 25.33% | 1.58% | 1.97% | -0.02% |
| 3 | 华夏中证 500 ETF | 27.60% | 1.58% | 25.33% | 1.58% | 2.27% | 0.00% |
| 4 | 南方中证 500 ETF | 27.68% | 1.58% | 25.33% | 1.58% | 2.35% | 0.00% |
| 5 | 嘉实中证 500 ETF | 29.65% | 1.57% | 25.33% | 1.58% | 4.32% | -0.01% |
| 6 | 平安中证 500 ETF | 29.96% | 1.56% | 25.33% | 1.58% | 4.63% | -0.02% |
| 7 | 博时中证 500 ETF | 30.46% | 1.56% | 25.33% | 1.58% | 5.13% | -0.02% |
| 8 | 景顺长城中证 500 ETF | 31.36% | 1.53% | 25.33% | 1.58% | 6.03% | -0.05% |
| 9 | 易方达中证 500 ETF | 34.30% | 1.57% | 25.33% | 1.58% | 8.97% | -0.01% |
| 10 | 华泰柏瑞中证 500 ETF | 34.91% | 1.56% | 25.33% | 1.58% | 9.58% | -0.02% |

从净值增长率标准差与指数收益标准差的差值来看,10 个样本 ETF 的值均不为正,说明 10 个样本 ETF 基金相对于中证 500 指数承受了较小的风险,每个基金的风险管理能力均较好。

从收益率的角度看,由于偏离度均为正数,因此偏离程度越高的 ETF 其超额收益越大。虽然从投资目标看偏离度大的 ETF 业绩表现较差,但对于以追求回报为首要目的的投资者来说,偏离度较高的易方达中证 500 ETF 和华泰柏瑞中证 500 ETF 可能是更好的选择。而对追踪度要求较高,用于对冲等目的的投资者则选择偏离度最低的国泰安保中证 500 ETF 更合适。

偏离度最小的国寿安保中证 500 ETF 和偏离度最大的华泰柏瑞中证 500 ETF 累计净值增长率与业绩比较基准收益率的历史走势对比如图 10-2、图 10-3 所示,可见偏离度的差异较为明显。

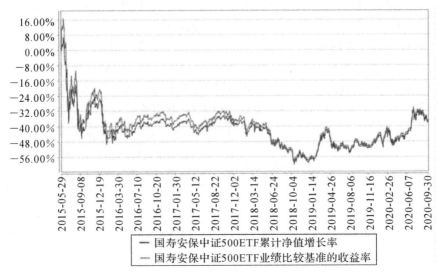

图 10-2　国寿安保中证 500 ETF 历史走势

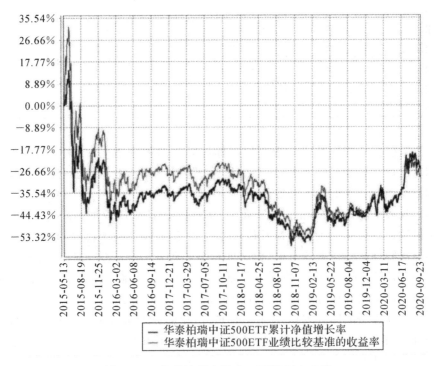

图 10-3　华泰柏瑞中证 500 ETF 历史走势

**2. 中证军工 ETF 排名分析**

中证军工指数是从沪深 A 股中选取军工股样本,组成可以反映军工主题股票价格整体走势的指数。选取跟踪中证军工指数、成立时间三年以上(即 2017 年 12 月 28 日前已成立)的 4 个样本 ETF,比较其过去三年的净值增长率与中证军工指数收益率的偏离度。

表 10-4 显示,按偏离度从小到大排名的基金依次为:易方达中证军工 ETF、国泰中证军工 ETF、华宝中证军工 ETF、广发中证军工 ETF。从偏离度看,易方达中证军工 ETF 的偏离度最低,只有 0.83%,跟踪效果最佳,但是过去三年的累计超额收益也是最低的;广发中证军工 ETF 的偏离度最高,达到 9.69%,但过去三年的超额收益在 4 个样本中最高。对于跟踪度和超额收益率的权衡取决于投资者的主观投资目标。

表 10-4 中证军工 ETF 偏离度排名

|   | 基金名称 | 净值增长率① | 净值增长率标准差② | 业绩比较基准的收益率③ | 业绩比较基准的收益率标准差④ | ①-③ | ②-④ |
|---|---|---|---|---|---|---|---|
| 1 | 易方达中证军工 ETF | 13.28% | 1.84% | 12.45% | 1.89% | 0.83% | -0.05% |
| 2 | 国泰中证军工 ETF | 16.62% | 1.87% | 12.45% | 1.89% | 4.17% | -0.02% |
| 3 | 华宝中证军工 ETF | 18.93% | 1.84% | 12.45% | 1.89% | 6.48% | -0.05% |
| 4 | 广发中证军工 ETF | 22.14% | 1.85% | 12.45% | 1.89% | 9.69% | -0.04% |

从净值增长率标准差与指数收益标准差的差值来看,4 个样本 ETF 的值均为负,说明它们相对于中证军工指数承受了较小的风险,风险管理表现较好。

对于偏离度超出控制目标的情况,部分基金会在业绩报告中说明原因。从图 10-4 和图 10-5 可见,易方达中证军工 ETF 2020 年第三季度期间年化跟踪误差大于合同规定的目标控制范围,其给出的解释为:"主要是报告期内成分股分红、成分股停复牌事件以及基金申购赎回等因素所导致的。"

**3. 大消费类 ETF 排名分析**

大消费类 ETF 有很多,有跟踪同一标的指数的也有跟踪不同标的指数的。消费类指数有中证全指主要消费指数、中证主要消费指数、中证全指可选消费指数、中证消费服务领先指数、中证下游消费与服务产业指数、上证主要消费行业指数、上证消费 80 指数等。

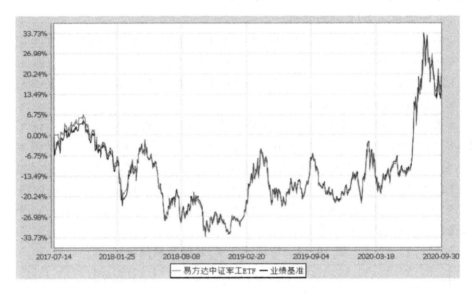

图10-4 易方达中证军工ETF与基准收益率历史走势

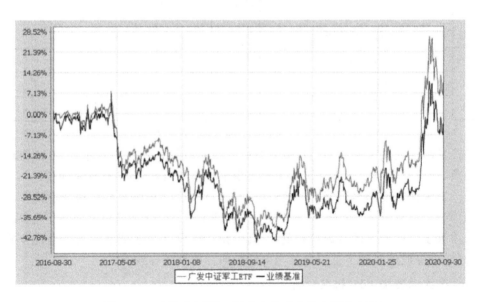

图10-5 广发中证军工ETF与基准收益率历史走势

(1)样本基金偏离度排名。在大消费类ETF中,选取6个样本基金,基金的代码、名称、业绩比较基准和近一年收益率(截至2020年12月28日)见表10-5。与上述分析不同的是,这6个样本基金追踪的指数各不相同。

## 第 10 章 ETF 的资产配置和投资策略分析

表 10-5 大消费类 ETF 基本信息

| 基金代码 | 基金名称 | 业绩比较基准 | 近 1 年收益率 |
|---|---|---|---|
| 510630 | 华夏上证主要消费 ETF | 上证主要消费行业指数 | 92.30% |
| 510150 | 招商上证消费 80 ETF | 上证消费 80 指数 | 78.83% |
| 159928 | 汇添富中证主要消费 ETF | 中证主要消费指数 | 71.54% |
| 515650 | 富国中证消费 50 ETF | 中证消费 50 指数 | 66.42% |
| 159986 | 弘毅远方国证消费 100 ETF | 国证消费 100 指数 | 50.37% |
| 159936 | 广发中证全指可选消费 ETF | 中证全指可选消费指数 | 36.91% |

由于样本中有的基金成立时间不足一年,所以选取 2020 年第三季报中过去半年的数据作为比较基准。以基金净值增长率与指数收益率的偏离度对过去 6 个月基金净值表现进行排名,结果见表 10-6。

表 10-6 大消费类 ETF 偏离度排名

| | 基金名称 | 净值增长率① | 净值增长率标准差② | 业绩比较基准的收益率③ | 业绩比较基准的收益率标准差④ | ①－③ | ②－④ |
|---|---|---|---|---|---|---|---|
| 1 | 弘毅远方国证消费 100ETF | 34.64% | 1.49% | 34.23% | 1.51% | 0.41% | －0.02% |
| 2 | 汇添富中证主要消费 ETF | 41.56% | 1.60% | 39.29% | 1.62% | 2.27% | －0.02% |
| 3 | 富国中证消费 50ETF | 51.26% | 1.49% | 47.62% | 1.51% | 3.64% | －0.02% |
| 4 | 广发中证全指可选消费 ETF | 37.13% | 1.41% | 31.35% | 1.41% | 5.78% | 0.00% |
| 5 | 华夏上证主要消费 ETF | 53.90% | 1.61% | 47.21% | 1.61% | 6.69% | 0.00% |
| 6 | 招商上证消费 80ETF | 51.96% | 1.43% | 43.18% | 1.48% | 8.78% | －0.05% |

从跟踪紧密程度看,样本 ETF 的业绩排名依次为:弘毅远方国证消费 100 ETF、汇添富中证主要消费 ETF、富国中证消费 50 ETF、广发中证全指可选消

费ETF、华夏上证主要消费ETF、招商上证消费80 ETF。所有样ETF本均能跑赢标的指数,且风险控制较好。

(2)收益率与偏离度的关系。对于普通个人投资者来说,投资行业ETF的目的不仅是追踪指数和跑赢指数、共享行业发展的利润,更希望获取高于行业平均的收益率。在某行业ETF数量众多,追踪指数多种多样的情况下,能否在其中选择一个收益率相对较高的ETF基金是很多投资者关心的问题。业绩表现好的ETF基金是否能够帮助投资者获取更多回报?

由图10-6、图10-7可看出,样本ETF的偏离度与收益率没有呈现出明显关系,收益率主要取决于标的指数。在跑赢指数的情况下,ETF的收益率＝标的指数收益率＋超额收益率。由于ETF大多采用完全复制法,致力于最小化跟踪误差,所以在对同一主题中不同ETF进行选择时,首先体现在对不同跟踪指数的选择上,因此在投资前需要分析指数间成分股的差异,选择适合的标的指数。

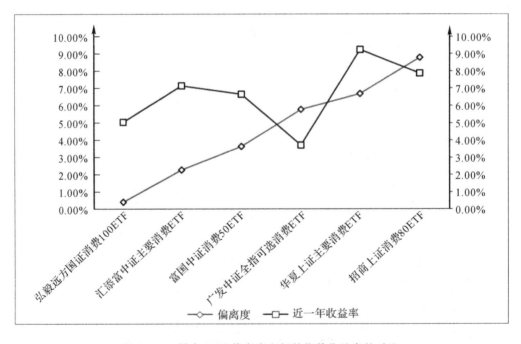

图10-6 样本ETF偏离度和标的指数收益率的对比

# 第10章 ETF的资产配置和投资策略分析

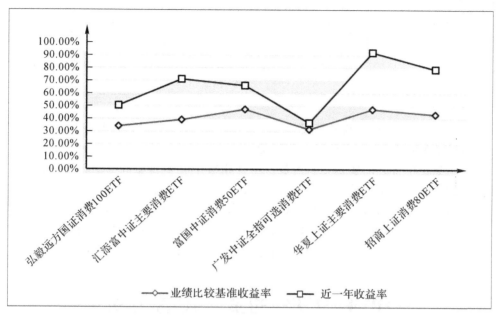

图 10-7  样本 ETF 收益率和标的指数收益率的对比

(3)指数对比。样本中的6个基金虽然都是消费 ETF,但跟踪的指数不同,见表 10-7。6 个 ETF 均采用完全复制指数投资策略,指数成分股的差异导致指数收益率的差异。

表 10-7  标的指数成分股构成

| 基金名称 | 标的指数 | 指数构成 |
| --- | --- | --- |
| 华夏上证主要消费 ETF | 上证主要消费行业指数 | 选择上海证券市场主要消费行业股票组成 |
| 招商上证消费 80ETF | 上证消费 80 指数 | 由沪市 A 股中 80 只主要消费、可选消费和医药卫生类公司股票组成 |
| 汇添富中证主要消费 ETF | 中证主要消费指数 | 由中证 800 指数样本股中的主要消费行业股票组成 |
| 富国中证消费 50ETF | 中证消费 50 指数 | 由沪深两市可选消费与主要消费(剔除汽车与汽车零部件、传子行业)规模大、经营质量好的中 50 只龙头股组成 |
| 弘毅远方国证消费 100ETF | 国证消费 100 指数 | 由消费相关主题板块中的 100 只龙头企业 A 股组成 |

续表

| 基金名称 | 标的指数 | 指数构成 |
| --- | --- | --- |
| 广发中证全指可选消费ETF | 中证全指可选消费指数 | 从中证全指样本股可选消费行业内选择流动性和市场代表性较好的股票构成指数样本股 |

可见,收益率比较高的消费指数一般以白酒、食品饮料和家电持仓为主。收益率较低的消费指数,成分股中往往加入了涉及汽车、零售和医药等个股,收益率远不如集中持有消费龙头的指数。中证指数中有主要和可选消费指数,两者的区别是主要消费指数以食品饮料为主,可选消费指数以家电和汽车为主,实质差距很大。中证指数中也有非常相似的指数,例如中证消费50指数和中证消费龙头指数,中证消费龙头指数没有剔除汽车类股票,其余持仓类似。国证消费指数中还有一些消费电子类的股票,因此收益率不高,勉强达到中游水平。

## 10.4 ETF的资产配置分析

### 10.4.1 样本ETF的选取

上证50指数是上海证券市场最具有代表意义的蓝筹指数之一,能综合反映上海证券市场,是由上海证券市场中流动性好、规模大的最具市场影响力和代表性的50只龙头企业的股票构成。2001年,经过不断改进,中国证监会与道富集团合作,成功编制出China National Index。之后,华夏基金管理公司与道富集团达成协议,又编制出了上证50指数与上证180指数。2004年,华夏基金管理公司推出我国首只交易型开放式指数基金——华夏上证50 ETF,华夏上证50 ETF同时也是规模最大的ETF基金,具有不可替代的地位和很强的代表性。本次分析选取以上证50指数为跟踪标的的7只ETF基金,分别为:华夏上证50 ETF、易方达上证50 ETF、申万菱信上证50 ETF、万家上证50 ETF、博时上证50 ETF、建信上证50 ETF、工银上50,旨在分析他们的资产配置能力等。

### 10.4.2 基金经理评分

基金经理评分是基金同花顺投研团队基于基金经理历史业绩数据分类对其

建立的综合评价体系。评价针对基金经理历任的所有基金,根据不同类别划分,准确还原不同类型的基金在牛、熊、震荡市中的表现,避免以偏概全对基金经理造成误判。评分数据每周更新一次,分数越高,代表基金经理当前表现越优秀。

对于 ETF 而言,评判基金经理的指标主要有三个,分别为:盈利能力、管理能力和跟踪能力。盈利能力按基金经理的绝对收益评分,绝对收益越高,则盈利能力得分越高;管理能力按基金经理的管理年限和管理规模评分,经验丰富的基金经理对市场的把控能力更好;跟踪能力按任职产品的跟踪偏离度评分,主动投资风险越低,则跟踪能力评分越高。根据评分可以将基金经理人划分为五个等级:90~100 分为优秀等级,80~90 分为良好等级,70~80 分为中等等级,60~70 分为一般等级,60 分以下为较差等级。本书选取截至 2020 年 11 月的 7 只 ETF 基金经理的跟踪能力评分见表 10-8。

表 10-8  7 只 ETF 基金经理的跟踪能力评分及概况

| 基金经理 | 基金名称 | 跟踪能力评分 | 在任基金总规模 | 从业时长 |
| --- | --- | --- | --- | --- |
| 张弘弢 | 华夏上证 50 ETF | 97 | 951.7 亿元 | 11 年 7 个月 |
| 余海燕 | 易方达上证 50 ETF | 90 | 507.7 亿元 | 9 年 3 个月 |
| 王赟杰 | 申万菱信上证 50 ETF | — | 93.0 亿元 | 5 个月 |
| 杨坤 | 万家上证 50 ETF | 98 | 14.1 亿元 | 1 年 2 个月 |
| 汪洋 | 博时上证 50 ETF | 62 | 53.1 亿元 | 6 年 |
| 薛玲 | 建信上证 50 ETF | 94 | 27.7 亿元 | 4 年 6 个月 |
| 赵栩 | 工银上 50 | 90 | 125.7 亿元 | 9 年 4 个月 |

跟踪能力同类平均评分:88 分

从表 10-8 可以看出,万家上证 50 ETF 基金经理的跟踪能力评分最高,达到 98 分,华夏上证 50 ETF 基金经理的跟踪能力评分也很不错,达到 97 分,博时上证 50 ETF 基金经理的跟踪能力评分最差,只有 62 分,远不及同类基金的平均评分。

## 10.4.3　跟踪偏离度和净值标准差

基金经理的跟踪能力只能作为判断这 7 只基金资产配置能力的一个标准,因为他们管理的其他基金的运营情况也会影响到该基金经理的评分,所以我们还得通过其他指标来更准确地判断这 7 只基金的资产配置能力。大多数基金招募书中的投资目标都为紧密跟踪标的指数、追求跟踪偏离度和跟踪误差的最小化,有的还追加了更细致的目标,如日均跟踪偏离度的绝对值争取不超过0.2%、年跟踪误差争取不超过2%。因此,评价一名ETF基金经理的关键在于其运作ETF基金跟踪标的指数时的偏离度和误差水平,另一个评价指标是净值标准差,净值标准差反映了基金净值的波动情况。

表10-9中第三列为7只ETF净值增长率标准差,第五列为业绩比较基准收益率标准差,即上证50指数收益率标准差,通过比较可以发现,只有万家上证50 ETF净值标准差大于跟踪标的指数收益率标准差,说明万家上证50 ETF较上证50指数具有更大的波动性和更大的风险。易方达上证50 ETF因为成立不满一年所以暂时没有数据,其他5只ETF的净值标准差都等于或者小于跟踪标(上证50指数)的波动率。第六列净值增长率减基准收益率(①-③)计算得出的结果即为跟踪偏离度,结果显示工银上50的差值最小,为1.48%,华夏上证50 ETF为1.61%,紧跟其后,有力说明这两只基金的跟踪能力很好。建信上证50 ETF和申万菱信上证50 ETF的差值最大,分别为9.13%和8.79%,跟踪能力在除了易方达上证50 ETF基金的六只中最差。

**表10-9  2020中报中过去一年业绩**　　　　　　　　　　单位:%

| 基金名称 | 净值增长率① | 净值增长率标准差② | 业绩比较基准的收益率③ | 业绩比较基准的收益率标准差④ | ①-③ | ②-④ |
| --- | --- | --- | --- | --- | --- | --- |
| 华夏上证50 ETF | 2 | 1.15 | 0.39 | 1.15 | 1.61 | 0 |
| 易方达上证50 ETF | — | — | — | — | — | — |
| 申万菱信上证50 ETF | 9.18 | 1.15 | 0.39 | 1.15 | 8.79 | 0 |
| 万家上证50 ETF | 8.21 | 1.16 | 0.39 | 1.15 | 7.82 | 0.01 |
| 博时上证50 ETF | 6.02 | 1.15 | 0.39 | 1.15 | 5.63 | 0 |
| 建信上证50 ETF | 9.52 | 1.14 | 0.39 | 1.15 | 9.13 | -0.01 |
| 工银上50 | 1.87 | 1.14 | 0.39 | 1.15 | 1.48 | -0.01 |

### 10.4.4　跟踪误差

跟踪误差是根据历史的收益率差值来描述ETF与跟踪标的指数之间的密切程度的,同时也代表着ETF基金净值增长率围绕标的指数收益率的波动特征。一般来说,跟踪误差越小,代表着该基金的资产配置能力越强,跟踪误差越大,则代表该基金的跟踪能力越差。这种计算方法是国内普遍使用的方法,叫作平方根跟踪偏离度法。跟踪误差越大,说明该基金经理的投资风险越大。一般来说,日跟踪误差一般小于0.2%。若年跟踪误差大于2%,则说明差异比较显著。如果此计算过程中使用的是基金的日净值增长率与指数的日收益率的话,计算出来的偏离度为日跟踪偏离度,年跟踪误差可以用日跟踪误差乘以年交易日(250天)的平方根计算得出。这种方法的缺点是如果观测期内基金的收益率差值是稳定且同向的差值,那么计算得出的结果就会相对较小,基金会被低估。表10-10为7只ETF的跟踪误差,日跟踪误差来源于天天基金网2020年12月28日的数据,年跟踪误差为日跟踪误差乘以年交易日的平方根。7只基金的日跟踪误差都小于0.2%,除了易方达上证50 ETF,其他的年跟踪误差均小于2%。其中,华夏上证50 ETF和工银上50的日跟踪误差和年跟踪误差最小,都为0.05%和0.79%;建信上证50 ETF的日跟踪误差和年跟踪误差最高,分别为0.09%和1.42%。

表10-10 7只基金的跟踪误差

| 基金名称 | 日跟踪误差 | 年跟踪误差 |
| --- | --- | --- |
| 华夏上证50 ETF | 0.05% | 0.79% |
| 易方达上证50 ETF | 0.08% | — |
| 申万菱信上证50%ETF | 0.07% | 1.11% |
| 万家上证50 ETF | 0.07% | 1.11% |
| 博时上证50 ETF | 0.06% | 0.95% |
| 建信上证50 ETF | 0.09% | 1.42% |
| 工银上50 | 0.05% | 0.79% |

### 10.4.5 综合分析

通过基金经理评分、跟踪偏离度分析、净值标准差分析,以及跟踪误差分析,可以发现,华夏上证50 ETF的资产配置能力最强,该基金经理跟踪能力为最高分(97分),年偏离度为1.61%,远小于后面的基金,日跟踪误差与年跟踪误差分别为0.05%和0.79%,在样本基金中最小。其次是工银上50,该基金经理评分为90分,高于同类平均88分,年偏离度为1.48%,日跟踪误差与年跟踪误差分别为0.05%和0.79%,在样本基金中最小。建信上证50 ETF的资产配置能力最差,其基金经理跟踪能力评分为94分,年偏离度为9.13%,日跟踪误差和年跟踪误差分别为 0.09% 和 1.42%，在样本中最高。

图 10-8 是上证 50 ETF 累计收益走势图，图 10-9 是工银上 50 累计收益走势图，图 10-10 是建信上证 50 ETF 累计收益走势图。这三张图分别展示了上证 50 ETF、工银上 50、建信上证 50 ETF 的累计收益走势与上证 50 指数收益走势的对比。通过对比发现上证 50 ETF 和工银上的跟踪上证 50 指数收益走势的紧密度明显要强于建信上证 50 ETF。

图 10-8　上证 50 ETF 累计收益走势图

图 10-9　工银上 50 累计收益走势图

# 第 10 章 ETF 的资产配置和投资策略分析

图 10-10 建信上证 50 ETF 累计收益走势图

## 10.4.6 资产配置对比分析

我们也可以通过比对各基金与上证 50 指数的资产配置权重来判断基金跟踪能力的强弱,表 10-11 显示了华夏上证 50 ETF、工银上 50、建信上证 50 ETF 和上证 50 指数前十权重持仓股票的权重。通过对比我们可以发现,华夏上证 50 ETF 与上证 50 指数的前十权重持仓股票的比例最为接近,而建信上证 50 ETF 与上证 50 指数相比持仓比例相差最大。

表 10-11 7 只 ETF 基金资产配置对比

| 序号 | 代码 | 简称 | 最新价 | 涨跌幅 | 指数权重/(%) | 华夏 | 工银 | 建信 | 所属行业 |
| --- | --- | --- | --- | --- | --- | --- | --- | --- | --- |
| 1 | 601318.SH | 中国平安 | 84.62 | 1.71 | 12.94 | 12.92 | 12.81 | 12.64 | 金融业 |
| 2 | 600519.SH | 贵州茅台 | 1873 | 2.35 | 13.13 | 13.1 | 12.92 | 12.76 | 制造业 |
| 3 | 600036.SH | 招商银行 | 43.04 | 0.75 | 5.81 | 5.81 | 5.74 | 5.66 | 金融业 |
| 4 | 600276.SH | 恒瑞医药 | 111 | −3.49 | 5.22 | 5.22 | 5.14 | 5.09 | 制造业 |
| 5 | 601166.SH | 兴业银行 | 20.49 | 1.39 | 3.15 | 3.14 | 3.12 | 3.08 | 金融业 |
| 6 | 600030.SH | 中信证券 | 27.98 | −0.14 | 4.01 | 4 | 3.97 | 3.92 | 金融业 |

续表

| 序号 | 代码 | 简称 | 最新价 | 涨跌幅 | 指数权重/(%) | 华夏 | 工银 | 建信 | 所属行业 |
|---|---|---|---|---|---|---|---|---|---|
| 7 | 600887.SH | 伊利股份 | 41.89 | 4.73 | 3.66 | 3.65 | 3.56 | 3.58 | 制造业 |
| 8 | 601888.SH | 中国中免 | 257.6 | −0.54 | 3.41 | 3.41 | 3.25 | 3.33 | 租赁和商务服务业 |
| 9 | 601398.SH | 工商银行 | 4.97 | 0 | 2.7 | 2.7 | 2.67 | 2.63 | 金融业 |
| 10 | 601012.SH | 隆基股份 | 92.15 | −1.39 | 3.1 | 3.1 | 3.05 | 3.03 | 制造业 |

# 10.5 ETF的投资策略分析

## 10.5.1 ETF投资目标

ETF都以"紧密追跟踪标的指数,追求偏离度和跟踪误差最小化"为目标。ETF是被动型的基金,和其他类型基金的投资目标不一样,不以超越所跟踪指数表现和获取利润最大化为目标,而是致力于拟合跟踪指数,获取与标的指数基本一致的收益。

## 10.5.2 ETF投资策略

作为被动型指数基金,ETF的投资策略主要有两种,即完全复制法和抽样复制法。完全复制法指的是完全按照每种成分证券在标的指数中的权重以确定比例,购买标的指数中所有成分证券,构建指数投资组合,以达到复制指数的效果,使得投资组合和标的指数表现一致。抽样复制法属于优化复制,是根据行业、市值等标准选出更具有市场代表性的样本证券,然后通过一定的算法进行权重的优化,使得投资组合的表现与标的指数达到基本一致的水平。采用抽样复制法而不是完全复制法的原因通常是标的指数成分股数量较多且个别成分股流动性不足,基金需要降低交易成本。正常情况下,基金投资于目标ETF的比例不低于基金资产净值的90%。在正常市场情况下,力争控制基金的份额净值与业绩比较基准的收益率日均跟踪偏离度的绝对值不超过 0.35%，年跟踪误差不超过 4%。如果因指数编制规则调整或其他因素导致跟踪偏离度和跟踪误差超过上述范围，基金经理应采取合理措施避免跟踪偏离度、跟踪误差进一步扩大。具体而言，在各个市场有以下投资策略：

(1) 目标 ETF 投资策略。基金主要通过交易所买卖或申购赎回的方式投资于目标 ETF 的份额。

(2) 股票投资策略。基金可投资于标的指数成分股、备选成分股，以更好地跟踪标的指数。同时，还可通过买入标的指数成分股、备选成分股来构建组合以申购目标 ETF。对标的指数成分股、备选成分股的投资，主要采取复制法，即按照标的指数的成分股组成及其权重构建基金投资组合，并根据标的指数组成及其权重的变动进行相应调整。但因特殊情况（如流动性不足等）导致无法获得足够数量的个券时，基金经理将搭配使用其他合理方法进行适当的替代，包括通过投资其他股票进行替代，以降低跟踪误差，优化投资组合的配置结构。

(3) 债券投资策略。基金债券投资的目的是在保证基金资产流动性的基础上，降低跟踪误差。本基金将采用宏观环境分析和微观市场定价分析两个方面进行债券资产的投资，通过主要采取组合久期配置策略，同时辅以收益率曲线策略、骑乘策略、息差策略等积极投资策略构建债券投资组合。

(4) 资产支持证券投资策略。基金经理通过考量宏观经济形势、提前偿还率、违约率、资产池结构以及资产池资产所在行业景气情况等因素，预判资产池未来现金流变动；研究标的证券发行条款，预测提前偿还率变化对标的证券平均久期及收益率曲线的影响，同时密切关注流动性变化对标的证券收益率的影响，在严格控制信用风险暴露程度的前提下，通过信用研究和流动性管理，选择风险调整后收益较高的品种进行投资。

(5) 其他金融工具投资策略。基金可基于谨慎原则运用权证、股指期货等相关金融衍生工具对基金投资组合进行管理，以提高投资效率，控制基金投资组合风险水平，更好地实现本基金的投资目标。基金经理运用上述金融衍生工具必须是出于追求基金充分投资、减少交易成本、降低跟踪误差的目的，不得应用于投机交易，或用作杠杆工具放大基金的投资。

# 第 11 章 私募证券投资基金的资产配置和投资策略分析

## 11.1 私募证券投资基金概况

### 11.1.1 私募证券投资基金的定义

私募证券投资基金(简称"私募基金")是相对于公开募集基金而言的,指受到我国政府监管部门管理,向不特定不固定的投资人群公开发行证券从而获得发展资金的证券投资基金。私募基金的发行方式是非公开发行,发行对象是少数资金雄厚的机构投资者和个人投资者,这类投资者有一些投资经验和风险承担能力。因此,私募基金通常会被简单理解为向特定对象募集资金的基金。私募基金的当事人分别是基金的管理人、托管人和持有人,基金管理人作为强有力的中介力量,与投资者协商基金的销售和赎回的相关事项。

### 11.1.2 私募证券投资基金的特征

私募基金的特征首先表现在募集对象方面,私募基金募集对象包括资金雄厚的机构投资者以及拥有高额财富值且曾经从事或具有良好的投资经验和自身学习了投资相关理论知识的个人投资者。

私募基金之所以被称为私募其最大特征就是如上述定义而言,其筹集资金的方式是通过非公开的方式,即不可以通过电视、网络等公开进行宣传。因此私募基金投资者的数量和发行方式受到了很大程度的限制。

私募基金的信息披露也与公募基金要求相差较大,公募基金要求对投资标的物、投资组合等相关信息进行公开披露,披露要求严苛,私募基金没有这样的严格要求。

## 11.1.3 私募证券投资基金的分类

私募基金的分类方式有很多,本章主要将私募基金按照组织方式进行分类并展开相关论述。

**1. 公司制私募基金**

公司制是私募基金早期组建的主要组织形式,该组织形式出现最早,流行时间最长,即便后期有限合伙制私募基金出现,依旧有很多国家选择以公司制的方式发起私募基金。就我国而言,虽然基金起步较晚,但是发展迅速,拥有各种各样的组织形式,公司制仍然占据主要地位。公司制私募基金的设立方式有严格规定:要求有不多于50名股东出资设立有限公司且对发起人也要求不少于2人不多于200人。

公司制私募基金的特点如下:①出资设立的有限公司作为独立法人而存在,享有独立的法人地位,财产权及相关责任由公司独立承担。②根据有限责任公司的特点,出资人仅按照各自出资的份额或其认购的股份承担相应的责任,该责任是有限的。

**2. 契约制私募基金**

按照《中华人民共和国证券投资基金法》的规定,契约制私募基金的设立等需要遵守相关法律法规,其中关于契约信托型基金的募集对象和数量的规定如下:非公开进行募集资金的基金应当向合格投资者进行募集,募集对象(即合格投资者)累计不得超过200人。由于其投资人数多并且潜在投资人选择范围更大,所以这种组织方式更容易募集更大数额的资金。相比公司制和合伙制,契约制私募基金的特点还表现在方便和灵活上。首先在注册流程方面基金当事人三方的法律地位、职能和权益责任等都通过签订基金合同完成,省去了较为复杂的其他流程。其次在投资人退出方面,契约制的契约也有相关规定,使得退出更加灵活。

**3. 有限合伙制私募基金**

有限合伙制私募基金成为私募基金的主流组织方式,究其原因:该组织方式将投资人分为普通合伙人和有限合伙人两种,普通合伙人成为基金的投资决策者,其主要职责是负责整个基金业务的运行和平稳发展,普通合伙人与公司制的责任承担机制恰恰相反,需要对基金承担无限责任。而有限合伙人则与公司制的责任承担机制相同即只需要按照投资人出资的认缴额为限承担相应的责任且不参与相关的投资决策。

有限合伙制私募基金的特征如下:①合伙人和公司分别独立,各自财产独立互不干扰。②有限合伙人和普通合伙人承担责任不同,按照自己的权利承担相应的责任。③免双重征税制度。④设立的程序简单、有效,且具有良好的激励机制。

## 11.2 中国私募证券投资基金的发展及存在的问题

### 11.2.1 中国私募证券投资基金的发展

根据2019年12月中国证券投资基金业协会登记备案月报可知,截至2019年12月底,共有24 471家私募基金管理人完成登记,较2018年末增加了23家,同比增长0.09%;81 739只私募基金完成备案,较2018年末增加了7 097只,同比增长9.51%。2019年末,私募基金管理规模达到13.74万亿元,较2018年末增加9 603.56亿元,同比增长7.52%。

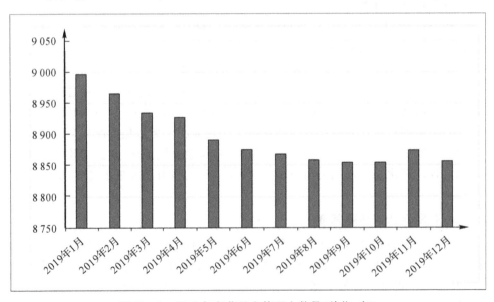

图11-1 2019年私募基金管理人数量(单位:家)

从私募基金角度来看,经登记的私募基金管理人有8 857家,较2018年末减少了16家;存续备案私募证券投资基金41 399只,基金存续规模2.56万亿元,较2018年底增长4 225.35亿元,增幅为19.76%。从图11-1可以看出,私募基金管理人数量在2019年呈现整体减少的趋势,但是年底有所增长。从图11-2可知,2019年私募基金数量呈不断增长的趋势。私募基金管理人总数减少有两方面原因,一方面,基金业协会对私募基金管理人的审查愈发严格,导致申请私募基金管理人的难度增大。另一方面,存在业绩及资金问题的机构,不得不注销自身的管理人资质。因此,在这两方面同时作用下,私募基金管理人增加速度不及减少的速度,整体上呈现下降的趋势。

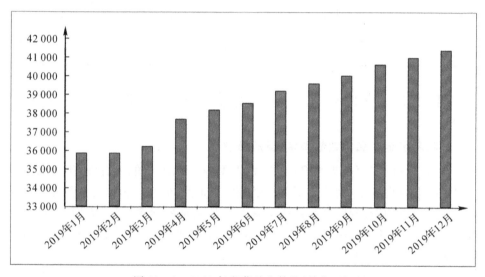

图11-2 2019年私募基金数量(单位:只)

在经历了2018年股市低迷期后,2019年第一季度A股就有了很好的表现。投资者无论选择增持股票还是买进基金,都比较容易获得不错的收益。2019年基金规模不断攀升,2019年3月,私募基金规模单月环比增加2 449亿元,并在10月达到峰值。这种基金规模的上升,既有投资者不断申购的助力,也有基金业绩不断向好发展的带动。

## 11.2.2 中外私募证券投资基金产品比较

由表12-1可知中国私募基金产品和全球对冲基金产品在存续期、业绩分成、锁定期、基金管理费收取比例与赎回频率等五个方面的不同。其中,要说明的是中国私募基金产品存续期更短,仅为全球对冲基金产品存续期的30.44%;

中国私募基金产品的锁定期更长,约为全球对冲基金产品锁定期的两倍;中国私募基金产品管理费用提取比例不到全球对冲基金产品的一半。这三点是中国私募基金产品与全球对冲基金产品最大的不同,也是中国私募基金的显著特征。

表 11-1  中外私募证券投资基金产品比较

|  | 中国私募基金产品 | 全球对冲基金产品 |
| --- | --- | --- |
| 存续期均值 | 14.96 个月 | 49.16 个月 |
| 业绩分成均值 | 20.20% | 13.40% |
| 锁定期均值 | 5.04 个月 | 2.19 个月 |
| 基金管理费收取比例 | 0.60% | 1.40% |
| 赎回频率均值 | 2.17 个月 | 1.96 个月 |

### 11.2.3  中国私募证券投资基金存在问题

**1. 私募基金产品的数量繁多,但规模较小**

这可以从两方面分析原因:一方面,私募基金的融资能力有限,很难通过单一渠道提升管理规模,因此需要与多个融资渠道共同合作,但是每个渠道自身又希望设立自己的新产品,这就造成了基金产品数量的增多;另一方面,部分基金产品业绩不佳,甚至面临跌破止损线而被动清盘,在这种情况下,基金公司也只能不断发行新产品融资。

这种现象会导致很多不利影响。首先,基金公司拥有的产品越多,面临的渠道要求就越多,这必然会增加运营成本。与此同时,国内大部分私募基金经理既是管理者也是基金公司创始人,多个渠道的不同要求会分散其精力,影响投资决策。其次,同一家基金公司管理的基金难以做到相互独立,同策略产品也可能业绩不一致,蕴藏较高风险。最后,种类繁杂的基金产品也会提高监管成本,给监管机构管理带来不便,进而降低整个私募基金行业的运行效率。

**2. 私募基金产品存续期短、锁定期长、管理费用低**

首先,基金产品的存续期短,意味着基金经理可能会因追逐短期利益而运用高风险策略。同时,基金产品的建仓和清盘会在短时间内集中交易,增加交易成本,加剧市场波动。其次,在存续期短的基金产品中,很难跟踪私募基金经理的长期业绩,无法做出客观真实的业绩评价,加大投资者投资风险。最后,管理费用少意味着基金经理需要从业绩分成中获得更多盈利而非依靠收取管理费用来分担运营成本,这对基金经理的投资水平和研究能力提出了更高要求。

**3. 私募基金的监管法律问题**

近年来,虽然私募基金发展迅速,但是私募基金发展的历史并不长,如何有效监管是当前面临的最重要的问题。从现行私募基金监管法律方面看,具体条文少且粗略,难以满足现实的需要。因此,加强对私募基金的监管已成为社会的热点。

从募集方式看,大多基金不得通过媒体或变相公开的方式宣传,这样的说法并不具体且内容规定空泛。对于私募基金发行方式上的法律规定并不多,且表述模糊。目前来看,部分私募基金管理人采用变相公开等形式的宣传仍难以被发现。

从投资者的角度看,依据《中华人民共和国证券投资基金法》中合格投资者的规定,认为"合格投资者是指达到规定资产规模或者收入水平,并且具备相应的风险识别能力和风险承担能力,其基金份额认购金额不低于规定限额的单位和个人"。这样的规定仍略显抽象化,难以具体实施。

从信息披露角度看,投资者获得信息较少,私募基金管理人与投资者之间存在严重的信息不对称。处于弱势地位的投资者很难及时获取信息,也无法保证信息的有效性,更缺少有效方法去核查所披露信息的真实性与完整性。

## 11.3 私募证券投资基金的收益分析

### 11.3.1 私募证券投资基金总体情况分析

为了分析中国私募基金总体情况,将我国私募基金 2019 年的投资情况进行排名,见表 11-2。

表 11-2 2019 年私募基金投资情况排名表

| 策略 | 数量 | 正收益占比 | 平均数 | 最大数 | 最小数 |
| --- | --- | --- | --- | --- | --- |
| 股票多头策略 | 6 263 | 90.85% | 29.31% | 1 389.85% | −95.38% |
| 股票市场中性策略 | 296 | 90.20% | 6.84% | 205.65% | −49.90% |
| 债券策略 | 627 | 81.66% | 16.50% | 668.82% | −39.76% |
| 宏观对冲策略 | 235 | 85.22% | 18.15% | 180.13% | −33.84% |
| 套利策略 | 515 | 86.21% | 11.93% | 140.44% | −79.50% |
| 投资组合策略 | 1 309 | 88.24% | 19.98% | 646.45% | −100.00% |

数据来源:私募排排网

图11-3显示了2019年我国私募基金各策略的收益率。在回报方面(以2019年的绝对回报作为衡量标准),股票多头策略基金发挥了最好的作用,2019年,平均回报率为29.31%,90.85%的产品实现正收益,平均值为25.83%。投资组合策略紧随其后,2019年投资组合策略的平均回报率为19.98%,88.24%的产品实现了正收益。由于大部分投资组合策略都配置了股权资产,因此也取得了不错的回报。2019年,宏观对冲策略的平均回报率为18.15%;套利策略的平均回报率为11.93%,86.21%的产品实现了正收益。债券策略和套利策略是所有策略中收入差异程度最低的策略,因为与其他策略相比,差异程度本身相对较小。2019年,股票市场中性策略的平均收益率为6.84%,90.20%的产品获得正收益;由于股票市场中性策略保证了股票仓位,且主产品和尾部产品的两极分化严重,是收入差距最大的产品。

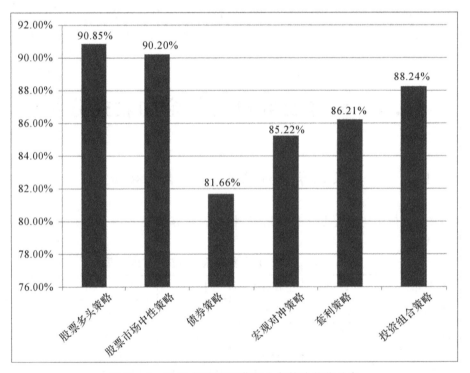

图11-3 2019年我国私募基金各策略的收益率

## 11.3.2 私募证券投资基金排名分析

表11-3显示的是2019年收益率排名前十的私募基金,其中股票策略型的私募基金占了大多数,也从侧面印证了2019年股票多头策略表现良好。

**表11-3 私募基金2019年的收益率排行**

| 基金简称 | 基金公司 | 投资策略 | 年化收益率 | 收益率 |
|---|---|---|---|---|
| 友樽领五号 | 友樽投资 | 复合策略 | 1 116.64% | 1 116.64% |
| 建泓绝对收益一号 | 建泓时代 | 股票策略 | 65.75% | 1 121.91% |
| 阿巴马美好生活2号 | 阿巴马资产 | 股票策略 | 168.47% | 955.17% |
| 大凡1号 | 大凡投资 | 管理期货 | 283.38% | 936.65% |
| 建泓时代绝对收益2号 | 建泓时代 | 股票策略 | 50.78% | 831.39% |
| 中信信诚融聚荷和1号专项资产管理计划 | 荷和投资 | 股票策略 | 57.87% | 594.11% |
| 中金公司丰众7号员工参与科创板战略配售 | 中金公司 | 股票策略 | 589.19% | 589.26% |
| 方信睿熙一号 | 方信财富 | 股票策略 | 118.84% | 570.08% |
| 云南信托—大西部丝绸之路1号 | — | 股票策略 | 19.90% | 404.74% |
| 顺然共赢2号 | 海宁顺然理财 | 管理期货 | 59.18% | 383.13% |
| 巨杉二次方1号 | 巨杉资产 | 股票策略 | 63.88% | 369.87% |

数据来源:私募排排网

目前,用来衡量私募基金收益的指标包括:①收益率。按照时间段,收益率还可以分为:近三个月、近一年、近两年、近三年以及其成立以来的收益率,时间越长越有参考价值。②净值,对投资者的买入价格产生影响。③阿尔法值,是基金的绝对收益和按照贝塔计算的预期收益之间的差额。④夏普比率,用来衡量基金承担单位风险所获得的超额回报率。

常用的风险指标包括但不限于:①贝塔值。②下行风险。③进攻能力。④防守能力。

由表11-3可知,排名前三的私募基金为友樽领五号、建泓绝对收益一号、阿巴马美好生活2号,下面针对其收益指标和风险指标进行细致分析。

**1. 友檩领五号收益及风险分析**

表 11-4 显示友檩领五号的收益指标情况,截止到 2020 年 12 月 11 日,友檩领五号的净值为 3.079 0。近一年该基金异军突起,一路飞涨且目前净值对比其基金较低,适合低位买入。但是其夏普比率相较于其他排名前三的值较低,说明其单位风险承担的收益率不高,564.93% 的阿尔法值说明该基金获得的实际收益较高。该基金成立时间短但是表现强势,增长率极高。这里我们看到该私募基金的胜率为 66.67%,充分表明了在基准月份基础之上该私募基金跑赢了 66.67%,体现了该基金增长速度。总的来说,友檩领五号的收益是非常显著的,近一年高达 969.95% 的收益率吸引了大批投资者。

表 11-4 友檩领五号的收益指标

| 指标 | 近一年 | 成立以来 |
| --- | --- | --- |
| 收益率 | 969.95% | 987.07% |
| 年化收益率 | 971.69% | 896.92% |
| 阿尔法值 | 564.93% | 564.93% |
| 夏普比率 | 1.63 | 1.63 |
| 卡玛比率 | 48.3 | 45.82 |
| 胜率 | 66.67% | 66.67% |

数据来源:私募排排网。

表 11-5 显示友檩领五号的风险指标,其贝塔值为 -5.77,说明其较为稳定,波动性不高,但是下行风险值极高,容易出现不良收益的风险。由于其成立时间较短,所以没有回撤修复值,不能提供更多参考。

表 11-5 友檩领五号的风险指标

| 指标 | 近一年 | 成立以来 |
| --- | --- | --- |
| 年化波动率 | 246.20% | 246.20% |
| 最大回撤率 | 24.41% | 24.41% |
| 贝塔值 | -5.77 | -5.77 |
| 下行风险值 | 17.06% | 17.06% |
| 进攻能力 | 2.2 | 2.2 |
| 防守能力 | -11.51 | -11.51 |

数据来源:私募排排网。

## 2. 建泓绝对收益一号收益风险分析

表11-6是截至2020年12月11日建泓绝对收益一号的收益指标情况。

表11-6　建泓绝对收益一号的收益指标

| 指标 | 近一年 | 近两年 | 近三年 | 成立以来 |
| --- | --- | --- | --- | --- |
| 收益率 | 1 054.44% | 2 133.56% | 1 774.19% | 1 577.40% |
| 年化收益率 | 1 056.38% | 371.10% | 165.33% | 71.71% |
| 阿尔法值 | 346.52% | 199.02% | 112.46% | 65.30% |
| 夏普比率 | 4.01 | 2.63 | 1.66 | 1.17 |
| 卡玛比率 | 101.9 | 14.18 | 3.86 | 1.3 |
| 胜率 | 83.33% | 75.00% | 66.67% | 59.68% |

数据来源：私募排排网。

建泓绝对收益一号排名第二，近一年的收益率高达1 054.44%。该基金近一年的阿尔法值达到了345.57%，表明该基金以投资技术获得比预期收益大的实际收益达到了345.57%。该基金的夏普指数即基金总回报率高于同期无风险收益率的部分，这一比例值为4.18，表现了建泓绝对收益一号良好的回报率。卡玛比率是用来反映基金承担单位风险（最大回撤）所获得的收益率。

表11-7是截至2020年12月11日建泓绝对收益一号的风险指标情况，将建鸿绝对收益一号的风险指标与友檩领五号进行比较：友檩领五号的进攻能力与建鸿绝对收益一号相差0.38，说明建泓绝对收益一号对市场的敏感程度高于友檩领五号，虽然其防守能力相较友檩领五号低一点，但是达到了-9.43，说明该基金也能在下跌市场中获得一个良好的收益。

表11-7　建泓绝对收益一号的风险指标

| 指标 | 近一年 | 近两年 | 近三年 | 成立以来 |
| --- | --- | --- | --- | --- |
| 年化波动率 | 69.85% | 69.30% | 67.39% | 56.58% |
| 最大回撤率 | 10.53% | 26.16% | 38.98% | 54.05% |
| 回撤修复率 | — | 1个月 | 2个月 | 9个月 |
| 贝塔值 | -2.32 | -0.62 | 0.16 | 0.28 |
| 下行风险值 | 1.53% | 19.26% | 25.26% | 22.61% |
| 进攻能力 | 2.58 | 2.03 | 1.61 | 1.17 |
| 防守能力 | -9.43 | -5.47 | -2.12 | -1.02 |

数据来源：私募排排网。

### 3. 阿巴马美好生活 2 号收益风险分析

表 11-8 是截至 2020 年 12 月 11 日阿巴马美好生活 2 号的收益指标情况。

**表 11-8　阿巴马美好生活 2 号收益指标**

| 指标 | 近一年 | 近两年 | 成立以来 |
| --- | --- | --- | --- |
| 收益率 | 969.26% | 1281.18% | 987.51% |
| 年化收益率 | 971.00% | 270.64% | 154.03% |
| 阿尔法值 | 453.30% | 236.96% | 161.39% |
| 夏普比率 | 1 | 1.34 | 1.08 |
| 卡玛比率 | 31.17 | 8.37 | 4.75 |
| 胜率 | 58.33% | 66.67% | 62.96% |

数据来源：私募排排网。

排名第三的是阿巴马资产旗下的阿巴马美好生活 2 号，该基金在截止日的净值为 4.499 0，与建泓绝对收益一号相差较多，净值较低，适合低位买入。

表 11-9 是阿巴马美好生活 2 号的风险指标情况，阿巴马美好生活 2 号的贝塔值为-2.68，说明其波动性较高，不太稳定，且下行风险值高，容易出现不良收益的风险。防守能力为-14.31，说明在下跌过程中阿巴马美好生活 2 号的收益不会太低。最大回撤率为 32.79%，远低于建泓绝对收益一号，说明阿巴马美好生活 2 号的没有发生大起大落现象，表现较好。

**表 11-9　阿巴马美好生活 2 号风险指标**

| | 近一年 | 近两年 | 成立以来 |
| --- | --- | --- | --- |
| 年化波动率 | 208.68% | 163.91% | 147.96% |
| 最大回撤率 | 32.79% | 32.79% | 32.79% |
| 贝塔值 | -2.68 | -0.95 | 0.09 |
| 下行风险值 | 33.65% | 25.13% | 25.45% |
| 进攻能力 | 1.07 | 1.04 | 1.03 |
| 防守能力 | -14.31 | -6.7 | -3.21 |

数据来源：私募排排网。

进行私募证券投资时，不能仅考虑基金的收益和风险指标，还应该更加全面地和其他基金进行比较，综合考虑政策环境、投资环境和最新出台的法律法规等，这些因素都会对基金的收益产生影响。

## 11.4 私募证券投资基金的资产配置分析

### 11.4.1 私募基金分析样本选择

2013年,修订后的《中华人民共和国证券投资基金法》颁布实施,标志着私募证券投资基金正式纳入监管。在选择样本基金时,以此时间点为分界,选择成立5年及以上的私募证券投资基金,即2013年至2014年间成立且至今仍在运行的私募证券投资基金,选择5年以上的原因主要在于成立5年以上的私募证券投资基金已基本具有明确的、独立的投资风格。因此,选取私募基金样本中2018年10月12日至2020年10月30日的周收益率数据。

通过私募排排网调取2018—2020年的年度排名前10的私募基金产品,以及2018—2020年成立来收益率前十的私募基金产品,以及2018—2020年成立以来年化收益率前30的私募基金产品。同一家私募基金公司的产品只选其中之一,并且剔除重复以及数据不全的私募基金产品,最后选定15只优秀的私募基金样本(见表11-10)。

表 11-10 私募基金样本

| | |
|---|---|
| 德亚进取1号 | 同犇2期 |
| 航长红棉1号 | 熵一1号全球宏观配置 |
| 巴克夏月月利1号 | 中睿合银策略精选1号 |
| 明河优质企业 | 乐瑞宏观配置1号 |
| 汉和资本1期 | 黑天鹅猎户座基金 |
| 紫晶一号 | 彤源5号 |
| 黑森九号 | 润桂投资国润一期 |
| 鹏石硕1号 | |

### 11.4.2 私募基金择时和选股能力分析

优秀的选股能力是指在市场上涨阶段,挑选出高成长性股票,享受股票估值不断上升；在市场下跌阶段，挖掘被低估的股票，等待市场恢复从而获得超额收益。如果一个基金经理拥有良好的选股能力，那么私募基金的业绩就能在牛市或者熊市中稳步提升，从而超越市场获得超额收益。择时能力是一种动态配置资产的能力，在预期市场下跌时，卖掉即将贬值的资产，并买入债券等固定收益的投资产品，获得收益的稳定上升；在预期市场即将上升时，买入股价弹性高的股票，与市场保持同步业绩或获得超额收益。若一个基金经理拥有良好的择时能力，则可以恰当地把握市场时机，市场上升时持有高弹性股价股票，市场下跌时持有固定收益产品，保持业绩的稳定，从而在牛市和熊市均获得超额收益率。

**1. 分析模型和变量选择**

选股择时的能力直接关系到基金的业绩状况。通常而言，基金业绩的主要来源有基金经理通过选股和择时而形成的收益、风险补偿收益。T－M模型是分析判断私募基金管理人选股能力和择时能力的重要模型。私募基金管理人通过提高和降低投资组合的贝塔值来实现业绩表现，当私募基金管理人认为未来股票市场将逐渐上涨时，就会提高股票投资比例，提升资产组合的贝塔值；但是当私募基金管理人认为未来的股票市场将逐渐下跌时，就会降低股票投资比例，降低资产组合的贝塔值。T－M模型的计算公式为

$$R_i - R_f = \alpha + \beta_1(R_m - R_f) + \beta_2(R_m - R_f)^2 + \varepsilon$$

式中，$R_i$为私募基金收益率，$R_f$为无风险收益率，$R_m$为市场组合收益率，$\alpha$是私募基金的选股能力指数，$\beta_1$代表市场的系统风险指数，$\beta_2$是私募基金的择时能力指数，$\varepsilon$是随机误差项。

当$\alpha>0$时，表明具备选股能力，且$\alpha$值越大，表明选股能力越强；反之，则不具备选股能力。当$\beta_2>0$时，表明具有择时能力，同样，值越大，择时能力越强。反之，则不具备择时能力。$\beta_1$指的是私募基金需要承担的系统风险。

私募基金的周收益率数据来自私募排排网中的净值变动率。个别缺失的或者按天计算的收益率，市场基准投资组合的投资收益率，选取申万A股指数作为市场基准投资组合的收益率，无风险收益率的，选取锐思数据库中的周无风险收益率。

**2. 总体分析**

由图11－4、图11－5可知，虽然市场基准投资组合和样本私募基金均承受着系统性风险，但是，这两者的收益率走势存在差异。例如，2019年3月1日样本私募基金收益率为6.15%，市场基准投资组合收益率为0.66%。产生这种差别的原因可能是私募基金具有专业的管理团队、明显的人才优势以及广泛的信息来源。也正是基于此，可以推测，私募基金具有选股能力，在市场中获取超额

收益。与市场基准投资组合相比,样本私募基金的平均收益更高,也更稳定,体现出私募基金主动管理的专业性。

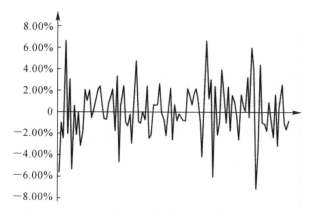

图 11-4 市场基准投资组合周收益率波动图

图 11-5 样本私募基金周收益率波动图

进行回归分析,结果见表 11-11。

表 11-11 样本私募基金产品分析

| 私募基金产品 | $\alpha$ | $\beta_1$ | $\beta_2$ | $\bar{R}^2$ |
| --- | --- | --- | --- | --- |
| 德亚进取 1 号 | 0.006 5 | 1.128 8*** | 1.784 0 | 0.538 0 |
| | 1.167 5 | 5.894 477 | −0.165 7 | |

续表

| 私募基金产品 | $\alpha$ | $\beta_1$ | $\beta_2$ | $\bar{R}^2$ |
|---|---|---|---|---|
| 航长红棉1号 | 0.003 5 | 0.590 421*** | −3.287 7 | 0.449 6 |
| | 0.915 0 | 4.403 359 | −0.993 0 | |
| 巴克夏月月利1号 | 0.012 3** | 1.604 0*** | −7.945 6** | 0.482 0 |
| | 2.560 2 | 9.716 3 | −2.194 5 | |
| 明河优质企业 | 0.004 5* | 0.640 5*** | 1.704 7 | 0.582 1 |
| | 1.971 5 | 8.123 7 | −0.875 5 | |
| 汉和资本1期 | 0.007*** | 0.808 2*** | −2.726 5 | 0.643 6 |
| | 2.843 1 | 9.159 0 | −1.25 13 | |
| 紫晶一号 | 0.007 8*** | 0.706 7*** | −2.691 1 | 0.629 3 |
| | 3.388 | 8.878 8 | −1.369 2 | |
| 黑森九号 | 0.003 6** | 0.420 1*** | 0.511 7* | 0.567 6 |
| | 2.364 9 | 7.924 7 | −0.390 9 | |
| 鹏石硕1号 | 0.006 3*** | 0.667 9*** | −2.374 4 | 0.632 5 |
| | 2.902 6 | 8.949 8 | −1.288 4 | |
| 同犇2期 | 0.008** | 0.525 4*** | −3.260 6 | 0.460 2 |
| | 2.395 6 | 4.540 4 | −1.14 10 | |
| 熵一1号全球宏观配置 | 0.005 3 | −0.041 4 | −5.152 7 | 0.430 5 |
| | 0.615 3 | −0.139 4 | −0.702 3 | |
| 中睿合银策略精选1号 | 0.006 5* | 0.714 9*** | 1.411 5 | 0.554 0 |
| | 1.931 437 | 6.130 052 | 0.490 1 | |
| 乐瑞宏观配置1号 | 0.005 8** | 0.451 5*** | −3.626 0 | 0.484 3 |
| | 2.117 7 | 4.807 5 | −1.563 4 | |
| 黑天鹅猎户座基金 | 0.010 4** | 0.663 0*** | −8.834 6 | 0.560 9 |
| | 1.406 4 | 2.599 7 | −1.402 8 | |
| 彤源5号 | 0.008 9*** | 0.758 5*** | −3.377 5 | 0.466 3 |
| | 3.148 8 | 7.777 4 | −1.402 4 | |

续表

| 私募基金产品 | α | $\beta_1$ | $\beta_2$ | $\bar{R}^2$ |
|---|---|---|---|---|
| 润桂投资国润一期 | 0.006 4** | 0.860 0*** | 3.093 6 | 0.509 0 |
| | 2.188 2 | 8.564 2 | 1.247 5 | |

注：① ***、**、* 分别表示在1%、5%、10%的水平下显著；② 括号内为回归系数 $t$ 值。

### 3. 选股能力分析

对以上数据进行汇总，则选股能力回归数据汇总见表 11-12。

表 11-12 选股能力回归数据汇总

| α | $\bar{R}^2$ | 类型 | 个数 | *** | ** | * |
|---|---|---|---|---|---|---|
| 0.006 9 | 0.536 3 | + | 15 | 4 | 6 | 2 |
| | | — | 0 | / | / | / |

从选股能力回归数据的结果看，在全部样本中，所选的私募基金的选股能力系数均为正值，通过显著性检验的有 12 只，这说明，在仅考虑系统风险的条件下，我国私募基金具有较好的选股能力，可以在市场上挖掘被低估的股票，建立最佳投资组合，获取超额收益。

### 4. 择时能力分析

择时能力回归数据汇总见表 11-13。在全部样本私募基金中，只有 5 只基金的择时能力为正值，10 只为负值，在择时系数为正的基金中，1 只通过显著性检验。在择时系数为负的基金中，1 只通过显著性检验。这表明，仅考虑市场系统风险情况下，仅有 33.3% 的私募基金具有择时能力，可以把握市场的时机与趋势，获取超额收益。但是，样本中绝大部分私募基金的择时能力系数为负值，因此，择时能力并不显著。

表 11-13 择时能力回归数据汇总

| α | $\bar{R}^2$ | 类型 | 个数 | *** | ** | * |
|---|---|---|---|---|---|---|
| −2.318 1 | 0.536 3 | + | 5 | / | / | 1 |
| | | — | 10 | / | 1 | |

综上所述，选股、择时系数同时为正数的只有 5 只基金，说明样本中只有 5 家基金管理公司同时具备选股、择时能力，可以从市场上选出被低估价值的股票

并恰当把握市场时机,构建最佳的投资组合,获取超额收益。大多数私募基金具备一定的选股能力,约33.3%的样本基金具备择时能力。这种情况的出现,间接反映了现今股票市场的不稳定性。

相对于市场择时,股票选择是一个中长期的过程,如管理人选择重点关注公司治理结构相对完善、高净资产收益率、相对低估值和持续增长的上市公司,只需研究员定期提供投资组合、交易员执行下单即可。选股调整对市场敏锐度要求相对低于择时能力对市场敏锐度要求。目前来看,股市波动较大,而私募基金的投资策略较为复杂,因此大部分样本基金不能很好地把握市场时机。

# 11.5 私募证券投资基金的投资策略分析

## 11.5.1 私募基金的投资策略类型

**1. 多空仓策略**

多空仓策略指通过保留一定的净头寸来获取利润的策略。多空仓策略按照其持有的净头寸方向,可分为偏向多头和偏向空头。

**2. 市场中性策略**

市场中性策略指在挖掘和分析可能造成股价异常波动的事件基础上,通过准确确认交易时机从而获取超额投资回报的投资策略。

**3. 事件驱动策略**

事件驱动策略指通过对冲市场风险,不论市场是上行或者下行均能获得稳定收益的一种投资策略。

**4. 管理期货策略**

管理期货策略指对商品等投资标的走势做出预判,通过期货期权等衍生品在投资中进行投资操作。

**5. 宏观对冲策略**

宏观对冲策略指根据对不同国家的总体经济及政治的判断,对经济增长趋势、资金流动、政策变化等因素进行分析,从而持有不同股票、债券、货币及期货市场的头寸。

**6. 相对价值策略**

相对价值策略指利用错误定价来建立多空头寸以获取一个定价恢复正常时的价差收益。

## 11.5.2 私募基金投资策略的业绩分析

业界普遍衡量投资策略绩效的指标是几何收益率、夏普比率以及阿尔法值。几何收益率体现了增长率的复合影响。夏普比率则是用基金净值增长率的平均值减去无风险利率再除以基金净值增长率的标准差,它反映了单位风险基金净值增长率超过无风险收益率的程度,可以简单理解为单位风险获得的额外收益率。一般来说,夏普比率越大越好。阿尔法值用于确定证券或证券投资组合超出理论预期收益的异常收益,阿尔法值越大越好。

对每只基金的月数据进行处理,计算得出了近一年、近两年和近三年的三大指标的结果。为了更加客观准确地了解基金业绩水平,计算了每一年各指标的最大值、最小值和平均值。对6种不同策略的业绩进行比较,得出以下结论。

(1)从几何收益率的角度来看,表现最好的是管理期货策略,每年的年平均几何收益率都为正值并逐年增长;表现较差的就是相对价值策略,其每年的年平均几何收益率不高且涨幅并不明显;波动性最大的是市场中性策略,该策略在2020年的平均几何收益率奇高,达到了363.62%,但在2018年却是负值,为19.66%,波动率过大(见图11-6)。

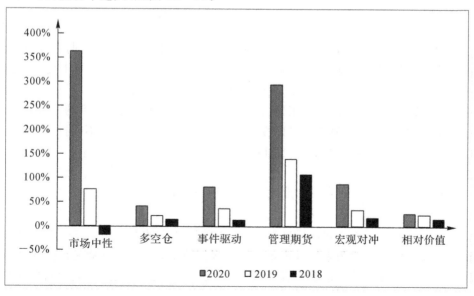

图11-6 不同投资策略私募基金的年均几何收益率

(2)从夏普比率来看,在样本期内每种策略的夏普比率均为正值,说明每种策略均可获得一个正的预期超额收益。6 种投资策略的夏普比率差距并不是很大,其中表现最好的是管理期货策略,2020 年管理期货策略的夏普比率达到了 2.5,这意味着承担单位风险的情况下,管理期货策略预期可以获得 2.5 单位的超额收益。表现得最差的就是事件驱动策略,其在 2018 年的夏普比率为 0.39,即在承担单位风险的情况下,只能得到 0.39 单位的超额收益(见图 11 - 7)。

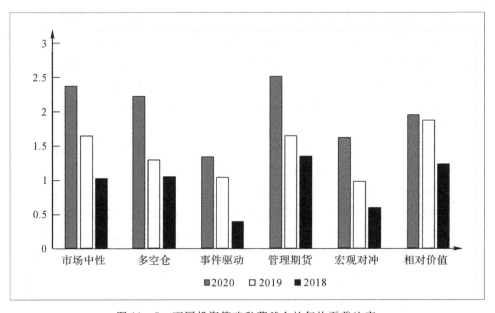

图 11 - 7 不同投资策略私募基金的年均夏普比率

(3)从阿尔法值来看,表现最好的策略是市场中性策略和管理期货策略,但是在 2020 年这两个策略的詹森阿尔法值出现了异常,2020 年市场中性策略的阿尔法值竟然高达 228.92%,管理期货策略的阿尔法值高达 137.23%。总体来看,六种策略的阿尔法值均为正数,且数值均可观,比投资大盘得到的收益要多。单纯从阿尔法值分析,投资者可以根据自身投资风格,自由选择不同投资策略的私募基金均能有不错的收益(见图 11 - 8)。

## 11.5.3 私募基金投资策略的风险分析

投资策略的风险一般由标准误差、系统风险以及最大回撤率三个指标进行衡量。标准误差一般用来衡量市场上的总风险,既包括系统风险又包括非系统风险。系统风险是整个市场固有的风险,且是不可分散的风险。最大回撤率是指一段时期内累计收益曲线最高点与最低点的差的最大值。对六种投资策略的风险进行比较,得出以下结论。

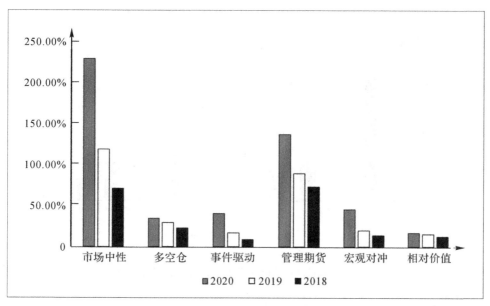

图 11-8 不同投资策略私募基金的年均阿尔法值

(1)从收益的标准误差来看,市场中性策略的标准误差在样本区间内较大,而相对价值策略的标准误差在样本区间较小。这说明市场中性策略所面临的风险相比其他策略而言较大,而相对价值策略面临的风险较小(见图11-9)。

(2)从系统风险的结果分析,2020年市场中性策略和多空仓策略存在的系统风险相对要小,其余四种策略的系统风险较大。2019年除了多空仓和事件驱动策略面临的系统风险最大,市场中性策略、期货管理策略、宏观对冲策略以及相对价值策略面临的系统风险相差不大。其中多空仓策略的系统风险是负数,意味着该策略下的投资和整个市场呈反向变化,其系统风险的大小要看它的绝对数值(见图11-10)。

(3)从最大回撤率的角度看,市场中性策略的最大回撤率最高,对投资者而言这意味着可能面临的最大亏损幅度较大。相对价值策略的最大回撤率最小,意味着投资者面临的最大亏损幅度较小(见图11-11)。

从这个指标而言,建议观望的私募投资者谨慎选择市场中性投资策略的私募基金,推荐投资者投资于相对价值策略的私募基金。

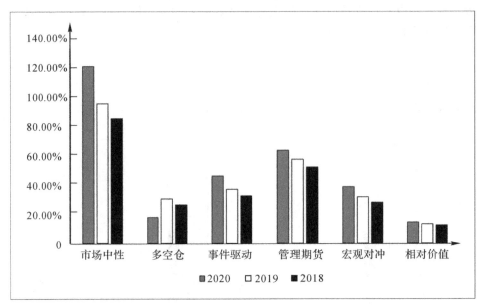

图 11-9　不同投资策略私募基金的标准误差年平均值

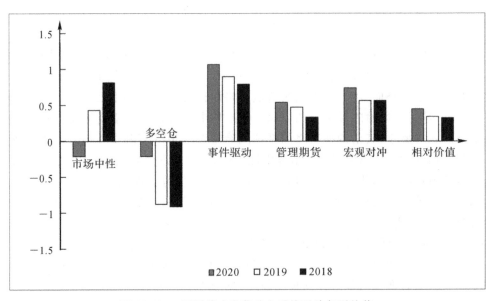

图 11-10　不同策略私募基金系统风险年平均值

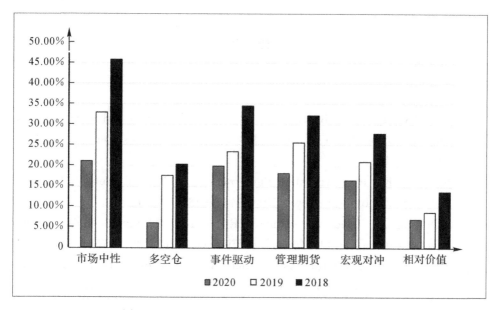

图11-11　不同策略私募基金最大回撤年平均值

# 参 考 文 献

[1] DOMIAN D L, REICHENSTEIN W. Performance and Persistence in Money Market Fund Meturns[J]. Financial Services Review, 1998, 6(3):169-183.

[2] SIMONS K. Risk-Adjusted Performance of Mutual Funds[J]. New England Economic Review, 1998(9):33-48.

[3] LINTER J. Security Price, Risk and Maximal Gains From Diversification[J]. The Journal of Finance, 1965, 20(4):587-615.

[4] SHARPE W F. Capital Asset Price: A Theory of Market Equilibrium Under Conditions of Risk[J]. Journal of Finance. 1964, 19(3), 425-442.

[5] BONTIS N, SWITZER L N, HUANG Y. How does Human Capital Affect the Performance of Small and Mid-Cap Mutual Funds[J]. Journal of Intellectual Capital, 2007, 8(4):666-681

[6] 熊航. 我国公募基金风险承担与投资绩效研究[D]. 南昌:江西财经大学, 2016.

[7] 倪晔雯. 中国公募基金行业发展对策研究[D]. 厦门:厦门大学, 2013.

[8] 帅晋瑶. 证券投资基金的风险管理[D]. 合肥:中国科学技术大学, 2006.

[9] 刘莹. 对冲基金投资收益与风险研究[D]. 上海:同济大学, 2008.

[10] 袁洁. 私募基金投资策略影响实证分析[J]. 全国流通经济, 2020(29):135-137.

[11] 汤佳丽. 中国私募证券投资基金业绩评价分析[D]. 上海:上海外国语大学, 2020.

[12] 关乐. 阳光私募基金的投资现状分析及量化投资策略研究[D]. 呼和浩特:内蒙古大学, 2016.

[13] 庄云志, 唐旭. 基金业绩持续性的实证研究[J]. 金融研究, 2004(5):20-27.

[14] 张雪莹. 资产配置对基金收益影响程度的定量分析[J]. 证券市场导报, 2005(10):67-72.

[15] 徐颖, 刘海龙. 基金的投资绩效归因分析及实证研究[J]. 系统工程, 2006(1):76-81.

[16] 王守法.我国证券投资基金绩效的研究与评价[J].经济研究,2005(3):119-127.

[17] 朱波,文兴易,匡荣彪.中国开放式基金经理投资行为评价研究[J].管理世界,2010(3):172-173.

[18] 周立志.我国开放式基金的资产配置能力研究[D].广州:华南理工大学,2019.

[19] 李雪峰,茅勇峰.我国证券投资基金的资产配置能力研究:基于风险与收益相匹配的视角[J].证券市场导报,2007(3):56-62.

[20] 樊志刚,赵新杰.全球私募基金的发展趋势及在中国的前景[J].金融论坛,2007(10):3-8.

[21] 江波,汪雷.对我国各投资基金经营业绩和投资风格的实证分析[J].财贸研究,2002(4):104-107.

[22] 郑鸣,李思哲.我国基金风格投资的积极风险补偿研究[J].厦门大学学报,2010(2):29-36.

[23] 曾晓洁,黄嵩.基金投资风格与基金分类的实证研究[J].金融研究,2004(3):66-77.

[24] 林兢,陈树华.我国开放式基金业绩持续性、经理选股和择时能力:基于2005—2009年数据[J].经济管理,2011(2):141-147.

[25] 韩其恒,吴文生,曹志广.资产配置模型在中国资本市场真的有效吗?[J].经济管理,2016(3):124-134.

[26] 朱波,宋振平.基于SFA效率值的我国开放式基金绩效评价研究[J].数量经济技术经济研究,2009,26(4):105-116.

[27] 齐岳,孙信明.基于投资策略的基金绩效评价:以价值、成长和平衡型基金为例[J].管理评论,2016,28(4):155-165.

[28] 肖峻,石劲.基金业绩与资金流量:我国基金市场存在赎回异象吗?[J].经济研究,2011,46(1):112-125.

[29] 杨坤,曹晖,宋双杰.基金业绩与资金流量:明星效应与垫底效应[J].管理科学学报,2013,16(5):29-38.

[30] 蒋晓刚.关于国内偏股型开放式基金投资者申购赎回行为有效性的研究[J].金融纵横,2014(8):92-98.

[31] 罗荣华,陈新春,刘阳.资金流波动、基金流动性配置与基金业绩[J].证券市场导报,2017(11):49-60.

[32] 袁皓.我国开放式基金的现状分析与展望[J].金融教学与研究,2008(1):47-50.

[33] 陆蓉,陈百助,徐龙炳,谢新厚.基金业绩与投资者的选择:中国开放式基金赎回异常现象的研究[J].经济研究,2007(6):39-50.

[34] 张学勇,吴雨玲,陈锐.行业配置与基金业绩:基于行业集中度和行业活跃度的研究[J].数学统计与管理,2018,37(3):478-491.

[35] 庞杰,王光伟.全国社会保障基金的风格资产配置研究:基于经济周期视角[J].南京审计大学学报.2017(3):57-65.

[36] 杨朝军.金融投资风格与策略[M].2版.北京:中国金融出版社,2015.

[37] 陈浪南,朱杰,熊伟.时变贝塔条件下的基金多市场择时能力研究[J].管理科学学报,2014(3):58-68.

[38] 汪光成.基金的市场时机把握能力研究[J].经济研究,2002(1):48-55.

[39] 李倩,梅婷.三因素模型方法探析及适用性再检验:基于上证A股的经验数据[J].管理世界,2015(4):183-185.

[40] 宿成建.股票非预期收益定价的三因素模型研究:基于中国股票市场的检验[J].系统工程理论与实践,2014(3):600-612.

[41] 江雨婷.中国私募证券基金收益与风险动态性研究[D].广州:广州大学,2016.

[42] 杨琦,曹显兵.基于ARMA-GARCH股票价格预测模型研究[J].山西大学学报,2016(12):115-122.

[43] 王峰,朱永忠.基于EWMA-GARCH(1,2)模型的Var应用研究[J].重庆理工大学学报,2014(1):134-138.

[44] 邱浩,薛力,郭建鸾.基于稳定分布的投资组合Var及CVar风险度量研究[J].南方金融,2018(11):11-22.

[45] 武东,汤银才,刘爱国.稳定分布条件下的动态风险度量模型[J].统计与决策,2015(7):23-25.

[46] 李小妹.分级基金的杠杆分析及分类定价的实证探究[D].武汉:华中师范大学,2016.

[47] 庞家声.基于杠杆视角下分级基金优化方案设计[D].兰州:西北师范大学,2019.

[48] 冯立.基于Copula函数的股票指数分级基金股票投资组合风险测度研究[D].桂林:广西师范大学,2018.

[49] 段宗岩.我国股票型指数分级基金的定价方法研究[D].昆明:云南师范大学,2017.

[50] 冯庆汇.分级基金末日狂奔[J].理财周刊,2020(21):34-35.

[51] 黄炯辉.分级基金量化投资策略构建及其应用研究[D].广州:华南理工

大学,2016.

[52] 孙赵辉.我国指数型分级基金产品设计改进研究[D].杭州:浙江大学,2017.

[53] 龙亚琼.分级基金套利研究[D].杭州:浙江大学,2017.

[54] 杨栎.分级基金套利策略研究及实证检验[D].西安:西安理工大学,2017.

[55] 李彬.分级基金赎回的影响因素及对策研究[D].广州:华南理工大学,2017.

[56] 秦畅.分级基金无风险套利与赎回风险研究[D].天津:天津财经大学,2018.

[57] 王继惠.分级基金:运作模式与投资策略[J].财会通讯,2016(29):6-10.

[58] 邓开.基金经理个人特征对基金绩效影响及其机理研究[D].长沙:湖南大学,2015.

[59] 肖继辉,罗彩球,彭文平.基金经理个人特征与投资能力研究[J].商业研究,2012(3):139-150.

[60] 舒平.基金经理个人特征对基金业绩的影响研究:基于牛市与熊市对比数据的实证分析[J].上海金融,2018,3:90-93.

[61] 陈佳妮.基金经理异质性对基金表现的影响研究[D].杭州:浙江大学,2017.

[62] 龚红,李燕萍,吴绍棠.业绩排序对基金经理投资组合风险选择的影响:基于封闭式基金1998—2008年表现的经验分析[J].世界经济,2010(4):146-160.

[63] 梁宇婷.股票基金与债券型基金的风险与收益分析[J].企业科技与发展,2018(12):207-208.

[64] 朱姗姗.长期定投基金产品的选择[J].经济研究导刊,2017(20):107-108.

[65] 刘诗彤.基于数据包络分析的我国债券型基金业绩评价[D].北京:中国科学院大学,2018.

[66] 李龙峰.我国债券型基金绩效及影响因素研究[D].天津:南开大学,2015.

[67] 彭维瀚,童喆.我国开放式债券型基金发展实证研究[J].商业时代,2011(9):69-70.

[68] 陈靓.债券型基金业绩归因分析:基金、管理、市场各因素的影响[D].北京:北京大学,2010.

[69] 汪刚. 基金经理个人特征与基金绩效的关联性研究[D]. 成都: 西南财经大学, 2019.

[70] 巢燕若. 我国货币市场基金收益率研究[J]. 世界经济情况, 2007(3): 26-29.

[71] 王晓航, 胡唯一. 货币市场基金能否替代银行储蓄[J]. 大连海事大学学报(社会科学版), 2008, 7(1): 56-59.

[72] 王雅丽, 刘洋. 货币供给量对货币市场基金收益率影响的实证分析[J]. 商业时代, 2012(27): 57-58.

[73] 罗琦. 论我国货币型基金的收益、风险与兴起[J]. 市场观察, 2015(增刊2): 153.

[74] 王玥. 货币市场基金: 个人投资新选择[J]. 金融经济, 2004(8): 35.

[75] 肖继辉, 张力戈. 投资风格漂移与基金业绩: 来自开放式基金的经验证据[J]. 南京审计学院学报, 2016, 13(1): 86-100.

[76] 赵子瑶. 基于 DEA 和夏普指数对基金经营业绩的分析[J]. 产业与科技论坛, 2016, 15(10): 90-92.

[77] 贺杰梅. 保本基金市场风险管理研究[D]. 上海: 上海交通大学, 2010.

[78] 岑小瑜. 资管新规后, 保本、分级基金何去何从? [J]. 股市动态分析, 2018(18): 50-51.

[79] 赵华楠. 保本基金的资产配置研究[D]. 大连: 大连理工大学, 2004.

[80] 徐铮. 我国保本型基金的绩效评价与风险研究[D]. 杭州: 浙江大学, 2016.

[81] 李源海. 保本基金的投资组合保险策略运用及建议[J]. 证券市场导报, 2005(4): 32-35.

[82] 程兵, 魏先华. 投资组合保险 CPPI 策略研究[J]. 系统科学与数学, 2005, 25(3): 284-298.

[83] 陈湘鹏, 刘海龙, 钟永光. 中国证券市场上执行 OBPI 与 CPPI 策略比较研究[J]. 系统工程理论方法应用, 2006(6): 503-508.

[84] 余玲. 我国封闭式基金综合绩效评价模式的构建[J]. 天津工业大学学报, 2004(6): 56-58.

[85] 赵旭, 吴冲锋. 证券投资基金业绩与持续性评价的实证研究: 基于 DEA 模型与 R/S 模型的评价[J]. 管理科学, 2004(4): 58-64.

[86] 崔志伟, 鲍亦群. 我国股票型开放式基金资产配置效率研究[J]. 当代经济, 2010(2): 124-125.

[87] 吴世农, 李培标. 中国投资基金证券选择和时机选择能力的实证研究

[J].经济管理,2002(4):65-70.
[88] 葛勇.中国证券投资基金资产配置管理研究[D].上海:华东师范大学,2010.
[89] 何洋.股票型 QDII 基金业绩评价研究[D].上海:上海交通大学,2019.
[90] 焦点点.基于改进夏普比率的基金业绩评价研究[J].金融经济,2018(20):81-83.
[91] 周海燕,杨霞.我国证券基金业绩评价研究[J].现代经济信息,2018(3):332-333.
[92] 陈杰.上证 50 ETF 期权平价关系偏离的影响因素分析[D].武汉:华中师范大学,2020.
[93] 徐珺.基于 HAR 模型的上证 50 ETF 波动率研究[D].杭州:浙江大学,2020.
[94] 钟浩清.公募基金 GF 公司基金经理激励制度优化研究[D].广州:华南理工大学,2018.
[95] 蔡向辉.全球 ETF 市场繁荣背后的系统性隐忧辨析[J].证券市场导报,2012(3):4-13.
[96] 李渝萍.ETFs 优势分析与我国的上证 50 ETF[J].统计与决策,2005(17):110-111.
[97] 李裕强,陈展.上证 50 ETF 跟踪误差实证研究[J].中国市场,2007(Z1):43.
[98] 薛璇.交易型开放式指数基金跟踪误差研究[D].杨凌:西北农林科技大学,2016.
[99] 孙毅.中国私募证券投资基金的生存偏差效应研究[J].会计之友,2020(21):25-31.
[100] 叶晓青.私募证券投资基金绩效评价研究:基于修正 Sharpe 比率[J].财会通讯,2020(8):122-126.
[101] 戴颖.我国私募证券投资基金的风险管理与内部控制[J].市场观察,2020(1):59-60.
[102] 裴康征.阳光私募基金选股与择时能力的实证研究[D].大连:东北财经大学,2016.
[103] 罗福立.阳光私募基金选股择时能力研究[J].经济论坛,2012(2):106-107.
[104] 赵羲,李路,陈彬.中国私募证券投资基金行业发展现状分析:基于全球对比的视角[J].证券市场导报,2018(12):61-67,74.

[105] 刘微,蒋先玲.中国股票基金选股与择时能力实证研究[J].西部金融,2014(3):42-46.

[106] 赵丽媛.我国大数据基金业绩持续性、选股和择时能力研究[J].金融与经济,2018(6):24-30.

[107] 朱杰.中国证券投资基金收益择时能力的实证研究[J].统计与决策,2012(12):25-28.

[108] 胡艳.基金业绩持续性与择时选股能力的实证研究[J].经济论坛,2015(5):56-61.

[109] 彭小兵,李瑞涛,申云.我国私募基金择时选股能力的实证分析[J].山东财经大学学报,2015(2):79-85.

[110] 李良艳.完善我国私募证券投资基金会计核算与信息披露建议[J].财务与会计,2020(10):79-80.

[111] 陈颖健.私募基金合格投资者制度研究[J].证券市场导报,2018(10):62-69,76.

[112] 周亮,李红权.资产配置是决定基金绩效的关键因素吗?——来自中国市场的证据[J].系统科学与数学,2019(9):1413-1427.

[113] 魏立波.基于T-M模型的我国开放式基金择时与选股能力实证研究[J].北京交通大学学报(社会科学版),2010(2):73-77.

[114] 陈晓丽.阳光私募证券投资基金业绩评价分析[J].经济研究导刊,2010(26):103-104.

[115] 潘烨明.我国私募基金的发展及其法制监管[J].经济研究导刊,2015(11):297-298.

[116] 丁秀英,蒋晓全.我国证券投资基金资产配置效率研究[J].金融研究,2007(2):89-97.

[117] 林树,李翔,杨雄胜.他们真的是明星吗?——来自中国证券基金市场的经验证据[J].金融研究,2009(5):107-120.

[118] 卢学法,严谷军.证券投资基金绩效评价实证研究[J].南开经济研究,2004(5):79-84.

[119] 徐琼,赵旭.封闭式基金业绩持续性实证研究[J].金融研究,2016(5):92-96.

[120] 杨宁,陈永生.我国基金规模对业绩及其投资行为的影响分析[J].投资研究,2011(7):98-105.

[121] 姚正春,邓淑芳,李志文.封闭式基金经理的竞争压力[J].金融研究,2016(9):81-92.